裴李岗文化：中国文明的奠基

Peiligang Culture:
The Foundation of Chinese Civilization

蔡金英 著

科学出版社

北 京

内 容 简 介

裴李岗文化主要分布在河南省境内，但在发展过程中对周边同时期不同方向的考古学文化产生了不同程度的影响，其影响所及，东达淮河中下游的鲁皖苏一带，西抵渭河流域的陇东地区，南下到澧水流域的洞庭湖地区，北上到河北洺河流域的武安地区。裴李岗文化的对外影响是中原地区文化第一次大规模大范围的扩张过程，为中原地区文化的发展强盛奠定了基础，可称为中国文明的奠基。

本书对裴李岗文化的时空框架和谱系提出了系统的创新性见解。适合考古、文物工作者及相关专业师生阅读参考。

审图号：GS京（2022）0653号

图书在版编目（CIP）数据

裴李岗文化：中国文明的奠基 / 蔡金英著. —北京：科学出版社，2022.10
国家社科基金后期资助项目
ISBN 978-7-03-073398-6

Ⅰ. ①裴⋯ Ⅱ. ①蔡⋯ Ⅲ. ①新石器时代文化–研究–新郑 Ⅳ. ①K871.134

中国版本图书馆CIP数据核字（2022）第188306号

责任编辑：王光明　郝莎莎 / 责任校对：杨　然
责任印制：赵　博 / 封面设计：张　放

科学出版社 出版
北京东黄城根北街 16 号
邮政编码：100717
http://www.sciencep.com
北京厚诚则铭印刷科技有限公司印刷
科学出版社发行　各地新华书店经销
*

2022年10月第 一 版　开本：720×1000　1/16
2025年 8 月第二次印刷　印张：13 1/4
字数：245 000

定价：120.00元
（如有印装质量问题，我社负责调换）

国家社科基金后期资助项目
出版说明

后期资助项目是国家社科基金设立的一类重要项目，旨在鼓励广大社科研究者潜心治学，支持基础研究多出优秀成果。它是经过严格评审，从接近完成的科研成果中遴选立项的。为扩大后期资助项目的影响，更好地推动学术发展，促进成果转化，全国哲学社会科学工作办公室按照"统一设计、统一标识、统一版式、形成系列"的总体要求，组织出版国家社科基金后期资助项目成果。

全国哲学社会科学工作办公室

序

余西云

蔡金英是我指导的第一个博士研究生，她从本科阶段就跟我下田野，去过三峡，帮助整理过郑州西山的考古资料；读博士期间，还协助主持淅川马岭的发掘项目，完成了《三峡古代聚落形态研究》一书，获得武汉大学科研创新奖。她是一个热心肠，这些年帮助照顾过很多老师同学，大家都很感谢她。

我在写博士论文《西阴文化：中国文明的滥觞》时，注意到西阴文化分布在黄土高原，范围很大，对周边广大地区产生了深刻的影响，在晚期发生一系列深刻的社会变化，成为中国文明的滥觞。在此之前，中原地区的裴李岗文化，分布范围比较大，影响面也很广，应该是代表了中国早期历史的又一个阶段。我希望蔡金英能够研究裴李岗文化，对这个阶段中国境内的文化有一个全面深入的理解。因为她是河南人，对河南新石器时代的考古材料也有所接触，就为她确定了《裴李岗文化研究》这个题目。

到目前为止，我指导的考古学博士论文，一般都是以一种考古学文化为研究对象，先对每个遗址的遗存进行全面的排队、分期，然后进行分区，搭建起来文化的时空框架。在这个基础上，再往两个方向发展：要么是侧重历时性的文化谱系研究，要么是侧重共时性的社会研究。蔡金英的博士论文在这两个方面都做了一些工作。

文化谱系研究往往与文化区系研究混为一谈，其实无论是从概念上，还是从大量的研究实例来看，两者的差别还是很大的。文化区系研究更多地揭示静态的文化变迁过程，通过文化因素分析揭示不同文化之间的联系，而文化谱系研究则在于揭示不同文化之间具体的互动过程，揭示文化的动态变迁过程。研究裴李岗文化的谱系，就需要把周边地区同时期甚至早晚的遗存都要分析一下，在文化期的时间刻度上考察文化是如何具体互动的，这样工作量就成倍增加了。目前绝大部分的博士学位论文都只是基于区系研究进行文化因素分析，揭示的只是不同地区不同文化之间的联系，是可以理解的。蔡金英做了文化谱系研究的努力，不能说非常深入和完美，但已经能够让我们对裴李岗时代的文化互动有了比较清晰的了解，看到了裴李岗文化的动态变迁过程。

她的博士论文观察到了裴李岗文化的陶壶分为圆肩和折肩两大类，这样的两类壶分别出土在不同墓葬中。如果说这些陶壶本身是一种身份符号，这两类壶就代表了几乎每个裴李岗文化聚落中都有两类人存在。这两类人是什么关系呢？她没有来得及做深入全面的论证。她的博士论文修改多年，申请到了社科基金后期资助项目，需要尽快出版结项。我建议她暂缓发表聚落形态研究的内容，待深入考虑、系统论证之后再说。

考古人才培养，本科阶段主要过田野考古关，需要掌握田野考古的流程，尽可能掌握每个环节的技术要点。研究生阶段尽可能参加考古项目的整理和报告编写。没有参加过资料整理，就很难理解田野考古调查、勘探、发掘阶段的各项要求；没有编写过考古报告，就很难理解发掘与整理阶段的各项要求。只有经历了完整的田野考古训练，才能知其然，也能知其所以然，才能读懂考古报告。

田野考古是获取一手考古资料的方法。如果需要做研究、写论文，只有一手资料是不够的，还得借助二手资料。二手资料主要指其他人发表的考古报告。考古报告有不同的阅读方式，专业人员要读懂读通一本考古发掘报告，需要按单位做卡片，也就是尽可能回到报告编写者面对的资料情况，再来分析、研究、排队、分期。这些工作，既验证原报告的资料处理是否准确到位，也是重新发现的过程。在这个过程中，研究者建构自己的时空框架，打造一把趁手的尺子，也就有了学术判断能力。考古学术研究中的批判性思维、创新性思维，就是在这样的做卡片、排卡片的研究过程中逐步形成的。如果我们无条件接受每本报告的分期和年代判断，自然也就很容易接受了报告编写者的认识，就只能陈陈相因，做一些综述性的研究，产生一些修修补补的认识。

考古遗存是一个符号体系，要把这个符号体系转化为学术语言或者日常语言，还需要借助阐释。考古学的阐释方法很多，与文献和人类学资料进行类比是常见的路径，所以研究生还需要了解和掌握一些文献和人类学的知识。但我并不认为考古学者就要成为文献史家或者人类学家，术业有专攻，我们更多是利用他们已有的研究成果。

考古学发展很快，除了技术、方法、理论等方面，资料日新月异，课题与时俱进，研究生培养也应该因时而变。但田野考古中层位学和类型学的训练，是学科的基础；时空框架的建构也是考古研究的基础。与各种新兴的考古学分支比起来，这部分研究，似乎找不到一个合适的名称，或许这一部分就是"考古学研究"，是考古学的基础与核心，是考古学的特色与传统。这些研究可能因为时间的流逝而变得不时髦，但不会因时间的变迁而变得无学术意义，应该有人坚守，至少应该有一些人坚守，他们才是这个学科的中流砥柱，是学术创新真正的策动者。

我阅读蔡金英修改过的论文，多有启发，也看出了其中一些不足，曾写成了一篇文章，原准备给她做序言，她看过之后，认为可以在其他刊物发表。于是我另找话题，拉拉杂杂说了一些关于考古学研究和人才培养的感想。

是为序。

2021年8月22日

目　录

序 ·· （i）

绪论 ·· （1）

第一章　典型遗存分析 ··· （10）
第一节　舞阳贾湖 ··· （12）
一、贾湖墓地 ··· （12）
二、贾湖居址 ··· （26）
第二节　新郑裴李岗 ··· （49）
第三节　裴李岗文化的内涵 ··· （57）

第二章　其他遗存分析 ··· （62）
第一节　墓地的分期 ··· （62）
一、新郑沙窝李 ··· （62）
二、长葛石固 ··· （66）
三、郏县水泉 ··· （71）
四、密县莪沟北岗 ··· （77）
五、小结 ··· （82）
第二节　居址的分期 ··· （84）
一、新郑唐户 ··· （84）
二、长葛石固 ··· （89）
三、郏县水泉 ··· （94）
四、新郑沙窝李 ··· （99）
五、密县莪沟北岗 ··· （99）
六、巩义瓦窑嘴 ··· （102）
七、其他居址 ··· （108）
八、小结 ··· （125）

第三章 分期与年代 (128)

第一节 分期 (128)
一、墓地与居址的遗存对应 (128)
二、裴李岗文化的分期 (129)

第二节 年代 (137)

第四章 谱系研究 (140)

第一节 裴李岗文化的形成 (140)
一、贾湖文化的发展 (141)
二、磁山文化的南下 (142)

第二节 裴李岗文化的发展 (145)
一、裴李岗文化一期向二期的转变 (145)
二、裴李岗文化向北的扩张 (148)
三、裴李岗文化向南的渗透 (150)
四、裴李岗文化向东的发展 (157)
五、裴李岗文化向西北的经营 (166)

第三节 裴李岗文化的衰退转变 (171)

第四节 小结 (172)

结语 (176)

参考文献 (178)

后记 (193)

插图目录

图一　贾湖墓地陶溜肩壶分期…………………………………………（13）
图二　贾湖墓地陶折肩壶分期…………………………………………（15）
图三　贾湖墓地陶圆肩鼓腹壶分期……………………………………（18）
图四　贾湖墓地陶圆肩斜直腹壶、圆肩扁腹壶分期…………………（20）
图五　贾湖墓地陶钵、陶罐和陶鼎分期………………………………（22）
图六　贾湖居址陶方口盆分期…………………………………………（28）
图七　贾湖居址陶盆分期………………………………………………（29）
图八　贾湖居址陶角把罐分期…………………………………………（31）
图九　贾湖居址陶罐分期（一）………………………………………（32）
图一〇　贾湖居址陶罐分期（二）……………………………………（34）
图一一　贾湖居址陶直口钵、敛口钵分期……………………………（36）
图一二　贾湖居址敞口钵分期…………………………………………（38）
图一三　贾湖居址陶鼎分期……………………………………………（40）
图一四　贾湖居址陶碗分期……………………………………………（42）
图一五　贾湖居址陶壶…………………………………………………（44）
图一六　贾湖H112的陶器………………………………………………（47）
图一七　贾湖T109③B的陶器……………………………………………（48）
图一八　贾湖H113的陶器………………………………………………（48）
图一九　贾湖H75的陶器…………………………………………………（48）
图二〇　裴李岗墓地陶壶分期…………………………………………（50）
图二一　裴李岗墓地陶钵和陶罐分期…………………………………（52）
图二二　裴李岗墓地陶鼎分期…………………………………………（54）
图二三　裴李岗墓地与贾湖墓地陶器对比……………………………（56）
图二四　裴李岗文化遗址分布示意图…………………………………（60）
图二五　沙窝李墓地陶器分期…………………………………………（64）
图二六　沙窝李墓地与裴李岗墓地陶器对比…………………………（66）
图二七　石固墓地陶器分期……………………………………………（68）
图二八　石固墓地与其他裴李岗文化墓地陶器对比…………………（70）

图二九	水泉墓地陶壶分期	（72）
图三〇	水泉墓地陶罐和陶鼎分期	（75）
图三一	水泉墓地与其他裴李岗文化墓地陶器对比	（76）
图三二	莪沟北岗墓地出土陶平底壶	（78）
图三三	莪沟北岗墓地陶器分期	（80）
图三四	莪沟北岗墓地与裴李岗墓地陶器对比	（82）
图三五	裴李岗文化墓地陶壶和陶钵分期	（83）
图三六	裴李岗文化墓地陶罐和陶鼎分期	（84）
图三七	唐户遗址中的陶壶	（86）
图三八	唐户居址陶器分期	（88）
图三九	唐户居址与贾湖居址陶器对比	（89）
图四〇	石固居址与贾湖遗址陶壶对比	（90）
图四一	石固居址陶器分期	（92）
图四二	石固居址与贾湖居址陶器对比	（94）
图四三	水泉居址陶器分期（一）	（96）
图四四	水泉居址陶器分期（二）	（97）
图四五	水泉遗址与其他遗址陶器对比	（99）
图四六	莪沟北岗遗址中的陶器	（101）
图四七	莪沟北岗居址与贾湖遗址陶器对比	（103）
图四八	瓦窑嘴居址陶器分期（一）	（105）
图四九	瓦窑嘴居址陶器分期（二）	（106）
图五〇	瓦窑嘴遗址与贾湖遗址陶器对比	（107）
图五一	中山寨遗址中的陶器	（109）
图五二	中山寨遗址与其他遗址陶器对比	（110）
图五三	王城岗遗址中的陶器	（111）
图五四	王城岗遗址与贾湖遗址陶器对比	（112）
图五五	马良沟H1的陶器	（113）
图五六	东山原遗址与贾湖遗址陶器对比	（114）
图五七	北营遗址与贾湖遗址陶器对比	（115）
图五八	西坡遗址与贾湖遗址陶器对比	（116）
图五九	宋庄遗址中的陶器	（117）
图六〇	宋庄遗址与贾湖遗址陶器对比	（118）
图六一	朱寨遗址与其他遗址陶器对比	（119）
图六二	高崖遗址与其他遗址陶器对比	（120）

图六三	长泉遗址与其他遗址陶器对比	（121）
图六四	水地河遗址与贾湖遗址陶器对比	（122）
图六五	寨根遗址与贾湖遗址陶器对比	（123）
图六六	孟庄遗址与贾湖遗址陶器对比	（124）
图六七	裴李岗文化居址陶罐和陶钵分期	（126）
图六八	裴李岗文化居址陶鼎、陶碗和陶盆分期	（126）
图六九	裴李岗文化一期遗存分布示意图	（130）
图七〇	裴李岗文化二期遗存分布示意图	（132）
图七一	裴李岗文化三期遗存分布示意图	（134）
图七二	贾湖文化和磁山文化分布示意图	（141）
图七三	贾湖文化与裴李岗文化陶器对比	（142）
图七四	磁山H269的陶器	（143）
图七五	贾湖H187的石器	（144）
图七六	裴李岗文化与磁山文化遗存对比	（144）
图七七	小荆山F1的陶器	（146）
图七八	后李文化与裴李岗文化中的陶圜底器	（147）
图七九	磁山T96②的陶器	（148）
图八〇	磁山文化与裴李岗文化陶器对比	（149）
图八一	花窝T1①的陶器	（149）
图八二	裴李岗文化向北的扩张示意图	（150）
图八三	彭头山H1的陶器	（151）
图八四	彭头山遗址中的陶双耳壶	（152）
图八五	彭头山文化与裴李岗文化陶器对比	（153）
图八六	彭头山遗址中的陶釜	（153）
图八七	八十垱遗址中的陶双耳壶	（154）
图八八	枝城北H1的陶器	（155）
图八九	枝城北H1与贾湖遗址陶器对比	（156）
图九〇	裴李岗文化向南的渗透示意图	（157）
图九一	顺山集H4的陶器	（159）
图九二	顺山集文化与裴李岗文化陶器对比	（159）
图九三	裴李岗文化向东南的辐射示意图	（161）
图九四	双墩91T0719⑬的陶器	（162）
图九五	双墩文化与裴李岗文化陶器对比	（164）
图九六	北辛文化陶器	（164）

图九七　裴李岗文化、双墩文化和北辛文化陶器对比……………（165）
图九八　裴李岗文化向东的发展示意图…………………………（166）
图九九　月庄遗址中的裴李岗文化因素遗存……………………（167）
图一〇〇　裴李岗文化向东北的扩展示意图……………………（168）
图一〇一　大地湾H363的陶器……………………………………（169）
图一〇二　老官台文化与裴李岗文化陶器对比…………………（169）
图一〇三　裴李岗文化向西北的经营示意图……………………（170）
图一〇四　后冈一期文化与双墩文化陶器对比…………………（171）
图一〇五　裴李岗文化的衰退转变示意图………………………（173）
图一〇六　椅圈马一期的陶器……………………………………（174）
图一〇七　大张遗址的陶器………………………………………（174）
图一〇八　后冈一期文化与裴李岗文化陶器对比………………（174）

插表目录

表一　贾湖遗址陶器标本出土位置统计表……………………………（11）
表二　贾湖墓地不同区的地层关系对应表……………………………（23）
表三　贾湖墓地裴李岗文化遗存分期型式组合表……………………（25）
表四　贾湖居址遗存分期型式组合表…………………………………（46）
表五　裴李岗墓地遗存分期型式组合表………………………………（55）
表六　裴李岗文化墓地分期对应表……………………………………（82）
表七　瓦窑嘴居址裴李岗文化遗存分期型式组合表…………………（107）
表八　裴李岗文化居址分期对应表……………………………………（127）
表九　裴李岗文化各遗址分期对应表…………………………………（129）
表一〇　裴李岗文化分期表……………………………………………（136）
表一一　裴李岗文化^{14}C测年数据一览表 …………………………（137）

绪　　论

中国文明起源是一个过程，具有阶段性，在这个过程中，西阴时代是一个关键阶段，西阴文化是西阴时代的标志和核心，成为中国文明的滥觞[①]。而在西阴之前的裴李岗时代，裴李岗文化是核心。

裴李岗文化的发现可以追溯到20世纪50年代，1958年春，在漯河市翟庄遗址发现了许多磨棒、舌刃铲、钵形鼎、小口球形壶，稍后，河南省文物队曾派人进行配合清理，发现不少"裴李岗文化"遗存；1959年河南省文物队刘胡兰小队在偃师马涧沟发现石磨盘一套。到60年代在河南境内发现了更多裴李岗文化遗存，1964年密县青石河和县城东关都发现有石磨盘[②]。70年代初，在郑州、尉氏、项城、长葛等地都发现许多磨盘和磨棒，新郑西河李（即后来所说裴李岗）发现尤其多，引起河南省博物馆的极大重视，曾多次派人调查，并于1972年在《河南日报》作过报道[③]。新郑唐户遗址在70年代初也发现有石磨盘[④]。1977年3月下旬，开封地区文管会、新郑县文管会举办的考古训练班学员在裴李岗发现了石铲和泥质红陶各一件，3月30日对该地点进行了调查，并收集了数十件石铲、石斧、石磨盘、石磨棒和陶器，初步认识到裴李岗遗址是一处新石器时代遗址；4月2日，村民又发现人骨、石磨盘、石磨棒和陶壶等；4月3日，开封地区文管会和新郑县文管会对该遗址进行了第二次调查；4月8—21日对该遗址进行了试掘，出土了一批比较完整的石器和陶器，以石铲、石斧、石磨盘、石磨棒和陶壶为大宗[⑤]。1978年，开封地区文物管理委员会联合新郑县文物管理委员会和郑州大学历史系考古专业进行了第二次发掘[⑥]。1979

[①] 余西云：《西阴文化：中国文明的滥觞》，科学出版社，2006年。
[②] 赵世纲：《裴李岗文化的几个问题》，《史前研究》1985年第2期。
[③] 《我省出土的历史文物介绍》，《河南日报》1972年2月29日第四版。
[④] 赵世纲：《裴李岗文化的几个问题》，《史前研究》1985年第2期。
[⑤] 开封地区文管会、新郑县文管会：《河南新郑裴李岗新石器时代遗址》，《考古》1978年第2期。
[⑥] 开封地区文物管理委员会等：《裴李岗遗址一九七八年发掘简报》，《考古》1979年第3期。

年，为进一步了解此类文化遗存，中国社会科学院考古研究所河南一队在开封地区文管会和新郑县文管会的大力协助下对该遗址进行了第三次发掘，发现了较丰富的遗迹和遗物①。

随着裴李岗遗址的发掘及简报发表，具有相同文化内涵的遗址相继被确认。1977年确认了莪沟北岗遗址②，1978年9月确认了石固遗址③，1979年相继发现并确认了铁生沟遗址④、花窝遗址⑤和马良沟遗址⑥，1980年确认了贾湖遗址⑦，1981年确认了沙窝李遗址⑧，1982年发掘确认了唐户遗址⑨，1984年发掘并确认了中山寨遗址⑩，1986年确认了水泉遗

---

① 中国社会科学院考古研究所河南一队：《1979年裴李岗遗址发掘简报》，《考古》1982年第4期；中国社会科学院考古研究所河南一队：《1979年裴李岗遗址发掘报告》，《考古学报》1984年第1期。

② 河南省博物馆、密县文化馆：《河南密县莪沟北岗新石器时代遗址发掘报告》，《河南文博通讯》1979年第3期；河南省博物馆、密县文化馆：《河南密县莪沟北岗新石器时代遗址发掘简报》，《文物》1979年第5期；河南省博物馆、密县文化馆：《河南密县莪沟北岗新石器时代遗址》，《考古学集刊》（1），中国社会科学出版社，1981年。

③ 河南省文物研究所：《长葛石固遗址发掘报告》，《华夏考古》1987年第1期。

④ 傅永魁：《巩县铁生沟发现裴李岗文化遗址》，《河南文博通讯》1980年第2期；开封地区文管会等：《河南巩县铁生沟新石器早期遗址试掘简报》，《文物》1980年第5期。

⑤ 安阳地区文管会、淇县文化馆：《河南淇县花窝遗址试掘》，《考古》1981年第3期。

⑥ 开封地区文管会等：《河南密县马良沟遗址调查和试掘》，《考古》1981年第3期。

⑦ 河南省文物考古研究所：《舞阳贾湖》，科学出版社，1999年。

⑧ 薛文灿：《沙窝李新石器时代遗址调查》，《中原文物》1982年第2期；中国社会科学院考古研究所河南一队：《河南新郑沙窝李新石器时代遗址》，《考古》1983年第12期。

⑨ 中国社会科学院考古研究所河南一队：《河南新郑唐户新石器时代遗址试掘简报》，《考古》1984年第3期。

⑩ 临汝县博物馆：《河南临汝中山寨遗址调查简报》，《考古》1986年第6期。

址①，1992—1995年发掘确认了孟庄遗址②，1995年抢救发掘确认了瓦窑嘴遗址③，2009—2010年发掘的新密李家沟遗址中发现了裴李岗文化的遗存④，2010年在河南中牟县宋庄遗址发现了裴李岗文化遗存⑤，2011—2012年发掘的郑州朱寨遗址也清理发现了裴李岗文化遗存⑥。这些遗址的发现和确认为我们了解裴李岗文化的内涵提供了较多的材料。

自裴李岗文化发现至今，学界对裴李岗文化的认识和研究大致可以分为以下三个阶段。

第一阶段（20世纪70年代末到80年代初）

学术界对裴李岗文化的研究主要集中在裴李岗文化的性质与命名上。确立了"裴李岗文化"的命名，为否定"中国文化西来说"提供了重要证据。

1978年，李友谋先生提出了"裴李岗文化"的命名，并对其文化特征和所处的社会阶段进行了讨论。文中认为"它（裴李岗文化）和仰韶文化分别代表中原地区古代原始文化不同的发展阶段"，"裴李岗文化在社会发展阶段上，应比仰韶文化为早"，"它（裴李岗文化）的发现，对研究中原仰韶文化的渊源问题找到了新的线索"⑦。陈旭先生也认为"有可

---

① 中国社会科学院考古研究所河南一队：《河南郏县水泉裴李岗文化遗址》，《考古学报》1995年第1期。

② 河南省文物考古研究所：《河南辉县孟庄遗址的裴李岗文化遗存》，《华夏考古》1999年第1期。

③ 巩义市文物管理所：《河南巩义市瓦窑嘴新石器时代遗址试掘简报》，《考古》1996年第7期；巩义市文物保护管理所：《巩义市瓦窑嘴遗址第三次发掘报告》，《中原文物》1997年第1期；郑州市文物工作队、巩义市文物管理所：《河南巩义市瓦窑嘴新石器时代遗址的发掘》，《考古》1999年第11期。

④ 郑州市文物考古研究院、北京大学考古文博学院：《新密李家沟遗址发掘的主要收获》，《中原文物》2011年第1期；北京大学考古文博学院、郑州市文物考古研究院：《河南新密市李家沟遗址发掘简报》，《考古》2011年第4期。

⑤ 河南省文物管理局南水北调文物保护办公室、郑州市文物考古研究院：《河南中牟县宋庄遗址发现裴李岗文化遗存》，《考古》2012年第7期。

⑥ 河南师范大学历史文化学院、郑州市文物考古研究院：《郑州市朱寨遗址裴李岗文化遗存》，《考古》2017年第5期。

⑦ 李友谋：《略论裴李岗文化》，《郑州大学学报（哲学社会科学版）》1978年第4期。

能仰韶文化发源于裴李岗文化"①。裴李岗文化的发现与确认为仰韶文化的来源提供了线索,对于探索中国早期文化的来源,否定"中国文化西来说"起着非常关键的作用。

此时期对于裴李岗文化的性质讨论还主要集中在其与磁山文化的关系上,代表性的观点有:①以磁山文化统称以裴李岗遗址和磁山遗址为代表的文化遗存,以严文明先生为代表,认为"鉴于裴李岗的文化面貌与磁山基本相同,……共同的时期、共同的地域和共同的文化面貌,把它们联系在一起,应该划为一个考古学文化,我们建议称为磁山文化"②;②把两个遗址代表的文化遗存分别命名为裴李岗文化和磁山文化,以安志敏先生为代表,认为"因为两者的分布地域不尽相同,特别是在文化面貌上有着较大的区别,至少不宜混为一谈。在现有资料的基础上,作者倾向于暂时分别命名裴李岗文化和磁山文化以资区别"③;③以磁山·裴李岗文化统称这两个遗址代表的文化遗存,以夏鼐先生为代表,根据^{14}C的断代法认为"在黄河流域中游有比仰韶文化更早的'磁山·裴李岗文化'"④,即以磁山·裴李岗文化统称这两类文化遗存,从年代学的角度提出,应含有早于仰韶时期的含义。

关于裴李岗文化和磁山文化的关系,许顺湛先生通过比较裴李岗文化和磁山文化中的农业生产工具(石斧、石铲、石镰)、粮食加工工具(石磨盘、石磨棒)、生活用具(陶器)以及陶器上的纹饰,认为"磁山文化与裴李岗文化实在是太接近了,……磁山文化许多因素渊源于裴李岗文化"⑤。张之恒先生通过比较裴李岗文化与磁山二期文化(即磁山第2层文化遗存),认为"裴李岗的石器制作水平较高,磨制较精,其中较为

---

① 陈旭:《仰韶文化渊源探索》,《郑州大学学报(哲学社会科学版)》1978年第4期。

② 严文明:《黄河流域新石器时代早期文化的新发现》,《考古》1979年第1期。持此观点的文章还有唐云明:《略论"磁山"和"裴李岗"的有关问题》,《考古与文物》1981年第1期。

③ 安志敏:《裴李岗、磁山和仰韶文化——试论中原新石器时代文化的渊源及发展》,《考古》1979年第4期。持此观点的文章还有杨肇清:《关于裴李岗·磁山文化的定名及其年代问题的探讨》,《华夏考古》1987年第1期。

④ 夏鼐:《三十年来的中国考古学》,《考古》1979年第5期。持此观点的文章还有李绍连:《关于磁山·裴李岗文化的几个问题——从莪沟北岗遗址谈起》,《文物》1980年第5期。

⑤ 许顺湛:《论裴李岗文化》,《河南文博通讯》1980年第1期。

进步的石镰、有柄石铲等，皆不见于磁山。……磁山二期文化与裴李岗等文化遗存，在文化面貌上较多相近，说明两者属于同一文化系统，该文化系统的名称，暂可称'磁山文化'。至于两者在文化面貌上的某些差异，则是一种地域差别。这种地域差别可用不同类型来区别，即可把河南地区以裴李岗为代表的文化遗存作为磁山二期文化的'裴李岗类型'"[①]。唐云明先生首先依据严文明先生的意见，把两个遗址所代表的同类文化遗存称为"磁山文化"，并通过比较磁山和裴李岗两地出土的石器、陶器特征认为"磁山和裴李岗很可能是同一文化的不同发展阶段。这种判断如果不误的话，那么裴李岗就很可能是在磁山基础上发展起来的一种晚期遗存，……我们建议暂称为磁山文化的'磁山期'和'裴李岗期'"[②]。魏京武先生认为"磁山遗址从出土物看基本与裴李岗遗址相同，但有一些出土物，如彩陶的出现，陶支架的大量使用等，似比裴李岗遗址更为进步，可能包含有更晚一些的遗存，也就是说磁山遗址除裴李岗文化的堆积外，是否还有晚于裴李岗文化的堆积？因此，我认为以裴李岗文化命名为好，以磁山遗址为代表的文化内涵是裴李岗文化发展过程中的一个类型"[③]。之后，磁山和裴李岗遗址又都进行了发掘并分别于1981年和1982年公布了发掘资料[④]，可以看出二者确属于不同的文化。随着资料的增多，对这两类文化遗存的认识进一步加深，学术界普遍认同两者均早于仰韶时期，均属于前仰韶时期的文化，且属于不同性质的文化，可分别给予命名。

第二阶段（20世纪80年代中期到90年代末）

对裴李岗文化的研究主要集中在分期及生业方式的讨论上。最主要成果是文化区系研究，文化序列的建构，此应与苏秉琦先生在20世纪80年代初提出区系类型理论密切相关[⑤]。

[①] 张之恒：《试论磁山、裴李岗文化遗存的性质——兼论中原地区新石器文化系统的区分》，《考古与文物》1981年第1期。

[②] 唐云明：《略论"磁山"和"裴李岗"的有关问题》，《考古与文物》1981年第1期。

[③] 魏京武：《李家村·老官台·裴李岗——关于黄河中游地区新石器时代早期文化的几个问题》，《考古与文物》1981年第4期。

[④] 河北省文物管理处、邯郸市文物保管所：《河北武安磁山遗址》，《考古学报》1981年第3期；中国社会科学院考古研究所河南一队：《1979年裴李岗遗址发掘简报》，《考古》1982年第4期。

[⑤] 苏秉琦、殷玮璋：《关于考古学文化的区系类型问题》，《文物》1981年第5期。

此时期研究裴李岗文化分期、分类型的文章较多，以方孝廉、丁清贤、孙广清等先生的文章为代表①。这几篇文章通过对裴李岗遗址、沙窝李遗址、莪沟北岗遗址的分析，多认为裴李岗下层墓葬年代较早，沙窝李下层、裴李岗上层、莪沟北岗遗址年代次之，沙窝李上层墓葬年代较晚。对石固遗址分析的文章多认为石固遗址尤其是遗址中的折肩壶年代较晚。此时期对裴李岗文化的类型也有讨论，郑乃武先生根据出土器物的形态比较等，把裴李岗文化分为两种类型："以裴李岗遗址为代表的裴李岗类型（包括莪沟、沙窝李、铁生沟、马良沟等遗址）和中山寨下层为代表的中山寨类型。"②另外还有文章探讨裴李岗文化的经济形态③和埋葬制度等④。社会组织制度方面也有少量文章涉及，如朱延平先生通过对墓葬中随葬器物的讨论分析了裴李岗文化的社会组织及所处的社会阶段等⑤，并有文章对贾湖骨制品进行研究等⑥。

---

① 方孝廉：《裴李岗文化陶器分期和年代分析》，《论仰韶文化》，《中原文物》1986年特刊（总5号）；缪雅娟：《沙窝李遗址分析——试论裴李岗文化分期》，《考古》1993年第9期；丁清贤：《试论裴李岗文化的分期》，《文物春秋》1990年第2期；张江凯：《裴李岗文化陶器的谱系研究》，《考古与文物》1997年第5期；孙广清：《河南裴李岗文化的分布和地域类型》，《华夏考古》1992年第4期。

② 郑乃武：《略论裴李岗文化的类型及其与仰韶文化的关系》，《中国考古学研究——夏鼐先生考古五十年纪念论文集》，文物出版社，1986年。

③ 黄崇岳：《试论"磁山·裴李岗文化"的时代与社会——兼论我国新石器时代早期文化》，《论仰韶文化》，《中原文物》1986年特刊（总5号）。

④ 王吉怀：《我国新石器时代的裴李岗文化》，《许昌师专学报（社会科学版）》1986年第1期；蒋晔：《试论裴李岗文化遗存的几个问题》，《商丘师专学报（社会科学版）》1987年第2期；赵世纲：《关于裴李岗文化若干问题的探讨》，《华夏考古》1987年第2期；张长安、姚志国：《试论裴李岗文化时期的社会阶段》，《中原文物》1996年第2期；郑乃武：《略谈裴李岗文化的埋葬制度》，《中国考古学论丛》，科学出版社，1993年；王晓：《裴李岗文化葬俗浅议》，《中原文物》1996年第1期。

⑤ 朱延平：《裴李岗文化墓地初探》，《华夏考古》1987年第2期；朱延平：《裴李岗文化墓地再探》，《考古》1988年第11期；戴向明：《裴李岗墓地新探》，《华夏考古》1996年第3期。

⑥ 罗桃香、赵世纲：《贾湖骨笛在音乐史上的重大价值》，《中国文物报》1988年6月17日003版；黄翔鹏：《舞阳贾湖骨笛的测音研究》，《文物》1989年第1期；刘正国：《笛乎筹乎龠乎——为贾湖遗址出土的骨质斜吹乐管考名》，《音乐研究》1996年第3期。

第三阶段（21世纪初至今）

学术界逐渐开始探讨裴李岗文化的谱系。而随着贾湖报告的发表，除了对贾湖遗址进行分期研究外①，对贾湖骨笛及龟甲刻符也有研究②。

在谱系研究方面，陈冰白先生认为裴李岗文化向北强烈影响到磁山文化，甚至可把磁山上层称为裴李岗文化的一个地方性变体③。余西云先生认为湖北宜都枝城北H1遗存的形成与裴李岗文化深入鄂西南地区有关④。韩建业先生认为裴李岗文化强盛时对外扩张影响，衰败时又东向迁徙⑤。

外文文献中也有较多对裴李岗文化的研究，主要集中在生业方式讨论上，对裴李岗文化时期的环境也有讨论，另外还有文章对裴李岗文化时期的宗教和社会及贾湖遗址中出土的音乐器材进行了探讨⑥。

本书选择裴李岗文化作为研究对象，主要基于以下三个方面的考虑。

第一，裴李岗文化的发现填补了中原地区新石器时代早期文化的空白，为研究仰韶时期中原地区的文化来源提供了新材料，对否定中国文化西来说有着巨大贡献。17世纪以后，不断有西方传教士根据中国文化与西方文化的联系，提出过不同内容的中国文化西来说⑦。瓦西里耶夫否认中国地区存在着前仰韶时期文化，他在其著作中否定了夏鼐先生关于李家村

---

① 段天璟：《舞阳贾湖遗址墓葬分期研究》，《华夏考古》2006年第2期。
② 此类文章较多，以下只列出代表性的几篇：王丽芬：《贾湖出土骨笛及相关问题》，《考古与文物》2002年第4期；郑祖襄：《贾湖骨笛调高音阶再析》，《音乐研究》2004年第4期；陈其射：《上古"指宽度律"之假说——贾湖骨笛音律分析》，《音乐艺术》2006年第2期；孙毅：《舞阳贾湖骨笛音响复原研究》，《中国音乐学》2006年第4期；宋爽：《探析贾湖骨笛承载的社会信息》，《东南文化》2006年第4期；刘志一：《贾湖龟甲刻符考释及其他》，《中原文物》2003年第2期；陈星灿、李润权：《申论中国史前的龟甲响器》，《桃李成蹊集——庆祝安志敏先生八十寿辰》，香港中文大学中国考古艺术研究中心，2004年。
③ 陈冰白：《谈考古学的文化研究与文明研究》，《庆祝张忠培先生七十岁论文集》，科学出版社，2004年。
④ 余西云：《长江中游及周边地区几类新石器时代早期遗存的谱系与年代》，《新果集——庆祝林沄先生七十华诞论文集》，科学出版社，2009年。
⑤ 韩建业：《裴李岗文化的迁徙影响与早期中国文化圈的雏形》，《中原文物》2009年第2期。
⑥ 相关英文文献见本书参考文献部分。
⑦ 何炳松：《中华民族起源之新神话》，《何炳松论文集》，商务印书馆，1990年；原载《东方杂志》第二十六卷第二号，1929年1月25日。

是探索仰韶文化前身的一个较可靠的新线索①的推断,并认为"在黄河流域找到前仰韶文化的可能性是愈来愈小了。与此同时,另一种可能性则在增加,即仰韶新石器文化的源头应当在黄河流域之外,在其西方的山前地带去寻找,只有在那里能够形成原始仰韶农业新石器文化"②。而裴李岗遗址的发掘比较明确地把新石器时代的遗存提早到了前仰韶时期,从文化面貌和遗存时间上证实了此类遗存与仰韶文化的不同③。其实前仰韶时期的文化遗存在中国早有发现,只不过此类遗存从发现到深入认识经历了相当长一段过程,张忠培先生曾详细探讨老官台文化从20世纪50年代开始发现到20世纪70年代逐渐认识的过程④。而武安磁山、新郑裴李岗等遗址发掘资料的发表都显示出这几类遗存与仰韶文化有着有机的内在联系⑤,且河南石固等遗址的发掘表明这些遗存叠压在仰韶时期的遗存之下⑥。此类遗存后来陆续有大量发现,并被证实为前仰韶时期的文化遗存。这样,瓦西里耶夫的观点便无立足之地,而"仰韶文化西来说"或"中国文化西来说"也不攻自破。

第二,裴李岗文化是中原地区文化发展的第一次整合,是前仰韶时期影响范围最大的考古学文化。从当前的考古调查和发掘来看,裴李岗文化的分布几乎覆盖了整个河南地区,其对东边的后李文化、双墩文化及北辛文化,北边的磁山文化,西北方向的老官台文化,南边的彭头山文化和东南方向的顺山集文化等都产生了不同程度不同方式的影响,为中原地区的文明化进程奠定了基础。

第三,以往的研究主要集中在裴李岗文化面貌与性质的确认、年代与分期的判定、分布与类型的划分及生业方式和意识形态的讨论等。但是已

---

① 夏鼐:《我国近五年来的考古新收获》,《考古》1964年第10期。

② 列·谢·瓦西里耶夫著,郝镇华等译:《中国文明的起源问题》,文物出版社,1989年。

③ 开封地区文管会、新郑县文管会:《河南新郑裴李岗新石器时代遗址》,《考古》1978年第2期。

④ 张忠培:《关于老官台文化的几个问题》,《社会科学战线》1981年第2期。

⑤ 邯郸市文物保管所、邯郸地区磁山考古队短训班:《河北磁山新石器遗址试掘》,《考古》1977年第6期;开封地区文管会、新郑县文管会:《河南新郑裴李岗新石器时代遗址》,《考古》1978年第2期。

⑥ 河南省文物研究所:《长葛石固遗址发掘报告》,《华夏考古》1987年第1期。

有的分期研究往往局限于个别遗址，认知不够全面。贾湖遗址、唐户遗址近几年的发掘为我们提供了新的比较丰富的层位关系可靠的材料，对以往的分期研究成果有必要进行重新讨论。另外，裴李岗文化的形成、发展和衰亡过程，及其在发展过程中与周边同时期文化的互动关系还没有系统、细致的梳理和分析。

如上所述，裴李岗文化在中原地区文明化进程中起着非常重要的作用，而且还有比较大的研究空间和进一步深入研究的必要。

第一章 典型遗存分析

目前，学术界对裴李岗文化的内涵和界定仍有争议，主要涉及贾湖遗址中出土遗存的文化性质。为此，我们先对贾湖、裴李岗等遗址的遗存内涵进行讨论，以期廓清裴李岗文化的真正内涵。

居址和墓地是不同功能的遗存。裴李岗文化居址中出土的陶器主要为盆、鼎、钵和罐等器类，而墓地中出土的陶器主要为壶。余西云先生认为"一个考古学文化往往包括不同的时间性和（或）空间性亚文化（最常见的表述是期和类型）和结构性亚文化。结构性亚文化可能是同一群人不同生活场景形成的，如居住和埋葬死者可能形成有差别的遗存"[①]，王光明先生认为"居住址是活人生前居住的聚落，而墓地则是死者生后的安身之所，二者体现的是两种不同的生活场景，反映了人们不同的思想观念，二者之间存在着结构性差异，混合起来研究，对遗存年代、聚落形成等方面的认识可能会出现偏差，应该将二者分开来进行研究"[②]。以贾湖遗址为例，《舞阳贾湖》和《舞阳贾湖（二）》中发表了陶制品标本统计表（表一）。

通过表一可以看出：角把罐、方口盆、深腹盆、划纹盆、敛口盆和钵形鼎只在居址中出土，盆形鼎、罐形鼎、卷沿罐、圈足罐、折沿罐、敞口钵、敛口钵和双耳罐等主要出土于居址中，墓地中出土的比例均不高于10%，而折肩壶、圆肩壶（本书中所称的圆肩鼓腹壶）和扁腹壶（本书中所称的圆肩扁腹壶）则主要出土于墓地中，墓地中出土比例达80%左右，考虑到墓葬中的随葬器物需要在居址活动范围内生产制作，因此我们倾向于认为折肩壶、圆肩鼓腹壶和圆肩扁腹壶这三类器物应主要是作为随葬器物使用的。由此可看出居址出土物和墓地出土物是两套明显不同的遗存。所以把居址与墓地中的出土遗存放在一起研究易混淆亚文化之间的区别，不利于观察文化的动态演变过程，更不利于对此文化研究的进一步深入。

[①] 余西云：《西阴文化：中国文明的滥觞》，科学出版社，2006年。
[②] 王光明：《大汶口文化居住址研究》，武汉大学硕士学位论文，2006年。

表一　贾湖遗址陶器标本出土位置统计表

器类	居址中出土器物数量		墓地中出土器物数量		出土器物总数	居址中出土器物比例（%）	墓地中出土器物比例（%）
	《舞阳贾湖》	《舞阳贾湖（二）》	《舞阳贾湖》	《舞阳贾湖（二）》			
角把罐*	330	12	0	0	345	100	0
方口盆	62	8	0	0	70	100	0
深腹盆	88	5	0	0	93	100	0
划纹盆	80	5	0	0	85	100	0
敛口盆	50	6	0	0	56	100	0
钵形鼎	28	1	0	0	29	100	0
盆形鼎	139	10	6	1	156	95.5	4.5
罐形鼎	269	3	2	0	274	99.3	0.7
卷沿罐	73	7	1	1	82	97.6	2.4
圈足罐	12	1	0	1	14	92.9	7.1
折沿罐	53	6	4	1	64	92.2	7.8
侈口罐	69	7	11	2	89	85.4	14.6
敞口钵	84	11	2	0	97	97.9	2.1
敛口钵	63	23	5	1	92	93.5	6.5
双耳罐	101	13	6	2	122	93.4	6.6
折肩壶	22	6	99	15	142	19.7	80.3
圆肩鼓腹壶	11	5	48	13	77	20.8	79.2
圆肩扁腹壶	3	0	22	3	28	10.7	89.3

* 《舞阳贾湖》附表一三中有3件角把罐分别出自墓葬M268（2件）和M273，而检索M268和M273的墓葬登记表，发现此两座墓中均未出土角把罐。所以本书把这3件去除不算，认为角把罐也仅在居址中出土。

因此，本书对墓地和居址这两类亚文化遗存分别进行研究，再对二者进行对应和整合，分析它们所反映的社会及其变化速率情况等以观察文化的动态演变过程。

第一节 舞阳贾湖

一、贾湖墓地

贾湖遗址位于河南省舞阳县北舞渡镇贾湖村，南距舞阳县城22千米，东北距北舞渡镇3千米[①]。1983年进行了试掘[②]，之后又进行了多次发掘。检索《舞阳贾湖》[③]的附表六和《舞阳贾湖（二）》[④]的附表六可知，前六次发掘墓葬共有349座，第七次发掘墓葬97座，2013年第八次发掘墓葬97座[⑤]。

贾湖墓地中随葬的陶器以陶壶为主，多数墓葬中只随葬有陶器，另有少量的钵、罐、杯、鼎及极少量的盆、支脚等。陶器分类排序如下。

1. 壶

壶在裴李岗文化中尤其是裴李岗文化的墓地中出土数量最多，是最具代表性的一类器物，壶的种类较多，本书依次根据底部、耳部、肩部、腹部和颈部等进行分类。底可分为平底、小平底近尖、圜底和圈足；耳可分为竖耳和横耳；肩可分为溜肩、折肩和圆肩等；腹可分为鼓腹、斜直腹和扁腹等；颈可分为长颈和矮颈。

贾湖墓地中的壶主要为平底，可分为溜肩壶、折肩壶和圆肩鼓腹壶三类。

溜肩壶　有夹砂红陶和泥质红陶。根据底部的不同可分为圜底、小平底和平底三型。

A型　圜底壶，根据其腹部变化可分为二式。

Ⅰ式：器身较矮胖，腹部较鼓。标本M39∶1（图一，1；报告图

[①] 本书收录遗址、墓地的位置描述均以原发表资料为准。
[②] 河南省文物研究所：《舞阳贾湖遗址的试掘》，《华夏考古》1988年第2期。本节下文中的"试掘"指此报告。
[③] 河南省文物考古研究所：《舞阳贾湖》，科学出版社，1999年。本节下文中的"报告"指此报告。
[④] 中国科学技术大学科技史与科技考古系等：《河南舞阳贾湖遗址2001年春发掘简报》，《华夏考古》2002年第2期；河南省文物考古研究院等：《舞阳贾湖（二）》，科学出版社，2015年。本节下文中的"报告二"指此报告。
[⑤] 河南省文物考古研究院等：《河南舞阳县贾湖遗址2013年发掘简报》，《考古》2017年第12期。

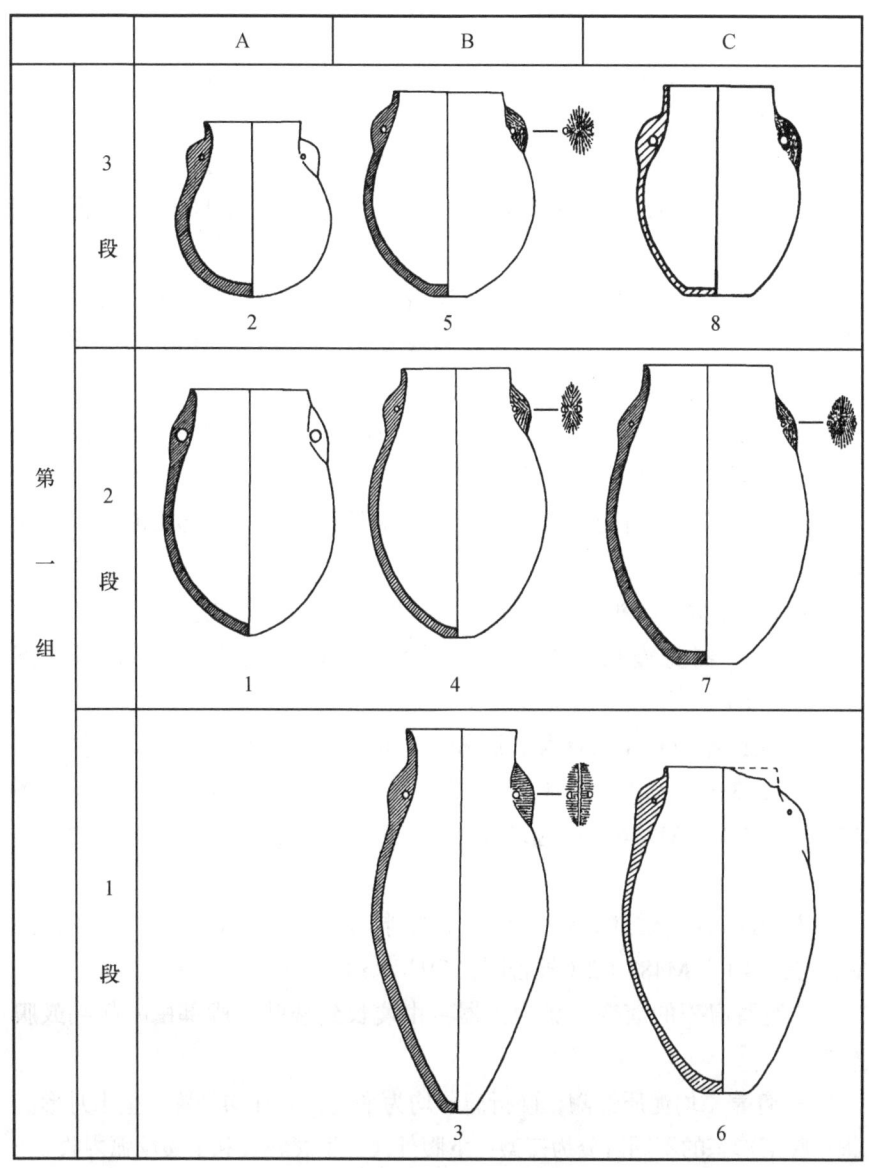

图一 贾湖墓地陶溜肩壶分期

1. M39∶1 2. M38∶1 3. M303∶1 4. M297∶1 5. M31∶1
6. M110∶1 7. M52∶1 8. M125∶1

二〇三,5)、M249∶1(报告图二〇四,5)。

Ⅱ式:器身矮胖,腹部较圆近扁。标本M38∶1(图一,2;报告图二〇五,7)。

A型溜肩壶的演变趋势为:器身由较矮胖到矮胖,腹部由较鼓到圆鼓近扁。

B型　小平底壶，小平底近尖，均为夹砂红陶。根据其器身和腹部的变化可分为三式。

Ⅰ式：器身瘦长，腹略鼓。标本M303：1（图一，3；报告图二〇一，3）、M374：1（报告图二〇一，1）、M104：1（报告图二〇一，6）。

Ⅱ式：器身较Ⅰ式矮胖，腹较鼓。标本M297：1（图一，4；报告图二〇二，1）、M108：3（报告图二〇一，5）、M66：1（报告图二〇三，2）。

Ⅲ式：器身矮胖，鼓腹较甚。标本M31：1（图一，5；报告图二〇五，4）、M107：1（报告图二〇五，2）。

B型溜肩壶的演变趋势为：器身由瘦长到矮胖，腹部由略鼓到鼓腹较甚。

C型　平底壶，根据其器身和腹部的变化可分为三式。

Ⅰ式：器身瘦长，腹略鼓。标本M110：1（图一，6；报告图二〇三，1）。

Ⅱ式：器身较Ⅰ式矮胖，腹较鼓。标本M52：1（图一，7；报告图二〇三，3）、M32：1（报告图二〇三，4）、M411：1（报告图二〇二，5）、M376：1（报告图二〇三，6）、M375：1（报告图二〇三，7）。

Ⅲ式：器身矮胖，鼓腹较甚。标本M125：1（图一，8；报告图一八三，4）、M487：2（报告图二〇四，6）。

C型溜肩壶的演变趋势为：器身由瘦长到矮胖，腹部由略鼓到鼓腹较甚。

折肩壶　均泥质红陶，硬折肩，均为平底，双耳均竖置，呈半月形。根据腹部形态的不同可分为三型：下腹外弧、下腹斜直和下腹反弧内收。

A型　下腹外弧，根据器身的变化可分为三式。

Ⅰ式：器身较瘦，颈部较细长。标本M396：1（图二，1；报告图二〇八，3）。

Ⅱ式：器身较胖，颈部变短。标本M344：1（图二，2；报告图二〇八，4）、M352：4（报告图二〇九，7）、M344：2（报告图二〇八，1）、M394：2（报告图二〇八，8）、M491：1（报告二图5-16，1）。

Ⅲ式：器身肥胖，颈部短粗。标本M369：1（图二，3；报告图二〇七,3)、M132∶1(报告图二〇七,2)、M364∶2(报告图二〇七,1)、M364∶3(报告图二〇七,4)、M493∶1(报告二图5-16,2)。

A型折肩壶的演变趋势为:器身由瘦长到矮胖,颈部由细长变短粗。

B型 下腹斜直,颈较直,根据器身和口部的变化可分为三式。

Ⅰ式:器身瘦长,颈部较细长。标本M335∶1(图二,4;报告

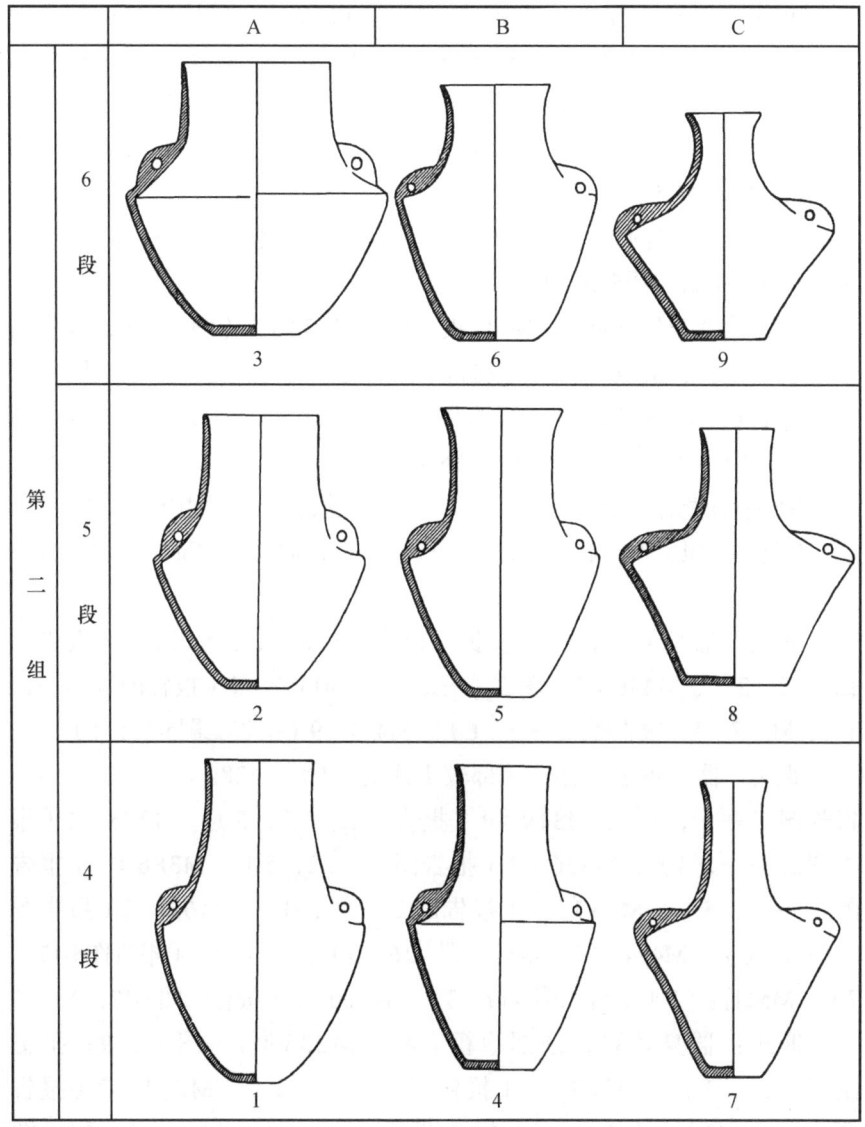

图二 贾湖墓地陶折肩壶分期
1. M396∶1 2. M344∶1 3. M369∶1 4. M335∶1 5. M355∶1 6. M334∶1 7. M326∶1
8. M282∶1 9. M233∶1

图二〇九，6）、M287：2（报告图二一〇，2）、M309：1（报告图二〇九，3）、M112：2（报告图二一〇，4）、M16：2（试掘图一一，4）、M353：30（报告图二〇九，9）、M394：1（报告图二一三，3）、M419乙：2（报告二图5-16，10）、M430：1（报告二图5-16，4）、M430：2（报告二图5-16，14）、M429：1（报告二图5-16，13）、M494：10（报告二图5-16，11）。

Ⅱ式：器身较瘦，颈部变短。标本M355：1（图二，5；报告图二〇九，4）、M336：7（报告图二〇九，8）、M402：1（报告图版六九，3）、M277：1（报告图二一〇，11）、M363：2（报告图二一〇，3）、M312：1（报告图二〇八，5）、M311：1（报告图二〇八，2）、M355：2（报告图二〇八，7）、M87：1（报告图二〇九，2）、M325：5（报告图二一〇，7）、M417：1（报告二图5-16，7）、M416：1（报告二图5-16，6）。

Ⅲ式：器身较矮胖，颈部短粗。标本M334：1（图二，6；报告图二〇九，1）、M361：1（报告图二〇九，5）、M94：1（报告图二一二，6）、M330：1（报告图二一三，1）、M127：1（报告图二一一，2）、M494：6（报告二图5-17，6）。

B型折肩壶的演变趋势为：器身由瘦长到矮胖，颈部由细长变短粗。

C型　下腹反弧内收，侈口，颈较直，根据器身和颈部的变化可分为三式。

Ⅰ式：器身较瘦，颈部较长。标本M326：1（图二，7；报告图二一三，2）、M486：1（图二一三，4）、M387：1（报告图版七一，4）、M337：1（报告图二一三，6）、M494：9（报告二图5-17，1）。

Ⅱ式：器身较Ⅰ式胖，颈部较Ⅰ式短。标本M282：1（图二，8；报告图二一一，1）、M319：1（报告图二一三，5）、M275：1（报告图二一一，4）、M336：1（报告图二一二，5）、M386：1（报告图二一一，5）、M385：1（报告图二一一，3）、M65：2（报告图二一一，6）、M494：33（报告二图5-16，5）、M471：3（报告图5-17，7）、M511丙：3（报告二图5-17，3）、M500：2（报告二图5-17，2）。

Ⅲ式：器身矮胖，颈部短粗。标本M233：1（图二，9；报告图二一二，1）、M363：1（报告图二一二，3）、M281：2（报告图二一二，2）、M313：1（报告图二一二，8）、M90：3（报告图二一二，7）、M101：1（报告图二一二，9）。

C型折肩壶的演变趋势为：器身由瘦长到矮胖，颈部由细长到短粗。

圆肩壶 均泥质红陶，施红陶衣，大部分器身磨光。根据腹部的不同可分为圆肩鼓腹壶、圆肩斜直腹壶和圆肩扁腹壶。

圆肩鼓腹壶 均为平底，双耳均竖置，呈半月形。根据最大径位置的不同分为三型：最大径在腹上部、最大径在腹部、最大径在腹下部。

A型 最大径在腹上部，根据腹部和颈部的变化可分为三式。

Ⅰ式：鼓腹，颈较直或略内收。标本M119：1（图三，1；报告图二二一，1）、M474：1（报告二图5-18，6）。

Ⅱ式：腹较鼓，颈内收明显。标本M61：1（图三，2；报告图二二一，8）、M259：1（报告图二二一，5）、M252：1（报告图二二一，7）、M95：1（报告图二二一，4）、M256：1（报告图二二一，2）、M261：1（报告图二二一，3）、M13：1（试掘图一一，1）、M410：1（报告图二一八，9）、M120：1（报告图二一六，2）、M450：1（报告二图5-19，4）、M454：1（报告二图5-18，4）、M473：1（报告二图5-18，5）。

Ⅲ式：腹较圆鼓，颈内收较甚。标本M253：1（图三，3；报告图二二一，9）、M409：1（报告图二一九，4）。

A型圆肩鼓腹壶的演变趋势为：腹部由微鼓腹到圆鼓腹，颈部反弧内收逐渐加剧。

B型 最大径在腹部，根据腹部和颈部的变化可分为三式。

Ⅰ式：鼓腹，颈较长，反弧内收。标本M273：1（图三，4；报告图二一七，1）、M273：4（报告图二一六，3）、M328：1（报告图二一七，3）、M106：1（报告图二一八，4）、M267：1（报告图二二〇，4）、M323：1（报告图二一八，7）、M323：2（报告图二一六，6）、M325：4（报告图二一六，1）、M27：1（报告图二二〇，2）、M384：1（报告图二一八，2）、M305：1（报告图二一八，8）、M494甲：1（报告二图5-18，1）。

Ⅱ式：腹较鼓，颈反弧内收处有一明显折痕。标本M270：1（图三，5；报告图二一六，5）、M281：1（报告图二一七，6）、M76：1（报告图二一八，6）、M281：3（报告图二二〇，5）、M293：1（报告图二二〇，7）、M35：1（报告图二一七，4）、M329：1（报告图二一八，5）、M358：1（报告图二一八，1）、M366：1（报告图二一八，3）、M487：1（报告图二一六，4）、M494：14（报告二图5-19，2）、M511：1（报告二图5-18，2）。

Ⅲ式：腹较圆鼓，颈较短。标本M73：1（图三，6；报告图二一九，

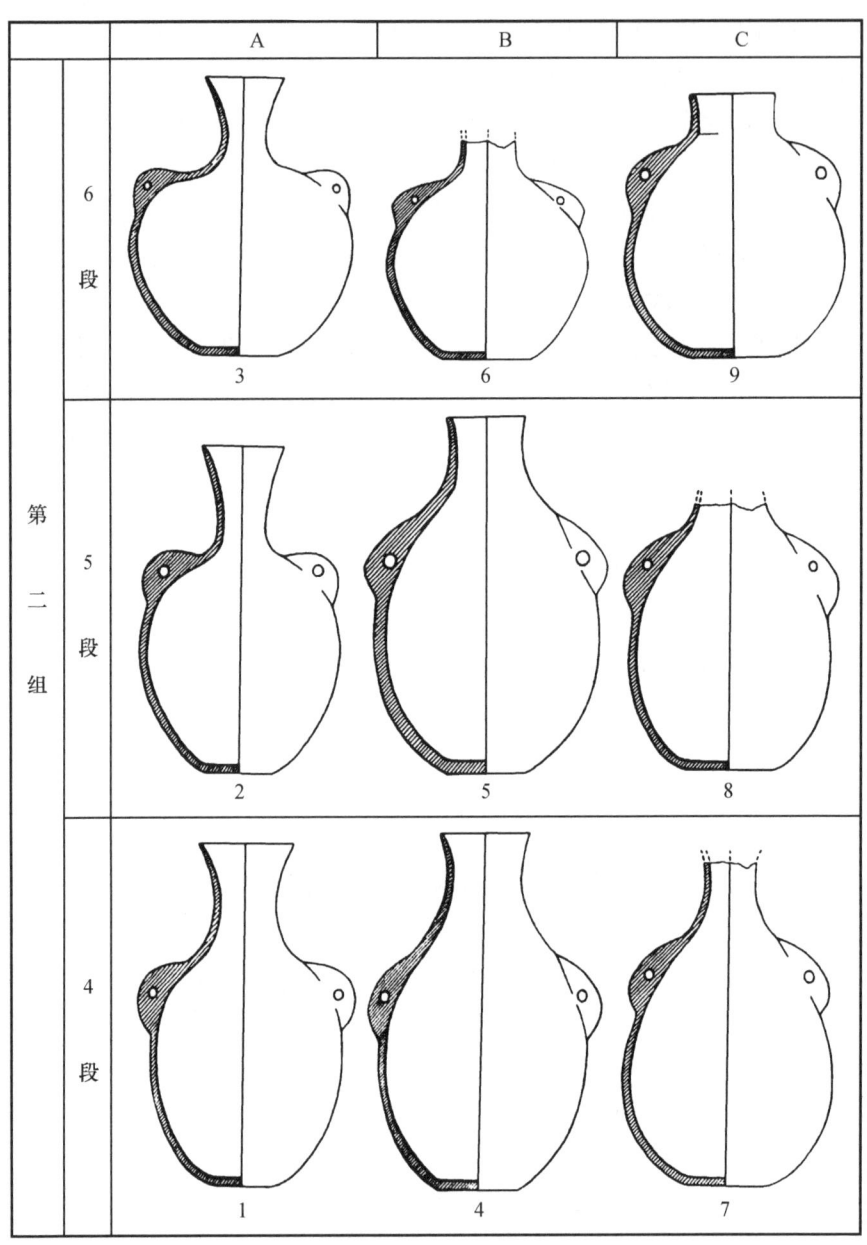

图三 贾湖墓地陶圆肩鼓腹壶分期

1. M119:1 2. M61:1 3. M253:1 4. M273:1 5. M270:1 6. M73:1 7. M325:1
8. M220:1 9. M486:2

5）、M219∶1（报告图二一九，2）、M34∶1（报告图二一九，1）、M490∶1（报告二图5-18，10）。

B型圆肩鼓腹壶的演变趋势为：腹部由微鼓腹到圆鼓腹，颈部逐渐变短，颈内收渐明显。

C型　最大径在腹下部，只有一件为完整器，余均残口沿。根据腹部的变化可分为三式。

Ⅰ式：腹部略鼓。标本M325∶1（图三，7；报告图二二〇，3）、M383∶1（报告图二二〇，6）。

Ⅱ式：腹部较鼓。标本M220∶1（图三，8；报告图二二〇，8）。

Ⅲ式：腹部圆鼓。标本M486∶2（图三，9；报告图二二二，1）、M60∶1（报告图二二〇，9）。

C型圆肩鼓腹壶的演变趋势为：腹部由微鼓腹到圆鼓腹。

圆肩斜直腹壶　均为平底，根据肩部和腹部的变化可分为二型：小平底广肩和平底窄肩。

A型　小平底广肩，根据颈部的变化可分为三式。

Ⅰ式：颈较长。标本M291∶1（图四，1；报告图二一四，3）、M10∶1（试掘图二六，3）。

Ⅱ式：颈略短。标本M22∶1（图四，2；报告图二二五，5）、M62∶1（报告图二一四，2）、M44∶1（报告图二一〇，5）、M57∶1（报告图二一四，4）。

Ⅲ式：短颈。标本M298∶1（图四，3；报告图二二四，12）、M7∶1（试掘图二六，1）。

A型圆肩斜直腹壶的演变趋势为：颈部由长到短。

B型　平底窄肩。根据颈部和腹部的变化可分为四式。

Ⅰ式：器体细长。标本M96∶1（图四，4；报告图二一四，1）。

Ⅱ式：腹微鼓。标本M54∶1（图四，5；报告图二二五，2）、M11∶1（试掘图二六，2）、M254∶1（报告图二一四，6）、M69∶1（报告图二二五，3）。

Ⅲ式：腹微鼓，颈肩连接处分界明显。标本M47∶1（图四，6；报告图二一四，7）、M231∶1（报告图二一四，9）。

Ⅳ式：器身矮胖。标本M18∶1（图四，7；报告图二二四，4）、M320∶2（报告图二二四，1）。

B型圆肩斜直腹壶的演变趋势为：器身由细长到矮胖。

圆肩扁腹壶　主要为平底壶，圜底壶数量较少。平底壶根据耳部置放

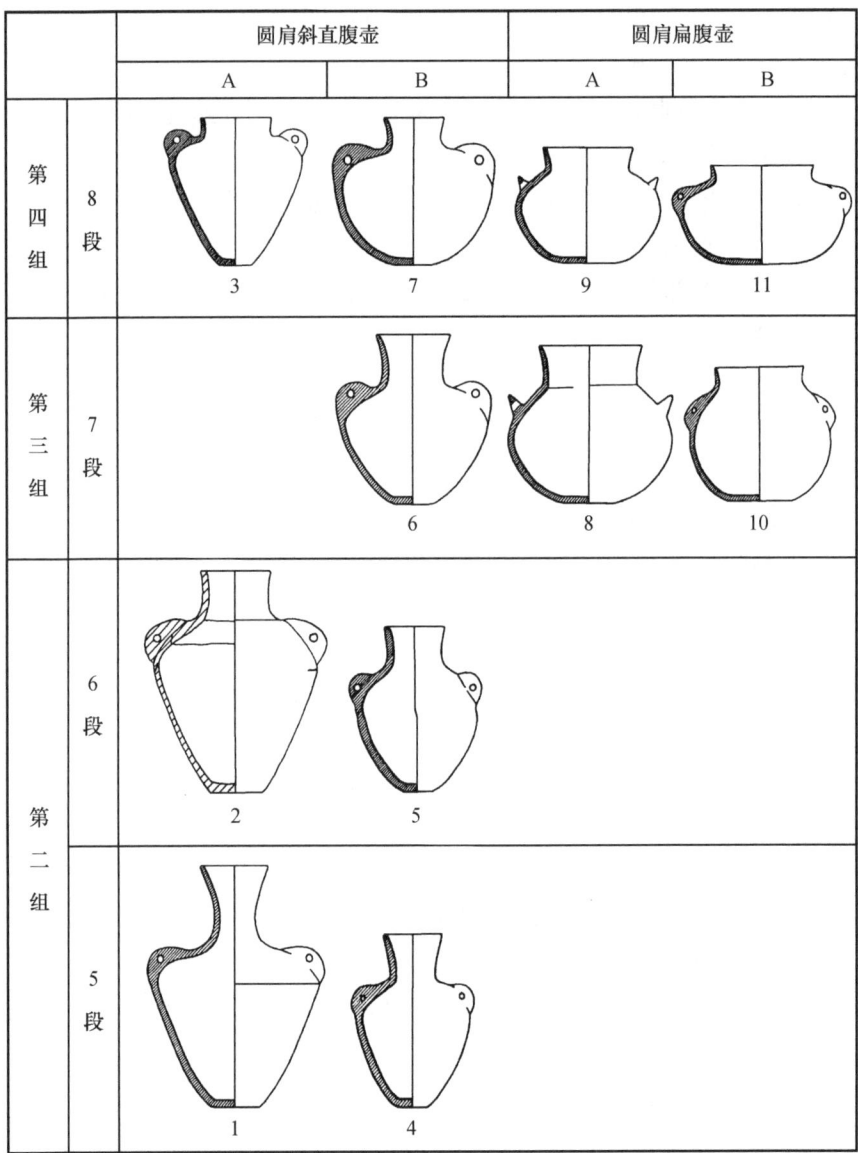

图四 贾湖墓地陶圆肩斜直腹壶、圆肩扁腹壶分期
1. M291∶1 2. M22∶1 3. M298∶1 4. M96∶1 5. M54∶1 6. M47∶1 7. M18∶1
8. M481∶1 9. M25∶2 10. M263∶1 11. M203∶1

方式的不同,可分为双耳横置和双耳竖置二型。

A型 双耳横置,根据腹部的变化可分为二式。

Ⅰ式:腹部略扁。标本M481∶1(图四,8;报告图二二四,6)、M482∶1(报告图二二四,2)。

Ⅱ式:扁腹较甚。标本M25∶2(图四,9;报告图二二四,7)、

M21∶1（报告图二二四，11）、M401∶1（报告图二二三，6）。

A型圆肩扁腹壶的演变趋势为：腹部由略扁到扁腹较甚，器身逐渐变矮。

B型　双耳竖置，根据腹部的变化可分为二式。

Ⅰ式：腹部较扁。标本M263∶1（图四，10；图二二三，1）、M299∶1（报告图二二三，3）、M278∶1（报告图二一九，3）、M469∶1（报告二图5-19，8）。

Ⅱ式：扁腹较甚，器身较矮。标本M203∶1（图四，11；报告图二二三，9）、M223∶1（报告图二二四，3）、M509∶1（报告二图5-19，9）。

B型圆肩扁腹壶的演变趋势为：腹部由较扁到扁腹较甚，器身逐渐变矮。

2. 钵

根据其底部形态的不同可分为二型：平底钵和圜底钵。

A型　平底钵，主要为敛口钵，有少量的敞口钵。敛口钵根据形体大小和腹的深浅可分为四式。

Ⅰ式：形体较大。M377∶10（图五，1；报告图二四二，3）。

Ⅱ式：形体较Ⅰ式小。M277∶3（图五，2；报告图二四四，4）。

Ⅲ式：与Ⅱ式形态相近，形体较小。M325∶3（图五，3；报告图二四四，1）。

Ⅳ式：形体较小。M342∶2（图五，4；报告图二四七，7）。

A型钵的演变趋势为：形体逐渐变小。

B型　圜底钵。根据形体大小和腹的深浅可分为三式。

Ⅰ式：形体较大。标本M220∶2（图五，5；报告图二四六，6）。

Ⅱ式：形体较Ⅰ式小。标本M71∶1（图五，6；报告图二四六，10）。

Ⅲ式：形体较小。标本M342∶3（图五，7；报告图二四七，8）。

B型钵的演变趋势为：形体逐渐变小。

3. 罐

主要为敛口罐，另有少量的侈口罐。敛口罐，深腹微外鼓，根据器身的长短可分为二式。

Ⅰ式：微折沿，器身略矮胖。标本M373∶1（图五，8；报告图一八一，3）。

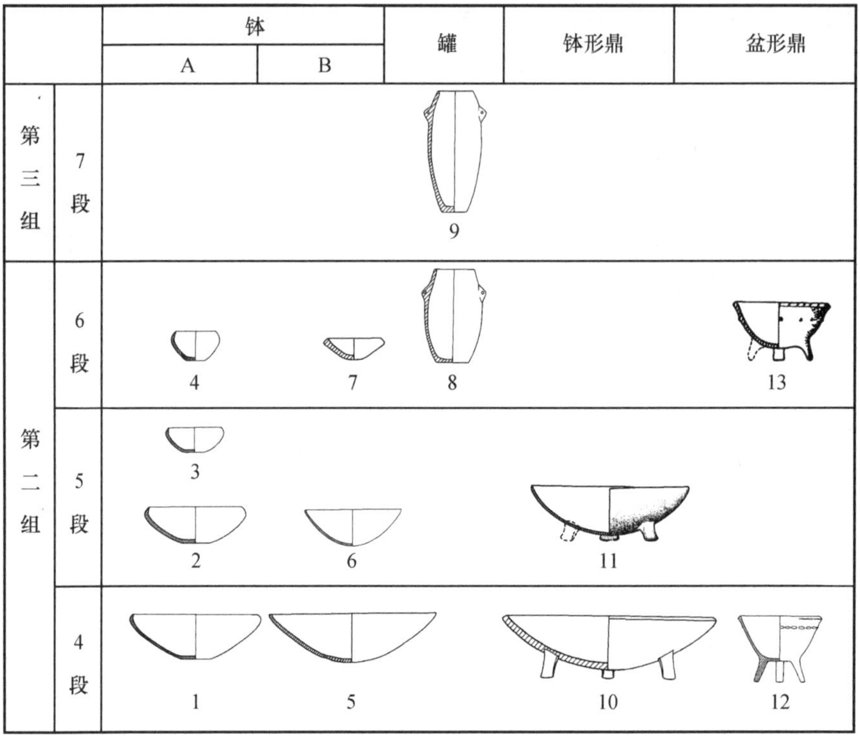

		钵		罐	钵形鼎	盆形鼎
		A	B			
第三组	7段			9		
第二组	6段	4	7	8		13
	5段	3			11	
		2	6			
	4段	1	5		10	12

图五 贾湖墓地陶钵、陶罐和陶鼎分期
1. M377：10 2. M277：3 3. M325：3 4. M342：2 5. M220：2 6. M71：1
7. M342：3 8. M373：1 9. M401：2 10. M387：2 11. M475：1 12. M396：2
13. M22：2

Ⅱ式：折沿较甚，器身略瘦长。标本M401：2（图五，9；报告图一八一，4）、M350：1（报告图一八一，5）。

敛口罐的演变趋势为：口沿由微折到折沿较甚，器身由略矮胖到瘦长。

4. 鼎

根据其上部形态的不同可分为钵形鼎和盆形鼎二型。

A型　钵形鼎，圜底。根据腹的深浅可分为二式。

Ⅰ式：大圜底，足跟近竖直。标本M387：2（图五，10；报告图二四九，2）。

Ⅱ式：大圜底，足跟微外撇。标本M475：1（图五，11；报告二图5-29，10）。

A型鼎的演变趋势为：足跟由近竖直逐渐外撇。

B型　盆形鼎，平底，沿下饰扁乳钉纹。根据腹部深浅的变化可分为二式。

Ⅰ式：足跟微外撇。标本M396：2（图五，12；报告图一九四，4）、M65：1（报告图一九四，7）。

Ⅱ式：足跟外撇较甚。标本M22：2（图五，13；报告图一九四，12）。

B型鼎的演变趋势为：足跟由微外撇到外撇较甚。

贾湖遗址前六次的发掘在遗址的西、中、东区都发现有墓葬，主要分布在西区。贾湖墓地的层位关系明确，不同区的层位关系可以对照表二。

表二　贾湖墓地不同区的地层关系对应表

西区：T25—T36，T101—T120，T4—T23	④	③C	③B
中区：T1，T37—T39	③	②	
东区：T61—T75	⑥	⑤	④

上述各种器物的类型学分析除了根据器物本身的演变外，主要还参照了《舞阳贾湖》报告中的附表六墓葬登记表，由附表六可知，出土溜肩壶的墓葬主要开口于③C层下，出土折肩壶的墓葬均开口于③B层下，出土圆肩鼓腹壶的墓葬大部分开口于③B层下，部分开口于③A层下。出土折肩壶和圆肩鼓腹壶的墓葬中有以下几组打破关系可供参考：

A型折肩壶可参考的层位关系：

（1）③B→M345→M352→M395→M396→M380→③C

（2）③B→M345→M364→M395→M396→M380→③C

在这两组层位关系中，M396：1（图二，1；报告图二〇八，3）为Ⅰ式，M352：4（报告图二〇九，7）为Ⅱ式，M364：1（报告图二〇七，1）为Ⅲ式。由此可知，A型折肩壶的Ⅰ式早于Ⅱ式，Ⅰ式早于Ⅲ式。从A型折肩壶整体的演变趋势可推测Ⅱ式早于Ⅲ式。

B型折肩壶可参考的层位关系：

（3）③B→M277→M334→M335→③C

（4）③B→M299→M321→M336→M328→M335→③C

在第（3）和第（4）两组层位关系中，M335：1（图二，4；报告图二〇九，6）为Ⅰ式，M336：7（报告图二〇九，8）和M277：1（报告图二一〇，11）为Ⅱ式，M334：1（图二，6；报告图二〇九，1）为Ⅲ式。其中M277→M334，但是M277为一次葬和二次葬的合葬墓，从Ab型折肩壶的整体演变趋势看，M277：1应早于M334：1。由此可知，B型折肩壶的Ⅰ式早于Ⅱ式，Ⅰ式早于Ⅲ式。从B型折肩壶整体的演变趋势可推测Ⅱ式早于Ⅲ式。

C型折肩壶可参考的层位关系：

（5）③B→M233→M281→M282→M386→M387→③C

在第（5）组层位关系中，M282：1（图二，8；报告图二一一，1）为Ⅱ式，M233：1（图二，9；报告图二一二，1）和M281：2（报告图二一二，2）为Ⅲ式。由此知，C型折肩壶的Ⅱ式早于Ⅲ式，从C型折肩壶的整体演变趋势可推测Ⅰ式早于Ⅱ式。

A型圆肩鼓腹壶可参考的层位关系：

（6）③B→M61→M95→M119→M127→③C

在第（6）组层位关系中，M119：1（图三，1；报告图二二一，1）为Ⅰ式，M61：1（图三，2；报告图二二一，8）为Ⅱ式。由此可知，A型圆肩鼓腹壶的Ⅰ式早于Ⅱ式，从A型圆肩鼓腹壶的整体演变趋势可推测Ⅱ式早于Ⅲ式。

B型圆肩鼓腹壶可参考的层位关系：

（7）③B→M68→M73→M94→M76→③C

在第（7）组层位关系中，M76：1（报告图二一八，6）为Ⅱ式，M73：1（图三，6；报告图二一九，5）为Ⅲ式。由此可知，B型圆肩鼓腹壶的Ⅱ式早于Ⅲ式，从B型圆肩鼓腹壶的整体演变趋势可推测Ⅰ式早于Ⅱ式。

A型圆肩斜直腹壶可参考的层位关系：

（8）AⅢ式壶开口于③A层下，AⅡ、AⅠ式壶开口于③B层下

由第（8）组层位关系可知，A型圆肩斜直腹壶的Ⅲ式最晚。从整体演变趋势可推测，Ⅰ式应早于Ⅱ式。

B型圆肩斜直腹壶可参考的层位关系：

（9）③A→M231→③B→M54→M57→M96→③C

在第（9）组层位关系中，M96：1（图四，4；报告图二一四，1）为Ⅰ式，M54：1（图四，5；报告图二二五，2）为Ⅱ式，M231：1（报告图二一四，9）为Ⅲ式。由此可知，B型圆肩斜直腹壶的Ⅰ式早于Ⅱ式，Ⅱ式早于Ⅲ式。

B型罐可参考的层位关系：

（10）BⅡ式罐开口于②层下，BⅠ式罐开口于③B层下

由第（10）组层位关系可知，BⅠ型罐早于BⅡ型罐。

根据诸典型器物排序所得的早晚关系及诸单位的组合关系，我们可以把贾湖墓地中的裴李岗文化遗存分为四组8段（表三）。

表三　贾湖墓地裴李岗文化遗存分期型式组合表

分组	分段	溜肩壶 A	溜肩壶 B	溜肩壶 C	折肩壶 A	折肩壶 B	折肩壶 C	圆肩鼓腹壶 A	圆肩鼓腹壶 B	圆肩鼓腹壶 C	圆肩斜直腹壶 A	圆肩斜直腹壶 B	圆肩扁腹壶 A	圆肩扁腹壶 B	钵 A	钵 B	罐	钵形鼎	盆形鼎
一组	1段		Ⅰ	Ⅰ															
	2段	Ⅰ	Ⅱ	Ⅱ															
	3段	Ⅱ	Ⅲ	Ⅲ															
二组	4段				Ⅰ	Ⅰ	Ⅰ	Ⅰ	Ⅰ	Ⅰ	Ⅰ	Ⅰ				Ⅰ		Ⅰ	Ⅰ
	5段				Ⅱ	Ⅱ	Ⅱ	Ⅱ	Ⅱ	Ⅱ	Ⅱ	Ⅱ			Ⅱ、Ⅲ	Ⅱ	Ⅰ	Ⅱ	
	6段				Ⅲ	Ⅲ	Ⅲ	Ⅲ	Ⅲ	Ⅲ	Ⅲ	Ⅲ			Ⅳ	Ⅲ	Ⅱ		Ⅱ
三组	7段										Ⅲ	Ⅲ	Ⅰ	Ⅰ					
四组	8段											Ⅳ	Ⅱ	Ⅱ					

第1段：BⅠ、CⅠ式溜肩壶。

第2段：AⅠ、BⅡ、CⅡ式溜肩壶。

第3段：AⅡ、BⅢ、CⅢ式溜肩壶。

第4段：AⅠ、BⅠ、CⅠ式折肩壶，AⅠ、BⅠ、CⅠ式圆肩鼓腹壶，AⅠ、BⅠ式钵，Ⅰ式钵形鼎，Ⅰ式盆形鼎。

第5段：AⅡ、BⅡ、CⅡ式折肩壶，AⅡ、BⅡ、CⅡ式圆肩鼓腹壶，AⅠ、BⅠ式圆肩斜直腹壶，AⅡ、AⅢ、BⅡ式钵，Ⅱ式钵形鼎。

第6段：AⅢ、BⅢ、CⅢ式折肩壶，AⅢ、BⅢ、CⅢ式圆肩鼓腹壶，AⅡ、BⅡ式圆肩斜直腹壶，AⅣ、BⅢ式钵，Ⅰ式罐。

第7段：BⅢ式圆肩斜直腹壶，AⅠ、BⅠ式圆肩扁腹壶，Ⅱ式罐。

第8段：AⅢ、BⅣ式圆肩斜直腹壶，AⅡ、BⅡ式圆肩扁腹壶。

根据器物组合和演变特征，以上8段可以整合为四组，第一组包含第1段至第3段，第二组包含第4段至第6段，第三组包含第7段，第四组包含第8段。

第一组：以西区③C层下的墓葬为代表，典型单位有M31、M297和M303等。第一组主要陶器器类为溜肩壶，器身由瘦长逐渐变矮胖。

第二组：以西区③B层下的墓葬为代表，典型单位有M233、M277、M282、M275、M323、M366和M388等。在中区①层下也有少量单位，有M16和M486等。第二组主要陶器器类为折肩壶、圆肩鼓腹壶，另有圆肩斜直腹壶、钵、钵形鼎、盆形鼎及少量的罐等。其中圆肩鼓腹壶和圆肩斜直腹壶的壶颈呈倒八字形，壶颈较长；钵形鼎鼎足较竖直。

第三组：以西区③A层下的部分墓葬为代表，典型单位有M223、M47、M401和M239等。在中区①层下也有少量单位，有M481和M482等。第三组主要陶器器类为圆肩斜直腹壶、圆肩扁腹壶，另有罐和钵形鼎等。其中圆肩斜直腹壶的壶颈变短，呈近竖直状；钵形鼎鼎足微外撇。

第四组：以西区③A层下的部分墓葬及②层下的墓葬为代表，典型单位有M18、M25、M203和M458等。第四组主要陶器器类为圆肩斜直腹壶、圆肩扁腹壶。其中圆肩斜直腹的壶颈较短呈竖直状。

二、贾湖居址

贾湖遗址前六次共发掘有45座房址，370个灰坑，在西北区、西区、西南区和中区均有分布。第七次发掘有8座房址，76个灰坑，均位于遗址西部。第八次发掘有8座房址，25个灰坑，均位于遗址中部偏北。

居址中出土的陶器有方口盆、划纹盆、敞口盆、敛口盆、角把罐、卷沿罐、侈口罐、敛口罐、折沿罐、碗、钵、钵形鼎、罐形鼎、盆形鼎和少量的溜肩壶、折肩壶和圆肩鼓腹壶等。陶器分类排序如下。

1. 盆

根据口沿的不同可分为方口盆、敞口盆和敛口盆三类。

方口盆　根据口沿的不同可分为直口、敛口、敞口三型。

A型　直口。根据四角和腹部的变化可分为三式。

Ⅰ式：四角突出，有孔，腹部较深。标本H330∶2（图六，1；报告图二二七，2）、H330∶3（报告图二二八，6）。

Ⅱ式：四角有孔，腹较Ⅰ式略浅。标本H330∶21（图六，2；报告图二二八，7）、H383∶5（报告图二二八，1）、H187∶33（报告图二二七，4）。

Ⅲ式：四角不突出，无孔，腹较浅。标本T101北扩③C∶3（图六，3；报告图二二八，9）。

A型方口盆的演变趋势为：腹部由深到浅。

B型　敛口。根据腹部的情况可分为敛口深腹和敛口斜直腹二亚型。

Ba型　敛口深腹。根据四角和腹部的变化可分为三式。

Ⅰ式：四角突出，有孔，腹较深。标本H77∶1（图六，4；报告图二二八，2）。

Ⅱ式：四角有孔，腹较Ⅰ式浅。标本H112∶22（图六，5；报告图二二八，8）。

Ⅲ式：四角不突出，无孔，腹较浅。标本H229∶14（图六，6；报告图二二七，6）。

Ba型方口盆的演变趋势为：腹部由深到浅。

Bb型　敛口斜直腹。根据四角和腹部的变化可分为三式。

Ⅰ式：四角突出，有孔，腹较深。标本H37∶13（图六，7；报告图二二六，4）。

Ⅱ式：四角有孔，腹较Ⅰ式浅。标本H187∶3（图六，8；报告图二二八，3）、H37∶4（报告图二二七，1）。

Ⅲ式：四角不突出，无孔，腹较浅。标本H187∶12（图六，9；报告图二二八，4）。

Bb型方口盆的演变趋势为：腹部由深到浅。

敞口盆　主要为划纹盆，根据口沿的变化情况可分为三型：方唇沿外凸、尖唇内有折棱和尖圆唇有横錾。

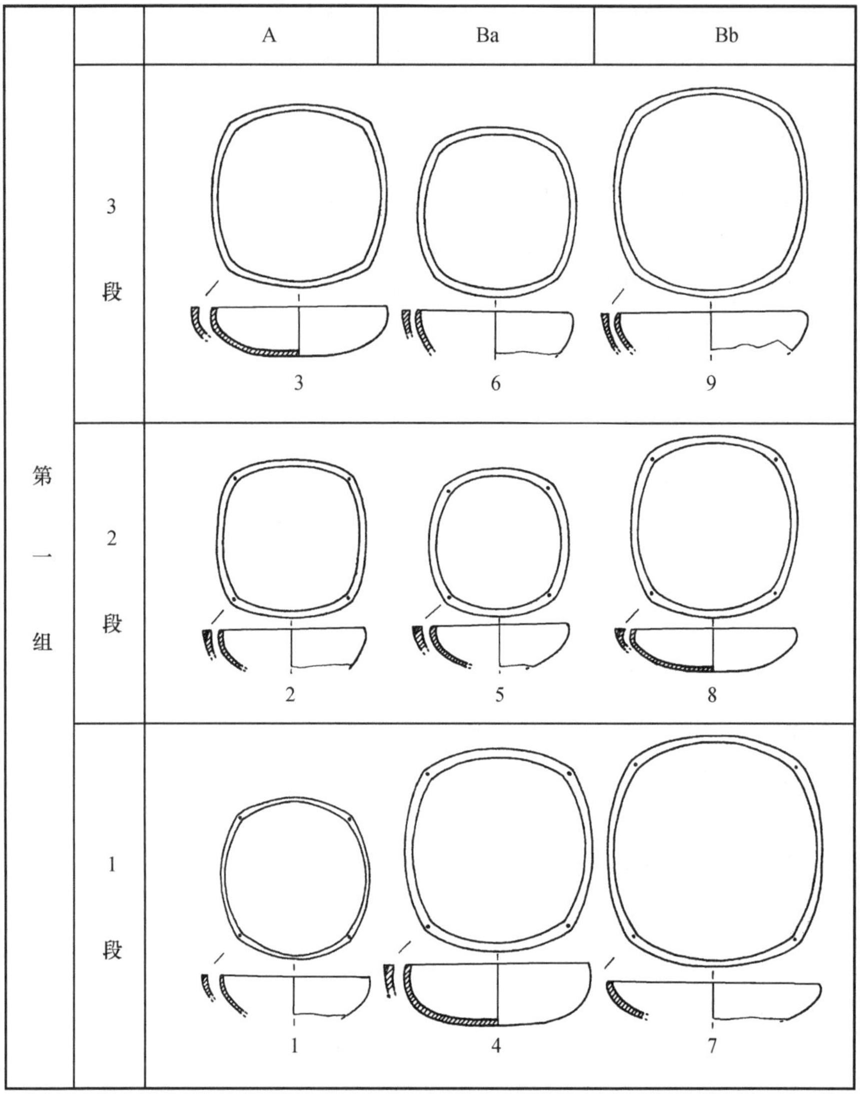

图六　贾湖居址陶方口盆分期
1. H330∶2　2. H330∶21　3. T101北扩③C∶3　4. H77∶1　5. H112∶22　6. H229∶14
7. H37∶13　8. H187∶3　9. H187∶12

A型　方唇沿外凸，根据腹部的变化可分为三式。
Ⅰ式：腹部略内弧。标本T119③C∶1（图七，1；报告图二三四，1）。
Ⅱ式：腹部略斜直。标本H60∶11（图七，2；报告图二三四，7）。
Ⅲ式：腹部斜直。标本H113∶15（图七，3；报告图二三四，8）。
A型敞口盆的演变趋势为：腹部由略内弧到斜直。
B型　尖唇内有折棱，根据腹部的变化可分为二式。

Ⅰ式：腹部微外弧。标本H19：42（图七，4；报告图二三四，10）。

Ⅱ式：腹部外弧。标本H95：8（图七，5；报告图二三四，11）。

B型敞口盆的演变趋势为：腹部外弧逐渐明显。

C型 尖圆唇，有横錾，根据腹部的变化可分为二式。

Ⅰ式：腹部较斜直。标本H19：28（图七，6；报告图二三三，9），外壁饰交错划纹，内壁饰竖划纹。

Ⅱ式：腹部微外弧。标本H33：5（图七，7；报告图二三三，10），器外表和錾上饰较细斜划纹。

C型敞口盆的演变趋势为：腹部由斜直到外弧。

敛口盆 根据腹部的变化可分为三式。

Ⅰ式：腹部略内弧。标本H354：1（图七，8；报告图二三五，1）。

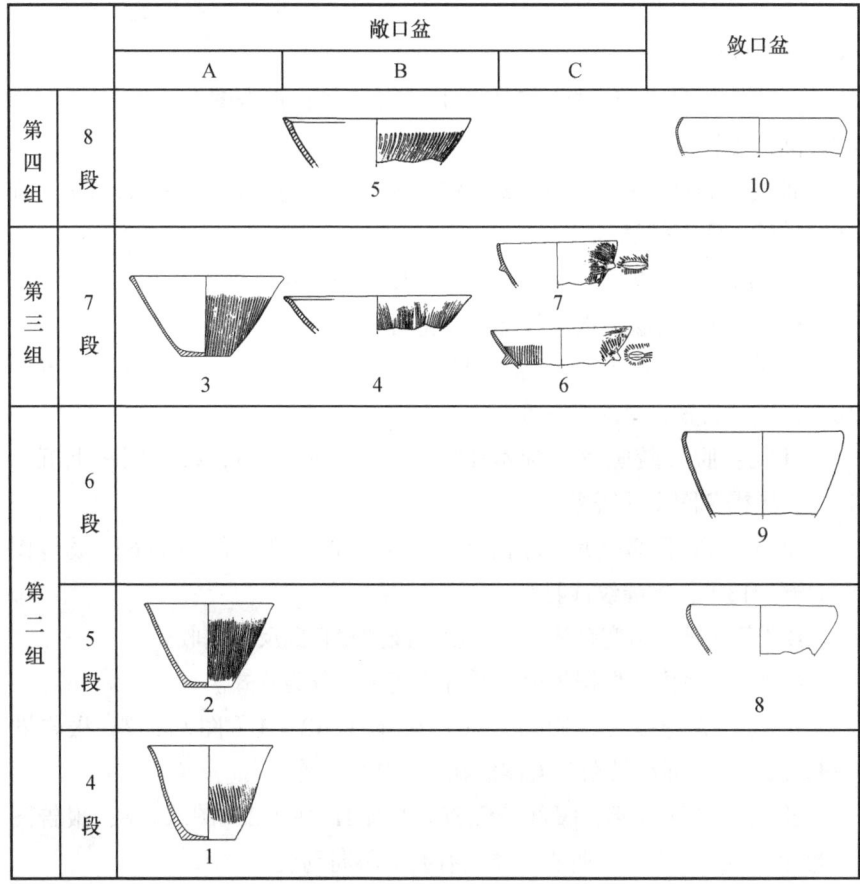

图七 贾湖居址陶盆分期

1. T119③C：1 2. H60：11 3. H113：15 4. H19：42 5. H95：8 6. H19：28 7. H33：5 8. H354：1 9. T109③B：30 10. H75：8

Ⅱ式：腹部斜直。标本T109③B：30（图七，9；报告图二三六，6）。

Ⅲ式：腹部微外弧。标本H75：8（图七，10；报告图二三五，4）。

敛口盆的演变趋势为：腹部由略内弧到斜直到微外弧。

2. 罐

根据口沿和足部的不同可分为角把罐、折沿罐、卷沿罐、敛口罐、侈口罐和圈足罐等六类。因为下部多残，不排除这些罐中部分为罐形鼎的可能性。

角把罐　有器底的角把罐多可见烟熏或烧烤痕，应为炊器。根据口沿和腹部形态可分为敛口直腹微鼓、直口直腹、口微侈三型。

A型　敛口直腹微鼓。根据器身的变化可分为三式。

Ⅰ式：器身瘦长。标本H84：5（图八，1；报告图一七五，6），绳纹较乱，印痕不显。

Ⅱ式：器身略胖。标本W27：1（图八，2；报告图一七五，3），绳纹较乱，胎较薄。

Ⅲ式：器身较胖。标本H242：1（图八，3；报告图一七六，1），细绳纹横施，印痕较浅。

A型角把罐的演变趋势为：器形由瘦长到较胖。

B型　直口直腹。根据腹部的变化可分为三式。

Ⅰ式：腹部微外鼓。标本H278：1（图八，4；报告图一七五，10），绳纹斜施，呈块状分布。

Ⅱ式：腹部较竖直。标本H112：24（图八，5；报告图一七五，11），黑褐色陶衣并磨光。

Ⅲ式：腹下部呈反弧内收。标本H107：1（图八，6；报告图一七五，13），细绳纹浅且乱。

B型角把罐的演变趋势为：腹由外鼓到较直到反弧内收。

C型　口微侈。根据腹部和器身的变化可分为三式。

Ⅰ式：器身瘦长，腹微外鼓。标本H262：1（图八，7；报告图一七五，9），绳纹较粗，大体横施，呈块状分布。

Ⅱ式：器身略胖，腹部较竖直。标本H119：2（图八，8；报告图一七五，14），素面无陶衣，器表有明显斜向刮痕。

Ⅲ式：器身较胖，腹部弧内收。标本H217：4（图八，9；报告图一七六，4），素面。

C型角把罐的演变趋势为：器身由瘦长到较胖，腹外鼓到较直到弧

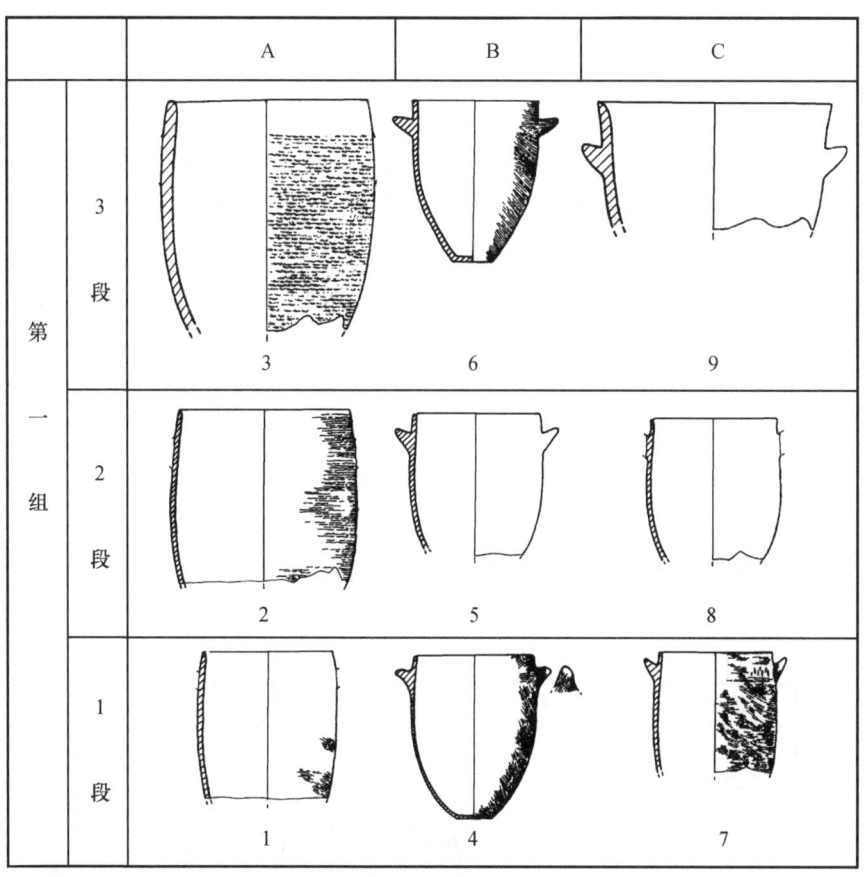

图八　贾湖居址陶角把罐分期
1. H84∶5　2. W27∶1　3. H242∶1　4. H278∶1　5. H112∶24　6. H107∶1　7. H262∶1
8. H119∶2　9. H217∶4

内收。

折沿罐　根据口径和腹部的不同可分为三型：口径大于腹径，口径小于腹径，口径与腹径大致相当。

A型　口径大于腹径。根据口沿内折角的变化可分为三式。

Ⅰ式：沿内折角较大。标本H34∶1（图九，1；报告图一七八，5），素面，内外壁抹划痕较显。H368∶1（报告图一七八，3），素面，口沿抹痕较显。H161∶3（报告图一七八，4），素面，器表有抹划痕。H164∶1（报告图一九二，3），素面，残存口沿。H251∶1（报告图一七八，6），素面，口沿、器表有抹划痕。

Ⅱ式：沿内折角小于Ⅰ式。标本H57∶2（图九，2；报告图一九二，12），素面。

Ⅲ式：折角内折明显，内折角变小，折沿近平直。标本T11③B：15（图九，3；报告图一九二，10）。H57：3（报告图一九一，3），腹部竖饰篦划纹至沿下。

A型折沿罐的演变趋势为：内折角转折越来越明显，内折角角度越来越小，折沿逐渐接近平直。

B型　口径小于腹径。根据折角的变化可分为三式。

Ⅰ式：折沿，内折角较大。标本T18③C：12（图九，4；报告图一九三，3）。

Ⅱ式：折沿有明显折痕，内折角变小。标本H35：19（图九，5；报告图一九三，2）。

Ⅲ式：折沿明显，内折角较小，折沿近平直。标本H374：1（图九，6；报告图一九二，9），素面。H19：33（报告图一九一，6），器表有较细的篦划纹。H28：7（报告图一九二，7），素面。

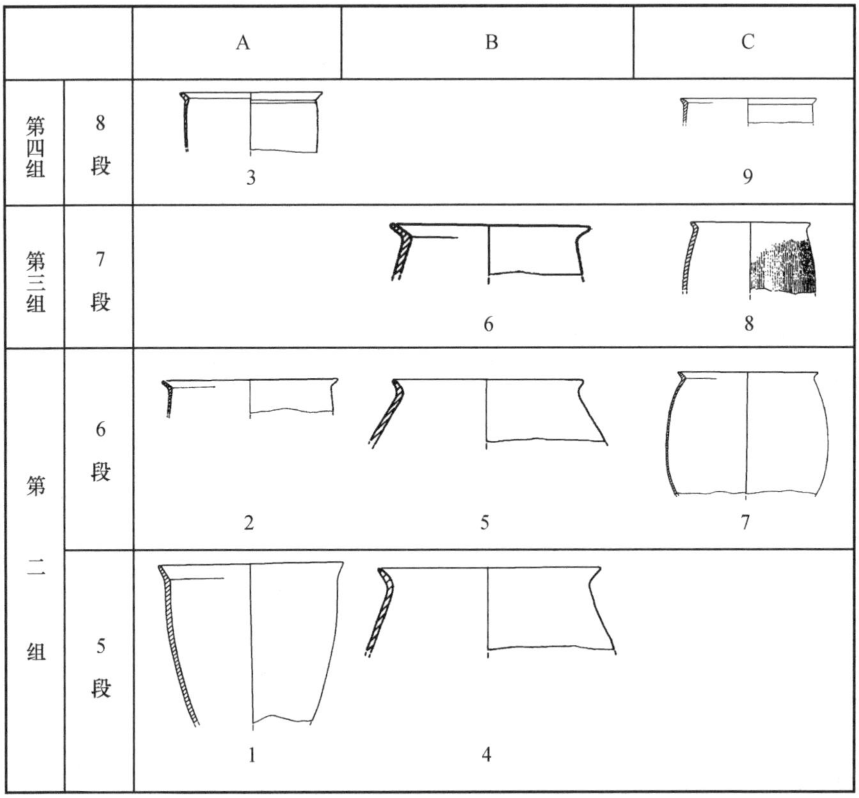

		A	B	C
第四组	8段	3		9
第三组	7段		6	8
第二组	6段	2	5	7
第二组	5段	1	4	

图九　贾湖居址陶罐分期（一）

1. H34：1　2. H57：2　3. T11③B：15　4. T18③C：12　5. H35：19　6. H374：1
7. H54：1　8. H19：34　9. H95：13

B型折沿罐的演变趋势为：内折角越来越明显，内折角角度越来越小，折沿逐渐接近平直。

C型　口径与腹径大致相当，根据折角的变化可分为三式。

Ⅰ式：沿微折，内折角较大。标本H54∶1（图九，7；报告图一九一，7），素面。H34∶5（报告图一九一，5），器表拍饰网状绳纹。H35∶12（报告图一八二，3），素面。标本H209∶2（报告图一九一，8）、H273∶7（报告图一九二，5）。

Ⅱ式：沿较内折，内折角变小。标本H19∶34（图九，8；报告图一九〇，5），素面。H19∶35（报告图一九〇，6），器表饰篦划纹。H46∶3（报告图一九二，13），素面。H28∶8（报告图一九二，11）、H19∶31（报告图一九二，14）。

Ⅲ式：沿内折较明显，内折角变小，折沿近平直。标本H95∶13（图九，9；报告图一七八，10），素面。

C型折沿罐的演变趋势为：内折角越来越明显，内折角角度越来越小，折沿逐渐接近平直。

卷沿罐　根据口径和腹径的不同可分为三型：口径大于腹径，口径与腹径大致相当，口径小于腹径。

A型　口径大于腹径，大卷沿，根据沿下的装饰特点又可分为二亚型：沿下无装饰型和沿下有鸟喙状纽型。

Aa型　沿下无装饰。根据腹部的变化可分为五式。

Ⅰ式：大卷沿。标本H228∶3（图一〇，1；报告图一七九，2），颈部内束处有一周凹槽。

Ⅱ式：口沿与颈部夹角变小，腹部较竖直。标本H99∶3（图一〇，2；报告图一七九，3）。

Ⅲ式：口沿与颈部夹角较小，腹部内收，均为素面。标本H174∶15（图一〇，3；报告图一七九，13）。

Ⅳ式：卷沿较甚。标本H120∶17（图一〇，4；报告图一九〇，7）。

Ⅴ式：卷沿沿面近平。H105∶1（图一〇，5；报告图一七九，4）。

Ab型　沿下有鸟喙状纽。根据腹部的变化可分为三式。

Ⅰ式：口沿与颈部夹角较小，腹部外鼓。标本H190∶2（图一〇，6；报告图一七九，9），上腹用直线刻划组成一太阳纹图案。

Ⅱ式：卷沿较甚，腹部略内收，唇沿内折明显。标本H104∶5（图一〇，7；报告图一七九，6），素面。H104∶3（报告图一七九，5），素面。

Ⅲ式：卷沿沿面近平，腹部内收，唇沿内折。标本H75：6（图一〇，8；报告图一七九，8），素面。

A型卷沿罐的演变趋势为：卷沿沿面渐平，腹部内收越来越明显。

B型　口径与腹径大致相当，小卷沿稍外卷，均为素面。根据口沿、腹部和器身的变化可分为二式。

Ⅰ式：大卷沿，器身瘦高。标本H133：1（图一〇，9；报告图一七七，8）、H58：7（报告图一九〇，1）。

Ⅱ式：卷沿较甚，器身宽胖。标本H97：1（图一〇，10；报告图一七九，11）。

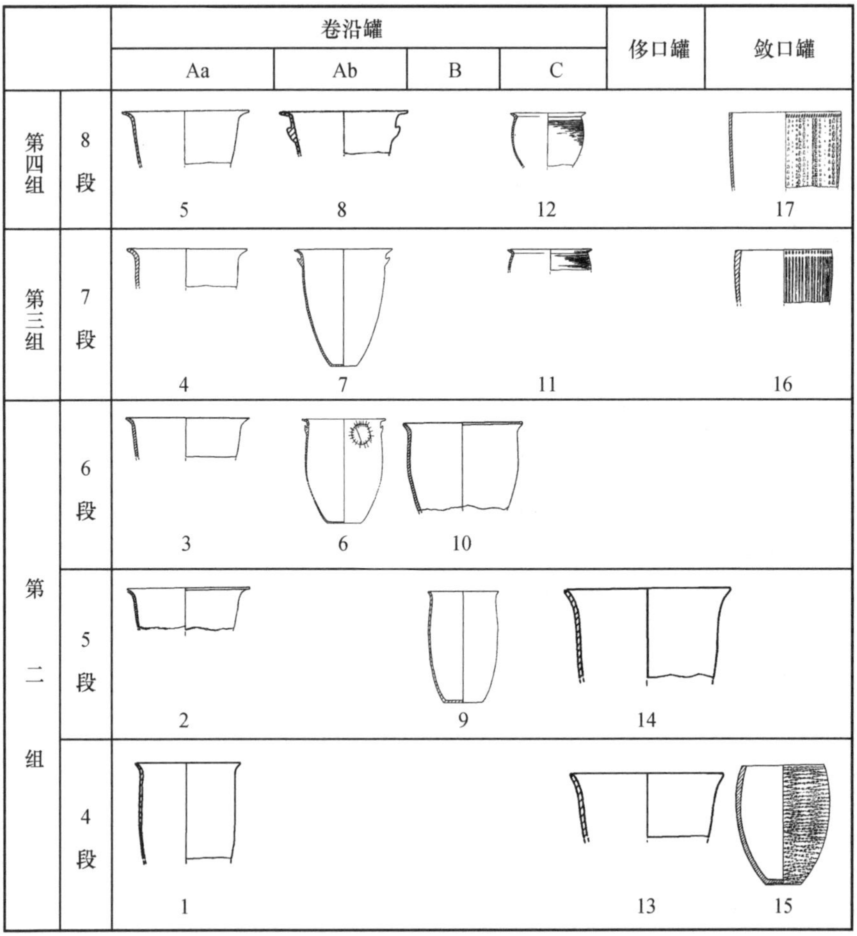

		卷沿罐				侈口罐	敛口罐
		Aa	Ab	B	C		
第四组	8段	5	8		12		17
第三组	7段	4	7		11		16
第二组	6段	3	6	10			
	5段	2	9		14		
	4段	1			13		15

图一〇　贾湖居址陶罐分期（二）

1. H228：3　2. H99：3　3. H174：15　4. H120：17　5. H105：1　6. H190：2　7. H104：5
8. H75：6　9. H133：1　10. H97：1　11. T109③B：45　12. H165：2　13. H253：1
14. H93：1　15. H35：6　16. T114③B：23　17. H290：2

B型卷沿罐的演变趋势为：卷沿逐渐明显，器身由瘦高到宽胖。

C型　口径大于腹径，唇沿向下翻卷。根据口沿和腹部的变化可分为二式。

Ⅰ式：卷沿较甚，腹部外鼓。标本T109③B∶45（图一〇，11；报告图一九一，10），器表饰横划纹。

Ⅱ式：卷沿沿面近平，腹部略竖直。标本H165∶2（图一〇，12；报告图一九一，11），器表饰篦划纹至沿外。H95∶9（报告图一九一，9），器表横饰较乱的细篦划纹。

C型卷沿罐的演变趋势为：腹部由外鼓到略竖直。

侈口罐　均为素面，根据腹部的变化可分为二式。

Ⅰ式：腹部较竖直。标本H253∶1（图一〇，13；报告图一七七，2）、H174∶2（报告图一七七，7）、H174∶3（报告图一七七，6）。

Ⅱ式：腹部略内收。标本H93∶1（图一〇，14；报告图一七七，5）、H35∶13（报告图一七七，1）、H174∶15（报告图一七九，13）。

侈口罐的演变趋势为：腹部由较竖直到略内收。

敛口罐　器身装饰篦纹，根据口部的变化可分为三式。

Ⅰ式：口敛较甚。标本H35∶6（图一〇，15；报告图一八〇，1），饰"之"字形篦点纹。

Ⅱ式：敛口。标本T114③B∶23（图一〇，16；报告图一八〇，2），近唇缘一周压印纹，通身饰竖行篦划纹。

Ⅲ式：敛口近直。标本H290∶2（图一〇，17；报告图一八〇，3），竖行篦点纹，八行为一组。

敛口罐的演变趋势为：口由较敛到近直。

3. 钵

在灰坑和地层中出土数量众多，从早期③B层下的单位到③A层下的单位都普遍出土钵。报告中发表的器物多数都残缺底部，从完整器物来看有平底和圜底两类，圜底器较少。根据其上部形态，本书暂把底部残缺的器物归入到平底类器物中。

平底钵根据口沿的不同，可分为直口钵、敛口钵和敞口钵三类。

直口钵，根据器壁的变化可分为三式。

Ⅰ式：腹部较深。标本H278∶9（图一一，1；报告图二三九，4）。

Ⅱ式：腹部较Ⅰ式浅。标本H119∶1（图一一，2；报告图二三七，6）。

Ⅲ式：腹部较浅。标本H156∶12（图一一，3；报告图二四五，1）。

直口钵的演变趋势为：腹部由深到浅。

敛口钵，根据唇部形态的不同又可分为尖唇沿折角、尖唇无折角和圆唇三型。

A型　尖唇沿折角。根据腹部的变化可分为三式。

Ⅰ式：腹部微内凹，唇沿内折不明显。标本H172：2（图一一，4；报告图二四二，7）、H206：1（报告图二四二，5）、H206：4（报告图二四四，5）、H347：1（报告图二四二，12）、H318：1（报告图二四四，12）、H182：2（报告图二四四，13）。

Ⅱ式：腹较斜直，唇沿内折。标本H65：2（图一一，5；报告图

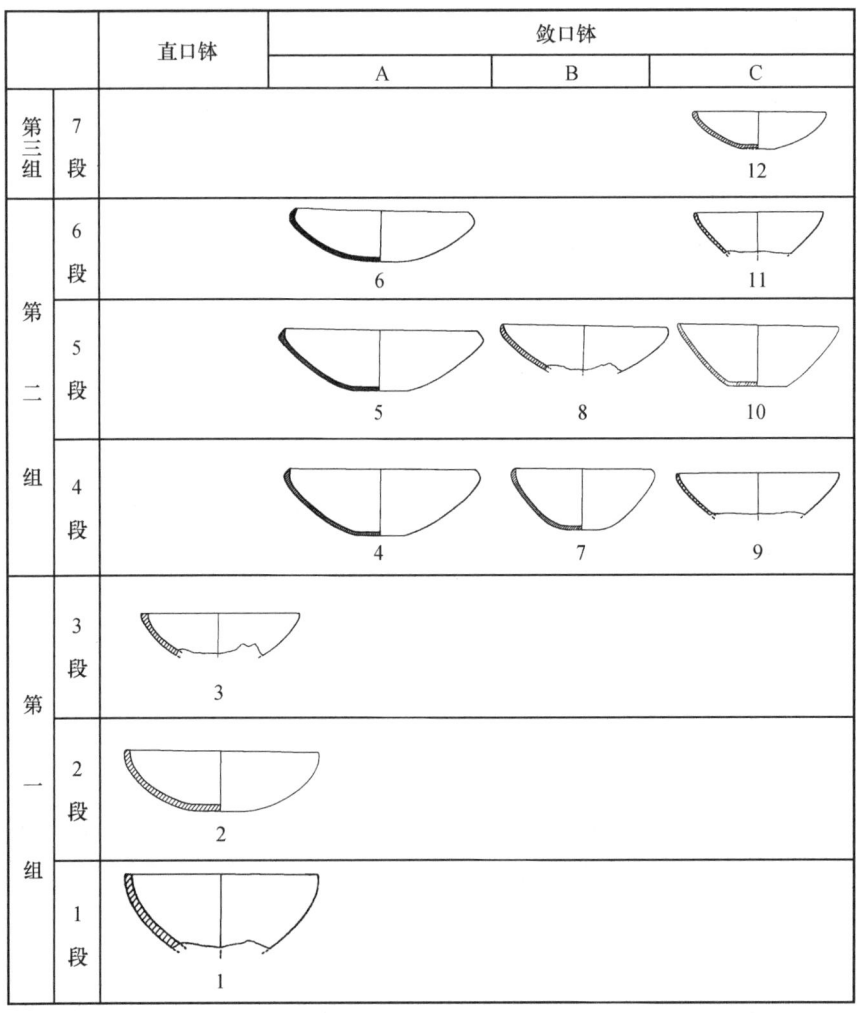

图一一　贾湖居址陶直口钵、敛口钵分期

1. H278：9　2. H119：1　3. H156：12　4. H172：2　5. H65：2　6. H91：4　7. H327：2
8. H334：2　9. H66：2　10. H32：8　11. H54：5　12. T114③B：3

二四二，9）、H341∶8（报告图二四二，8）、H70∶4（报告图二四二，11）、H336∶3（报告图二四二，6）、H379∶1（报告图二四四，9）、H339∶12（报告图二四四，11）、H238∶4（报告图二四四，7）。

Ⅲ式：腹微外弧，唇沿内折明显。标本H91∶4（图一一，6；报告图二四四，8）。

A型敛口钵的演变趋势为：腹部由微内凹至微外弧，唇沿内折逐渐明显。

B型　尖唇无折角。根据腹部的变化可分为二式。

Ⅰ式：腹略内弧。标本H327∶2（图一一，7；报告图二四一，6）、H142∶2（报告图二四三，8）、H58∶3（报告图二三五，6）。

Ⅱ式：腹较斜直。标本H334∶2（图一一，8；报告图二四四，16）、H197∶2（报告图二四一，7）、H291∶22（报告图二四四，2）、H339∶7（报告图二四四，14）。

B型敛口钵的演变趋势为：腹由略内弧到逐渐斜直。

C型　圆唇。根据腹部的变化可分为四式。

Ⅰ式：腹略内弧。标本H66∶2（图一一，9；报告图一九五，6）、H75∶7（报告图一九五，5）。

Ⅱ式：腹部斜直。标本H32∶8（图一一，10；报告图二三五，8）。

Ⅲ式：腹较斜直，唇内缘不加厚。标本H54∶5（图一一，11；报告图一九五，4）。

Ⅳ式：腹微外弧，唇内缘加厚成圆角方形。标本T114③B∶3（图一一，12；报告图二四六，1）。

C型敛口钵的演变趋势为：腹由微内弧至斜直，唇内缘逐渐加厚。

敞口钵　根据腹部的不同可分为折腹钵、曲腹钵和弧腹钵三型。

A型　折腹钵。根据腹部的变化可分为二式。

Ⅰ式：腹部微内凹，折腹明显。标本H66∶1（图一二，1；报告图二三〇，1）。

Ⅱ式：腹部斜直。标本H286∶3（图一二，2；报告图二四八，3）、H322∶14（报告图二四八，7）。

A型敞口钵的演变趋势为：腹部由微内凹到斜直。

B型　曲腹钵。根据腹部和口沿的变化可分为二式。

Ⅰ式：曲腹，口沿处呈反弧内凹。标本H243∶1（图一二，3；报告图二四七，11）。

Ⅱ式：腹部近斜直，口沿较大。标本H125∶5（图一二，4；报告图二四七，13）。

B型敞口钵的演变趋势为：腹部由反弧内凹到近斜直，口径逐渐变大。

C型　弧腹钵。根据唇部的不同又可分为尖唇、唇面外宽、圆唇三亚型。

Ca型　尖唇。根据腹部的变化可分为三式。

Ⅰ式：腹斜直。标本H161∶2（图一二，5；报告图二三八，3）、H319∶2（报告图二三八，5）、H189∶1（报告图二三九，5）、T12③B∶19（报告图二三八，9）、H95∶3（报告图二三九，10）、H52∶2（报告图二三九，7）、H28∶14（报告图二四〇，2）、H232∶5（报告图二三九，9）。

Ⅱ式：腹部微外弧，标本H28∶57（图一二，6；报告图二四〇，5）、T12③B∶15（报告图二四〇，1）、H19∶21（报告图二三八，6）。

Ⅲ式：腹部外弧，腹较浅。标本H113∶9（图一二，7；报告图二四〇，4）、H114∶2（报告图二四〇，3）、T102③B∶4（报告图二四〇，6）、H113∶24（报告图二四〇，9）、T103③B∶52（报告图

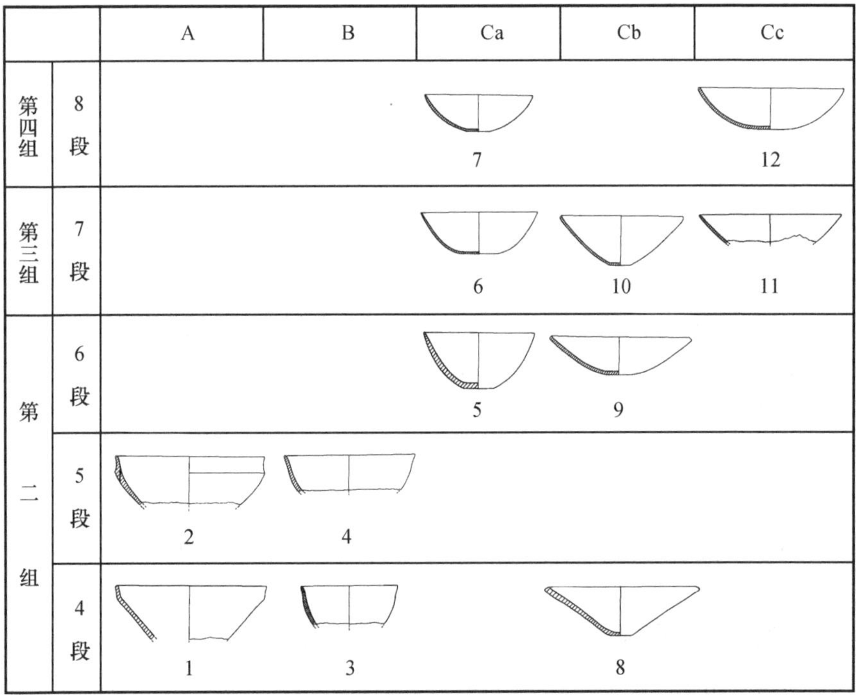

		A	B	Ca	Cb	Cc
第四组	8段			7		12
第三组	7段			6	10	11
第二组	6段			5	9	
	5段	2	4			
	4段	1	3		8	

图一二　贾湖居址敞口钵分期

1. H66∶1　2. H286∶3　3. H243∶1　4. H125∶5　5. H161∶2　6. H28∶57　7. H113∶9
8. H253∶2　9. H108∶8　10. H55∶6　11. H166∶5　12. H102∶1

二四四,15)。

Ca型敞口钵的演变趋势为：腹由斜直逐渐外弧。

Cb型　唇面外宽。根据腹部的变化可分为三式。

Ⅰ式：腹部反弧内收。标本H253∶2（图一二,8；报告图二四五,4)、H322∶6（报告图二四五,5）。

Ⅱ式：腹部较斜直。标本H108∶8（图一二,9；报告图二四五,7）、H222∶1（报告图二四五,6）、H63∶1（报告图二四五,8）。

Ⅲ式：腹部微外弧。标本H55∶6（图一二,10；报告图二四五,13）、H33∶11（报告图二四五,12）、H33∶8（报告图二四五,10）、H33∶12（报告图二四五,11）。

Cb型敞口钵的演变趋势为：腹由反弧内收到逐渐外弧。

Cc型　圆唇。根据腹部的变化可分为二式。

Ⅰ式：腹部微外弧。标本H166∶5（图一二,11；报告图二四〇,8）、T5③B∶9（报告图二四〇,7）。

Ⅱ式：腹部外弧。标本H102∶1（图一二,12；报告图二四六,8）、H195∶3（报告图一九九,3）、H195∶9（报告图二三九,8）。

Cc型敞口钵的演变趋势为：腹部外弧逐渐明显。

4. 鼎

本书中把报告中发表的所有三足器或有三足残痕的一类器物称为鼎，根据上部形态的不同可分为钵形鼎、罐形鼎、盆形鼎、壶形鼎和釜形鼎五类。

钵形鼎　数量相对较多。均为敞口，根据上部钵的口沿形态的不同可分为三型：唇沿外宽、尖圆唇和方唇。

A型　唇沿外宽。根据足跟和唇沿的变化可分为三式。

Ⅰ式：足跟较竖直，方唇较厚。标本H322∶7（图一三,1；报告图二四九,1）。

Ⅱ式：足跟微外撇，方唇厚度减小。标本H195∶5（图一三,2；报告图二四九,3）。

Ⅲ式：足跟外撇，唇面微外宽。标本H426∶1（图一三,3；报告图二四九,4）。

A型钵形鼎的演变趋势为：足跟逐渐外撇，方唇厚度减小。

B型　尖圆唇，弧腹大圜底近平。根据足跟和腹部的变化可分为四式。

Ⅰ式：足跟微外撇，深腹。标本H64∶1（图一三,4；报告二四九，7)、T109③B∶82（报告图一九五，7）。

Ⅱ式：足跟外撇，腹较BaⅠ式浅。标本T109③B∶66（图一三，5；报告图二五○，6）。

Ⅲ式：足跟外撇，腹略浅。标本H113∶8（图一三，6；报告图二四九，9)、H113∶10（报告图一九五，3）。

Ⅳ式：足跟外撇较甚，浅腹。标本T103③∶19（图一三，7；报告图二五○，3)、H135∶3（报告图二五○，4）。

B型钵形鼎的演变趋势为：足跟逐渐外撇，腹部由深到浅。

C型　方唇。根据腹部的变化可分为二式。

Ⅰ式：足跟微外撇，腹较深。标本H161∶1（图一三，8；报告图二五○，1）。

Ⅱ式：足跟残，腹略浅。标本H270∶3（图一三，9；报告图二五○，9）。

C型钵形鼎的演变趋势为：腹由深渐浅。

罐形鼎　根据上部罐形态的不同可分为卷沿器腹矮胖、卷沿器腹瘦长

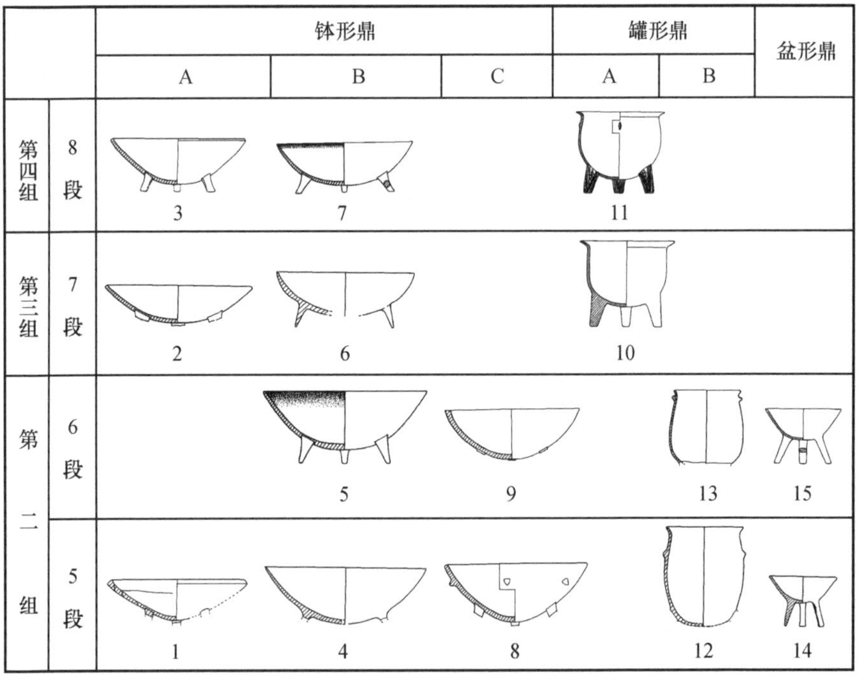

		钵形鼎			罐形鼎		盆形鼎
		A	B	C	A	B	
第四组	8段	3	7		11		
第三组	7段	2	6		10		
第二组	6段		5	9		13	15
	5段	1	4	8		12	14

图一三　贾湖居址陶鼎分期

1. H322∶7　2. H195∶5　3. H426∶1　4. H64∶1　5. T109③B∶66　6. H113∶8
7. T103③∶19　8. H161∶1　9. H270∶3　10. H102∶3　11. H104∶6　12. H142∶1
13. T109③B∶63　14. H122∶2　15. H267∶1

二型。

　　A型　罐卷沿，器腹矮胖近方形。根据唇沿和腹部变化情况可分为二式。

　　Ⅰ式：唇沿折沿明显，鼓腹。标本H102∶3（图一三，10；报告图一九〇，4）。

　　Ⅱ式：折沿近平直，腹部稍鼓。标本H104∶6（图一三，11；报告图一九〇，8）。

　　A型罐形鼎的演变趋势为：唇沿折沿逐渐明显，腹部由鼓到稍鼓。

　　B型　罐卷沿，器腹瘦长呈筒形。根据唇沿和腹部的变化情况可分为二式。

　　Ⅰ式：唇沿外卷，腹部稍鼓。标本H142∶1（图一三，12；报告图一八九，5）。

　　Ⅱ式：唇沿外卷较甚，腹部接近竖直。标本T109③B∶63（图一三，13；报告图一八九，6）。

　　B型罐形鼎的演变趋势为：唇沿外卷逐渐明显，腹部由微鼓到近直。

　　盆形鼎　根据上部盆的形态可分为唇沿面微鼓、唇外沿外凸、卷沿三型。

　　A型　唇沿面微鼓。根据足跟和唇沿的变化可分为二式。

　　Ⅰ式：足跟微外撇，唇沿外鼓。标本H122∶2（图一三，14；报告图一九四，15）。

　　Ⅱ式：足跟外撇较甚，唇沿面微鼓。标本H267∶1（图一三，15；报告图一九四，16）。

　　A型盆形鼎的演变趋势为：足跟逐渐外撇，唇沿外鼓渐消失。

　　B型　唇外沿外凸，深腹近竖直。标本H240∶1（报告图一九四，1）、H450∶1（报告二图5-11，3）。

　　C型　卷沿。标本H322∶15（报告图二三〇，4）。

5. 碗

根据口沿和纹饰特征可分为敞口素面、敞口划纹和折沿素面三型。

　　A型　敞口素面。根据腹部的变化可分为四式。

　　Ⅰ式：腹部竖直。标本T34③C∶8（图一四，1；报告图二五四，1），圈足较高。

　　Ⅱ式：腹部较竖直。标本T34③B∶5（图一四，2；报告图二五四，3），假圈足微外撇。

Ⅲ式：腹部微外弧。标本H102：16（图一四，3；报告图二五四，6），假圈足，假圈足周边有对称六个缺口。

Ⅳ式：腹部外弧。标本H27：1（图一四，4；报告图二五四，5），假圈足外撇较甚。

A型碗的演变趋势为：腹部由竖直逐渐外弧。

B型　敞口划纹。根据腹部的变化可分为三式。

Ⅰ式：腹部反弧内收。标本H35：17（图一四，5；报告图二五五，1），器表装饰有横向较细的划纹。

Ⅱ式：腹部较斜直。标本T34③B：17（图一四，6；报告图二五五，2），器表密饰横线篦纹。T33③B：8（报告图二五五，3），通体饰乱而细的横划纹，唯近底部饰竖划纹。

Ⅲ式：腹部外弧。H75：3（图一四，7；报告图二五五，4），腹饰较粗且交错的篦划纹。

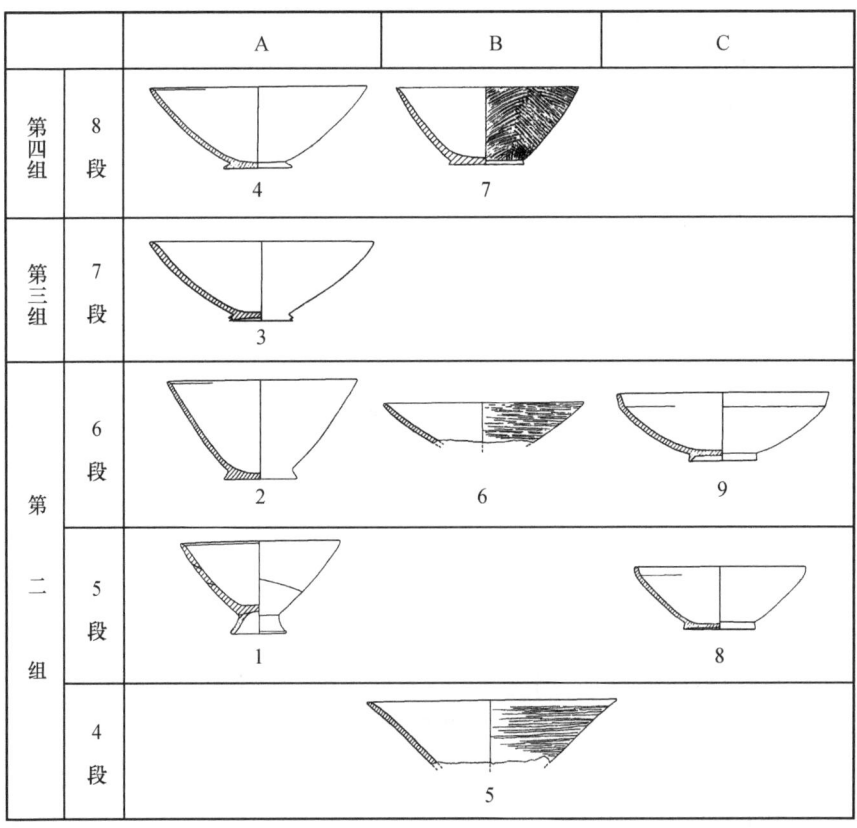

图一四　贾湖居址陶碗分期

1. T34③C：8　2. T34③B：5　3. H102：16　4. H27：1　5. H35：17　6. T34③B：17　7. H75：3　8. H209：1　9. H58：1

B型碗的演变趋势为：腹部由内弧到斜直到外弧。

C型　折沿素面。根据腹部的变化情况可分为二式。

Ⅰ式：腹部竖直。标本H209∶1（图一四，8；报告图二五五，6）。

Ⅱ式：腹部略微外弧。标本H58∶1（图一四，9；报告图二五五，7）。

C型碗的演变趋势为：腹部由竖直到略微外弧。

6. 壶

根据底部的形态可分为平底壶和圜底壶二类[①]。

平底壶　根据肩部形态可分为溜肩壶、折肩壶、圆肩斜直腹壶和圆肩鼓腹壶等。

溜肩壶　根据器身和腹部的变化可分为三式。

Ⅰ式：器身瘦长，腹微鼓。标本H84∶1（图一五，1；报告图二〇一，2），与贾湖墓地中CⅠ式溜肩壶（图一，6）形态相同。

Ⅱ式：器身较矮胖，腹较鼓。标本H303∶1（图一五，2；报告图二〇二，3），与贾湖墓地中CⅡ式溜肩壶（图一，7）形态相同。

Ⅲ式：器身矮胖，鼓腹较甚。标本H335∶6（图一五，3；报告图二〇四，3），与贾湖墓地中CⅢ式溜肩壶（图一，8）形态相同。

溜肩壶的演变趋势为：器身由瘦长到矮胖，腹部渐鼓。

折肩壶　根据腹部形态可分为下腹外弧、下腹斜直和下腹反弧内收三型。

A型　下腹外弧。标本T20③C∶1（图一五，4；报告图二〇八，6），器身较胖，口沿较短，与贾湖墓地中的AⅡ式折腹壶（图二，2）形态相同。

B型　下腹斜直。标本T10③C∶3（图一五，5；报告图二一〇，1），器身较瘦，口沿较长，与贾湖墓地中的BⅠ式折肩壶（图二，4）形态相同。

C型　下腹反弧内收。标本H220∶1（图一五，6；报告图二一二，4），口沿残，器身较矮胖，与贾湖墓地中的CⅢ式折肩壶（图二，9）形态相同。

圆肩鼓腹壶　根据最大径位置的不同可分为二型：最大径在腹上部和最大径在腹部，未见墓地中所见的最大径在腹下部型。

[①] 报告中发表的器物多数都残缺底部，从完整器物来看有平底和圜底两类，圜底器较少。根据其上部形态，本书暂把底部残缺的器物归入到平底类器物中。

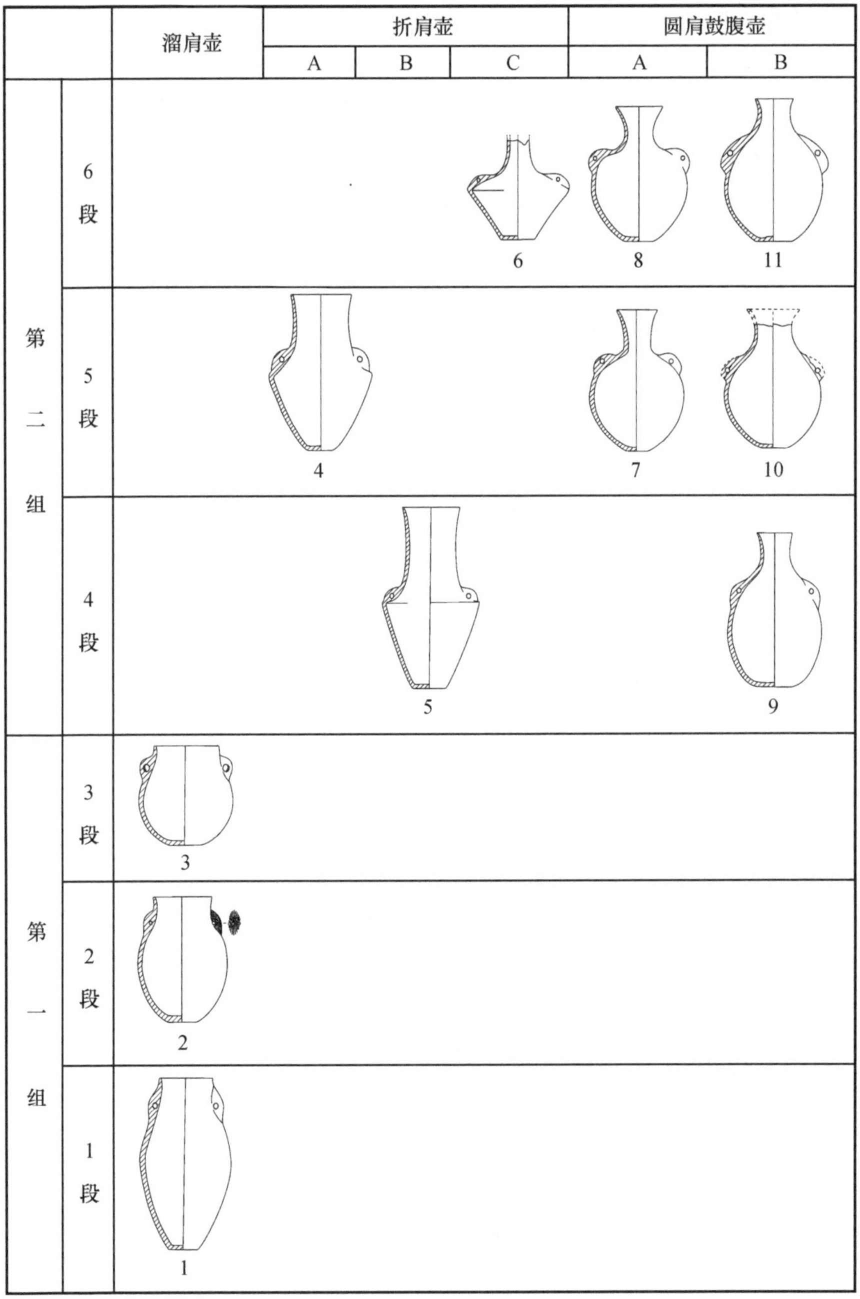

		溜肩壶	折肩壶			圆肩鼓腹壶	
			A	B	C	A	B
第二组	6段				6	8	11
	5段		4			7	10
	4段				5		9
第一组	3段	3					
	2段	2					
	1段	1					

图一五 贾湖居址陶壶

1. H84∶1　2. H303∶1　3. H335∶6　4. T20③C∶1　5. T10③C∶3　6. H220∶1　7. H472∶1
8. T101③B∶5　9. T21③C∶1　10. H452∶2　11. H500∶1

A型　最大径在腹上部。标本H472∶1（图一五，7；报告二图5-18，3），腹部较鼓，颈部内收，与贾湖墓地中AⅡ式圆肩鼓腹壶（图三，2）形态相同。标本T101③B∶5（图一五，8；报告图二二一，6），腹较圆鼓，与贾湖墓地中AⅢ式圆肩鼓腹壶（图三，3）形态相同。

B型　最大径在腹部。根据器身和口沿的变化可分为三式。

Ⅰ式：标本T21③C∶1（图一五，9；报告图二二〇，1），侈口束颈呈喇叭状，器身瘦长。与贾湖墓地中BⅠ式圆肩鼓腹壶（图三，4）形态相同。

Ⅱ式：标本H452∶2（图一五，10；报告二图5-18，8），腹部较鼓，颈部较Ⅰ式短。与贾湖墓地中BⅡ式圆肩鼓腹壶（图三，5）形态相同。

Ⅲ式：标本H500∶1（图一五，11；报告二图5-19，3），腹部圆鼓，颈部较短。与贾湖墓地中BⅢ式圆肩鼓腹壶（图三，6）形态相同。

B型圆肩鼓腹壶的演变趋势为：器身由瘦长渐矮胖，腹部渐圆鼓。

结合贾湖遗址中的层位关系，根据诸典型器物排序所得的早晚关系及诸单位的组合关系，我们可以把贾湖居址中的裴李岗文化遗存分为四组8段（表四）。

第1段：Ⅰ式溜肩壶，AⅠ、BaⅠ、BbⅠ式方口盆，AⅠ、BⅠ、CⅠ式角把罐，Ⅰ式直口钵。

第2段：Ⅱ式溜肩壶，AⅡ、BaⅡ、BbⅡ式方口盆，AⅡ、BⅡ、CⅡ式角把罐，Ⅱ式直口钵。

第3段：Ⅲ式溜肩壶，AⅢ、BaⅢ、BbⅢ式方口盆，AⅢ、BⅢ、CⅢ式角把罐，Ⅲ式直口钵。

第4段：BⅠ式圆肩鼓腹壶、AⅠ式敞口盆，AaⅠ式卷沿罐，Ⅰ式侈口罐，Ⅰ式敛口罐，AⅠ、BⅠ、CbⅠ式敞口钵，AⅠ、BⅠ、CⅠ式敛口钵，BⅠ式碗。

第5段：AⅠ、BⅡ式圆肩鼓腹壶，AⅡ式敞口盆，Ⅰ式敛口盆，AⅠ、BⅠ式折沿罐，AaⅡ、BⅠ式卷沿罐，Ⅱ式侈口罐，AⅡ、BⅡ式敞口钵，AⅡ、BⅡ、CⅡ式敛口钵，AⅠ、BⅠ、CⅠ式钵形鼎，BⅠ式罐形鼎，Ⅰ式盆形鼎，AⅠ、CⅠ式碗。

第6段：AⅡ、BⅢ式圆肩鼓腹壶、Ⅱ式敛口盆，AⅡ、BⅡ、CⅠ式折沿罐，AaⅢ、AbⅠ、BⅡ式卷沿罐，CaⅠ、CbⅡ式敞口钵，AⅢ、CⅢ式敛口钵，BⅡ、CⅡ式钵形鼎，BⅡ式罐形鼎，Ⅱ式盆形鼎，AⅡ、BⅡ、CⅡ式碗。

第7段：AⅢ、BⅠ、CⅠ、CⅡ式敞口盆，BⅢ、CⅡ式折沿罐，

表四　贾湖居址遗存分期型式组合表

分组	分段	溜肩壶	折肩壶	圆肩鼓腹壶	方口盆	敞口盆	敛口盆	角把罐	折沿罐	卷沿罐	侈口罐	敛口罐	直口钵	敞口钵	敛口钵	钵形鼎	罐形鼎	盆形鼎	碗
一组	1段	Ⅰ											Ⅰ						
一组	2段	Ⅱ											Ⅱ						
一组	3段	Ⅲ											Ⅲ						
二组	4段		√	BⅠ	AⅠ BaⅠ BbⅠ	AⅠ		AⅠ BⅠ CⅠ		AaⅠ	Ⅰ	Ⅰ		AⅠ BⅠ CbⅠ	AⅠ BⅠ CⅠ				BⅠ
二组	5段		√	AⅠ BⅡ	AⅡ BaⅡ BbⅡ	AⅡ	Ⅰ	AⅡ BⅡ CⅡ	AⅠ BⅠ	AaⅡ BⅠ	Ⅱ			AⅡ BⅡ	AⅡ BⅡ CⅡ	AⅠ BⅠ CⅠ	BⅠ	Ⅰ	AⅠ CⅠ
二组	6段		√	AⅡ BⅢ	AⅢ BaⅢ BbⅢ	AⅢ BⅠ CⅠ CⅡ	Ⅱ	AⅢ BⅢ CⅢ	AⅡ BⅡ CⅠ	AaⅢ AbⅠ BⅡ		Ⅱ		CaⅠ CbⅡ	AⅢ CⅢ	BⅡ CⅡ	BⅡ	Ⅱ	AⅡ BⅡ CⅡ
三组	7段					BⅡ	Ⅲ		BⅢ CⅡ	AaⅣ AbⅡ CⅠ		Ⅲ		CaⅡ CbⅢ CcⅠ	CⅣ	AⅡ BⅢ	AⅠ		AⅢ
四组	8段								AⅢ CⅢ	AaⅤ AbⅢ CⅡ				CaⅢ CcⅡ		AⅢ BⅣ	AⅡ		AⅣ BⅢ

注：√表示有此类器物

AaⅣ、AbⅡ、CⅠ式卷沿罐，Ⅱ式敛口罐，CaⅡ、CbⅢ、CcⅠ式敞口钵，CⅣ式敛口钵，AⅡ、BⅢ式钵形鼎，AⅠ式罐形鼎，AⅢ式碗。

第8段：BⅡ式敞口盆，Ⅲ式敛口盆，AⅢ、CⅢ式折沿罐，AaⅤ、AbⅢ、CⅡ式卷沿罐，Ⅲ式敛口罐，CaⅢ、CcⅡ式敞口钵，AⅢ、BⅣ式钵形鼎，AⅡ式罐形鼎，AⅣ、BⅢ式碗。

根据器物组合和演变特征，以上8段可以整合为四组，第一组包含第1段至第3段，第二组包含第4段至第6段，第三组包含第7段，第四组包含第8段。

第一组：以西区③C层及③C层下的灰坑等遗迹为代表，典型单位有H112、H117、H187、H229和H383等。第一组主要陶器器类为角把罐、方口盆，另有少量溜肩壶等（图一六）。

第二组：以西区③B层及③B层下的灰坑为代表，典型单位有T109③B、H35、H60、H34、H57、H66、H122、H142和H322等。第二组主要陶器器类为敞口盆、折沿罐、卷沿罐、敞口钵、敛口钵和钵形鼎，另有罐形鼎、盆形鼎和碗等（图一七）。整体较瘦长，其中折沿罐和卷沿罐内折角较大，钵、盆类器物腹较深，腹部呈反弧状。鼎足足跟较竖直。

第三组：以西区③A层下的部分灰坑为代表，典型单位有H28、H113、H33、H102和H104等。第三组主要陶器器类为敞口盆、折沿罐、卷沿罐、敞口钵和钵形鼎，另有罐形鼎和碗等（图一八）。折沿罐和卷沿罐内折角变小，钵、盆类器物腹部变浅，腹部呈斜直状。鼎足足跟微外撇。

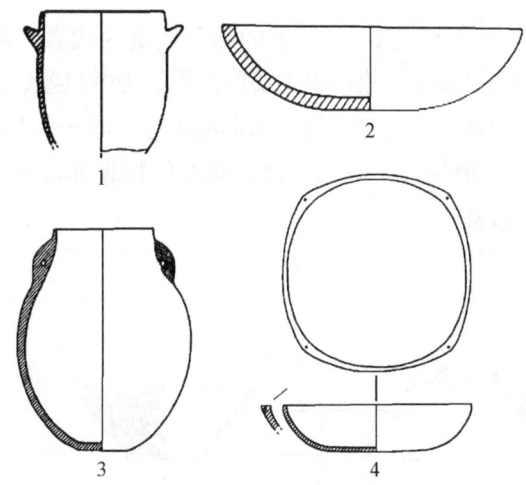

图一六　贾湖H112的陶器
1. 角把罐（H112∶24）　2. 直口钵（H112∶33）　3. 溜肩壶（H112∶31）
4. 方口盆（H112∶2）

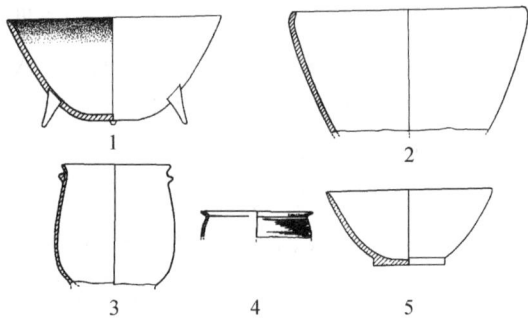

图一七 贾湖T109③B的陶器

1. 钵形鼎（T109③B：17） 2. 敛口钵（T109③B：30） 3. 罐形鼎（T109③B：63）
4. 折沿罐（T109③B：45） 5. 碗（T109③B：7）

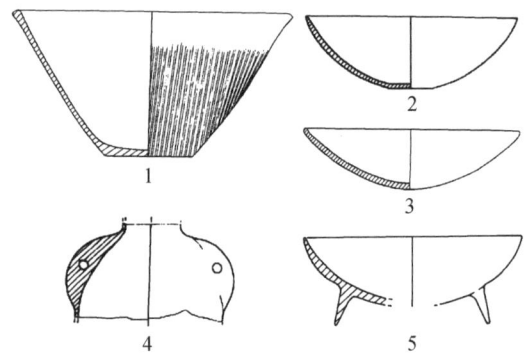

图一八 贾湖H113的陶器

1. 划纹盆（H113：15） 2. 平底钵（H113：9） 3. 圜底钵（H113：1） 4. 壶（H113：11）
5. 钵形鼎（H113：8）

第四组：以西区③A层及③A层下的部分灰坑为代表，典型单位有H105、H75、H95和H290等。第四组主要陶器器类为敞口盆、敛口盆、折沿罐、卷沿罐、敞口钵、钵形鼎，另有罐形鼎碗等（图一九）。折沿罐和卷沿罐内折角较小，沿呈近平直状，钵、盆类器物腹部较浅，腹部微外弧。鼎足足跟外撇较甚。

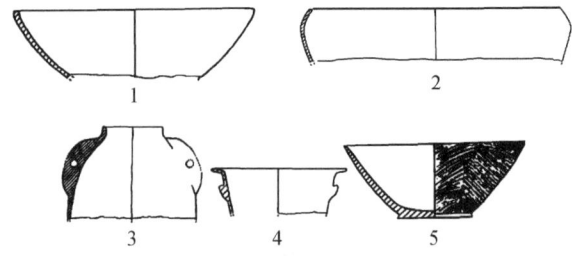

图一九 贾湖H75的陶器

1. 敞口钵（H75：7） 2. 敛口钵（H75：8） 3. 壶（H75：12） 4. 罐（H75：6）
5. 碗（H75：3）

第二节　新郑裴李岗

据1979年发掘报告，裴李岗遗址中发现有窖穴12个（H16—H27），坑内遗物很少，出土有三足钵、双耳壶及夹砂深腹罐等，但是器物图均未发表。

裴李岗遗址位于河南省新郑县（今新郑市）西北约7.5千米的裴李岗村。1977年3月和4月初进行了两次调查，同年4月8日开始试掘，清理墓葬8座[①]。1978年，开封地区文物管理委员会联合新郑县文物管理委员会和郑州大学历史系考古专业进行了第二次发掘，发掘墓葬14座[②]。1979年，中国社会科学院考古研究所河南一队在开封地区文管会和新郑县文管会的大力协助下对该遗址进行了第三次发掘，此次共揭露面积2175平方米，发现墓葬82座[③]。

裴李岗遗址的陶器主要出自墓葬中，器类主要是壶，另有钵、罐、鼎及少量的碗和豆等。陶器分类排序如下。

1. 壶

根据底部形态可分为二类：平底壶、圜底壶。

平底壶，根据耳部的形状的不同可分为二型：竖耳壶和横耳壶。

A型　竖耳平底壶，均为圆肩，根据腹部和颈部的不同可分为圆肩鼓腹壶、圆肩球腹壶和圆肩直腹壶三亚型。

Aa型　圆肩鼓腹壶，最大径在肩部，根据颈部的变化可分为三式。

Ⅰ式：侈口，颈部与腹部交接处内收。标本M116：1（图二〇，1；79报告图一四，19）。

Ⅱ式：口微侈，颈部内收不明显，略直颈。标本M59：2（图二〇，2；79报告图一四，21）、M85：1（79报告图一四，20）。

[①]　开封地区文管会、新郑县文管会：《河南新郑裴李岗新石器时代遗址》，《考古》1978年第2期（下文简称77调查）。

[②]　开封地区文物管理委员会等：《裴李岗遗址一九七八年发掘简报》，《考古》1979年第3期（本节下文中简称78简报）。

[③]　中国社会科学院考古研究所河南一队：《1979年裴李岗遗址发掘简报》，《考古》1982年第4期（本节下文中简称79简报）；中国社会科学院考古研究所河南一队：《1979年裴李岗遗址发掘报告》，《考古学报》1984年第1期（本节下文中简称79报告）。

Ⅲ式：直口，直颈。标本M98：1（图二〇，3；79报告图一四，18）。

Aa型平底壶的演变趋势为：颈部与腹部交接处由内收逐渐变直，口部由侈口变为直口。

Ab型　圆肩球腹壶，最大径在腹部，根据颈部的变化可分为二式。

Ⅰ式：口微侈，颈部与腹部交接处内收。标本M38：4（图二〇，4；79报告图一四，17）。

Ⅱ式：直口，直颈。标本M67：6（图二〇，5；79报告图一四，16）。

Ab型平底壶的演变趋势为：颈部与腹部交接处由内收逐渐变直，口部由侈口到直口。

Ac型　圆肩直腹壶，根据腹部的变化可分为二式。

Ⅰ式：颈部与腹部交接处内收。标本M113：1（图二〇，6；79报告图一四，15）、M2：1（77调查图八，2）。

Ⅱ式：颈部与腹部交接处内收趋势变缓。标本M55：1（图二〇，7；79报告图一四，14）。

Ac型平底壶的演变趋势为：颈部与腹部交接处内收趋势逐渐变缓。

B型　横耳或尖耳平底壶，为圆肩斜直腹，根据腹部的变化可分为

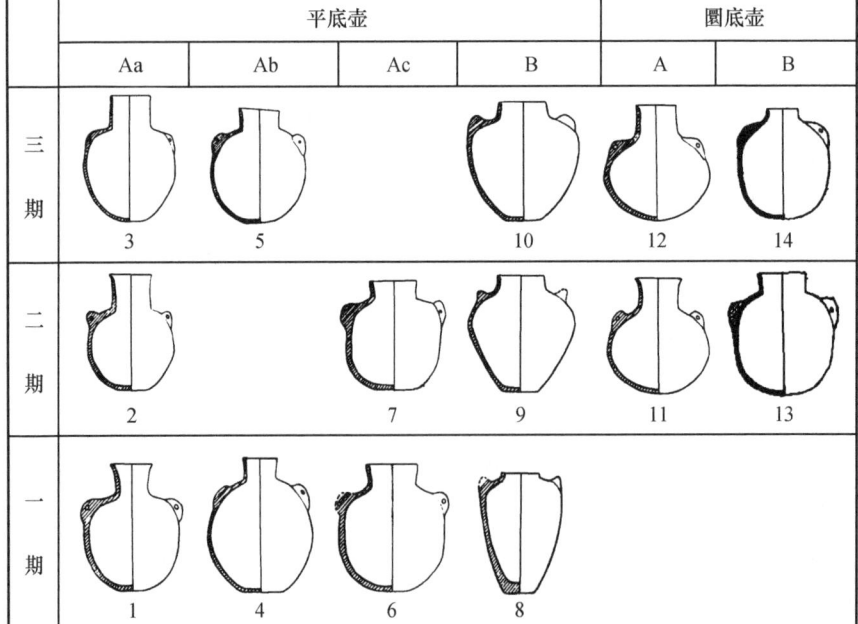

图二〇　裴李岗墓地陶壶分期

1. M116：1　2. M59：2　3. M98：1　4. M38：4　5. M67：6　6. M113：1　7. M55：1
8. M94：2　9. M105：1　10. M107：1　11. M83：1　12. M87：2　13. M75：3　14. M40：1

三式。

Ⅰ式：横耳，下腹较直，腹部瘦长。标本M94∶2（图二〇，8；79报告图一五，5）。

Ⅱ式：横耳，腹部略鼓。标本M105∶1（图二〇，9；79报告图一五，6）。

Ⅲ式：尖耳，腹部鼓出。标本M107∶1（图二〇，10；79报告图一五，7）。

B型平底壶的演变趋势为：腹由直腹变为鼓腹。

圜底壶　主要为竖耳壶，另有少量的横耳壶。竖耳壶根据腹部和颈部的不同可分为圆鼓腹长颈壶和圆角方形腹矮颈壶二型。

A型　圆鼓腹长颈壶，根据口部和腹部的变化可分为二式。

Ⅰ式：侈口，颈部与腹部连接处略内收。标本M83∶1（图二〇，11；79报告图一四，5）。

Ⅱ式：直口，直颈。标本M87∶2（图二〇，12；79报告图一四，6）。

A型竖耳圜底壶的演变趋势为：颈部与腹部交接处由内收逐渐变直，口部由侈口到直口。

B型　圆角方形腹矮颈壶，根据颈部和腹部的变化可分为二式。

Ⅰ式：颈部与腹部连接处略内收。标本M75∶3（图二〇，13；79简报图四，8）。

Ⅱ式：直颈较短。标本M40∶1（图二〇，14；79简报图四，11）。

B型竖耳圜底壶的演变趋势为：颈部与腹部交接处由内收逐渐变直。

2. 钵

根据底部的形态可分为圜底钵和平底钵二型。

A型　圜底钵，斜直腹，根据腹部的深浅和器形的大小可分为三式。

Ⅰ式：腹部较深，器形较大。标本M111∶5（图二一，1；79报告图一三，8）。

Ⅱ式：腹部较Ⅰ式浅，器形略小。标本M42∶4（图二一，2；79报告图一三，3）。

Ⅲ式：腹部较浅，器形较小。标本M17（图二一，3；78简报图五，17）。

A型钵的演变趋势为：腹部由深到浅，器形由大到小。

B型　平底钵，根据腹部的形态又可分为弧腹平底钵和斜直腹平底钵二亚型。

Ba型 弧腹平底钵，根据器形和口沿的大小可分为二式。

Ⅰ式：器形较大，口沿直径较大。标本M100：1（图二一，4；79报告图一三，6）。

Ⅱ式：器形较小，口沿直径较小。标本M36：2（图二一，5；79报告图一三，1）、M48：4（79简报图四，1）。

Ba型钵的演变趋势为：器形由大到小，口沿直径由大到小。

Bb型 斜直腹平底钵，可分为二式。

Ⅰ式：器腹略深。标本M54：5（图二一，6；79报告图一三，7）、

Ⅱ式：器腹较浅。标本M37：7（图二一，7；79简报图四，5）、M24（78简报图五，14）。

Bb型钵的演变趋势为：腹部渐浅。

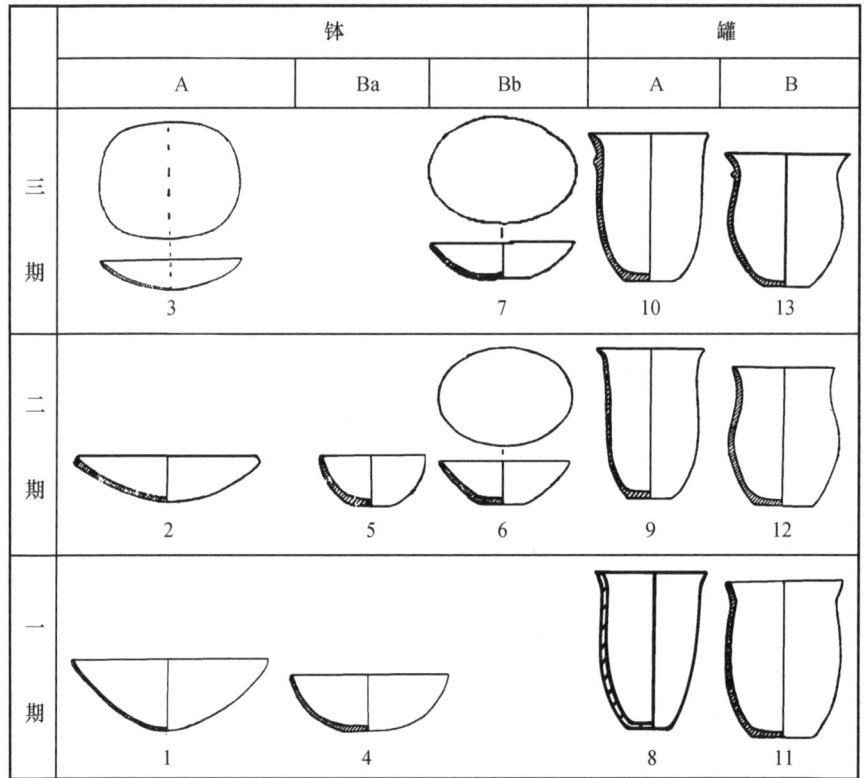

图二一 裴李岗墓地陶钵和陶罐分期

1. M111：5 2. M42：4 3. M17 4. M100：1 5. M36：2 6. M54：5 7. M37：7 8. M7：2 9. M37：3 10. M67：2 11. M38：7 12. M88：5 13. M54：3

3. 罐

根据口沿和腹部形态可分为卷沿直腹罐、卷沿鼓腹罐二型。

A型　卷沿直腹罐，根据器身的变化可分为三式。

Ⅰ式：大卷沿，器身瘦长，只一件标本，器形不规整。标本M7∶2（图二一，8；77调查图八，7）。

Ⅱ式：卷沿较甚，器身较瘦长。标本M37∶3（图二一，9；79报告图一五，11）、M18（78简报图五，11）。

Ⅲ式：卷沿至近平状，器身较矮胖。标本M67∶2（图二一，10；79报告图一五，10）。

A型罐的演变趋势为：卷沿逐渐至近平状，器身由瘦长变矮胖。

B型　卷沿鼓腹罐，根据口沿和器身的变化可分为三式。

Ⅰ式：颈部内收，口沿下折颈不甚明显，器身较瘦长。标本M38∶7（图二一，11；79报告图一五，12）、M38∶6（79简报图四，12）。

Ⅱ式：颈部呈反弧形内收，器身较矮胖。标本M88∶5（图二一，12；79报告图一五，15）、M88∶7（79报告图一六，3）、M33（78简报图五，12）。

Ⅲ式：颈部呈反弧内收，器身矮胖。标本M54∶3（图二一，13；79报告图一五，14）。

B型罐的演变趋势为：口沿由明显的折颈变为反弧内收，器身由瘦长变矮胖。

4. 鼎

根据其上部形态可分为钵形鼎、壶形鼎、盆形鼎和罐形鼎四类。

钵形鼎　均为圜底。根据口部和腹部的形态又可分为敞口弧腹和敛口弧腹二型。

A型　敞口弧腹钵形鼎，根据腹部的深浅可分为二式。

Ⅰ式：圆锥形足，腹部略深。标本M110∶6（图二二，1；79简报图四，6）、M76∶4（79报告图一三，12）。

Ⅱ式：圆锥形足，腹部较浅。标本M92∶1（图二二，2；79报告图一三，19）。

A型钵形鼎的演变趋势为：腹部由深到浅。

B型　敛口弧腹钵形鼎。腹部略深，足跟外翘。标本M72∶4（图二二，3；79报告图一三，15）、M38∶13（79报告图一三，14）。

壶形鼎　根据腹部的形态可分为圆鼓腹壶形鼎和长直腹壶形鼎二型。

A型　圆鼓腹壶形鼎，根据腹部的形态又可分为二式。

Ⅰ式：壶颈部与腹部交接处内收，足跟外撇。标本M109∶1（图二二，4；79报告图一五，2）。

Ⅱ式：壶颈残，足跟外撇明显。标本M104∶1（图二二，5；79简报图四，7）。

A型壶形鼎的演变趋势为：足跟外撇逐渐明显。

B型　长直腹壶形鼎，可分为二式。

Ⅰ式：长颈，颈部与腹部交接处内收明显。标本M100∶10（图二二，6；79报告图一五，1）。

Ⅱ式：颈部较矮，颈部与腹部交接处略内收。标本M58∶4（图二二，7；79报告图一五，4）。

B型壶形鼎的演变趋势为：颈部渐矮。

盆形鼎　腹部均饰有乳钉纹，可分为二式。

Ⅰ式：腹部较深，大圜底近平。标本M5∶4（图二二，8；77调查图八，12）。

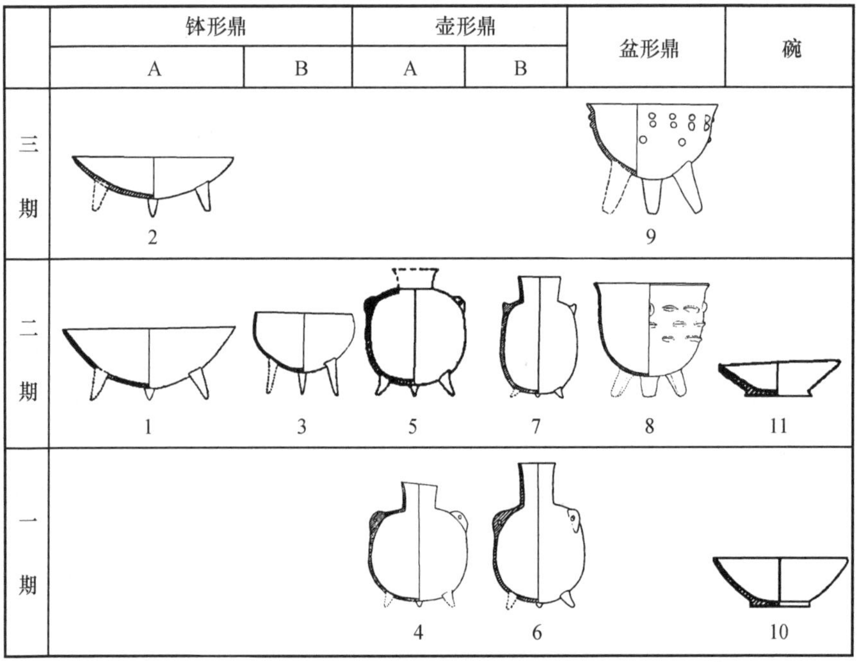

	钵形鼎		壶形鼎		盆形鼎	碗
	A	B	A	B		
三期	2				9	
二期	1	3	5	7	8	11
一期			4	6		10

图二二　裴李岗墓地陶鼎分期

1. M110∶6　2. M92∶1　3. M72∶4　4. M109∶1　5. M104∶1　6. M100∶10　7. M58∶4
8. M5∶4　9. M56∶2　10. M115∶5　11. M37∶4

Ⅱ式：腹部较浅，圜底。标本M56：2（图二二，9；79报告图一五，3）。

盆形鼎的演变趋势为：盆腹部逐渐变浅。

5. 碗

假圈足，根据器身的变化可分为二式。

Ⅰ式：腹部较深，微外弧。标本M115：5（图二二，10；79报告图一三，2）。

Ⅱ式：腹部较浅，斜直。标本M37：4（图二二，11；79简报图四，3）。

碗的演变趋势为：腹部逐渐变浅。

裴李岗遗址的墓葬分为上层墓和下层墓，根据发掘报告可知，上层墓葬中打破关系有四组，叠压关系有两组，说明上层墓的年代并非同时，有先后之别。根据上面对典型器物的排序得到的早晚关系及诸单位组合提供的共存关系，我们可以把裴李岗遗存单位分为三组（表五）。

表五　裴李岗墓地遗存分期型式组合表

分组	平底壶				圜底壶		钵			罐		钵形鼎		壶形鼎		盆形鼎	碗
	Aa	Ab	Ac	B	A	B	A	Ba	Bb	A	B	A	B	A	B		
一组	Ⅰ	Ⅰ	Ⅰ	Ⅰ			Ⅰ	Ⅰ		Ⅰ	Ⅰ			Ⅰ	Ⅰ		Ⅰ
二组	Ⅱ		Ⅱ	Ⅱ	Ⅰ	Ⅰ	Ⅱ	Ⅱ	Ⅰ	Ⅱ	Ⅱ		Ⅰ	Ⅱ	Ⅱ	Ⅰ	Ⅱ
三组	Ⅲ	Ⅱ		Ⅲ	Ⅱ	Ⅱ	Ⅲ		Ⅱ	Ⅲ	Ⅲ	Ⅱ				Ⅱ	

第一组：AaⅠ、AbⅠ、AcⅠ、BⅠ式平底壶，AⅠ、BaⅠ式钵，AⅠ、BⅠ式罐，AⅠ、BⅠ式壶形鼎，Ⅰ式碗。

第二组：AaⅡ、AcⅡ、BⅡ式平底壶，AⅠ、BⅠ式圜底壶，AⅡ、BaⅡ、BbⅠ式钵，AⅡ、BⅡ式罐，B型、AⅠ式钵形鼎，AⅡ、BⅡ式壶形鼎，Ⅰ式盆形鼎，Ⅱ式碗。

第三组：AaⅢ、AbⅡ、BⅢ式平底壶，AⅡ、BⅡ式圜底壶，AⅢ、BbⅡ式钵，AⅢ、BⅢ式罐，AⅡ式钵形鼎，Ⅱ式盆形鼎。

第一组主要为下层墓，第一组中壶、罐等器物折颈明显，器身较瘦长。可作为裴李岗第一期。

第二组、第三组主要为上层墓，其中第三组的壶、罐等器物更加矮胖，罐口沿外折呈近直状，两组遗存可分别作为裴李岗第二期和第三期。

第一期：以M16、M38、M113、M94、M100、M109和M111等为典型单位。

第二期：以M59、M55、M75、M83、M104和M110等为典型单位。

第三期：以M98、M67、M107、M87、M56、M92和M33等为典型单位。

裴李岗陶器的总体演变规律为器身由瘦高到矮胖，壶颈与腹部连接处由内收逐渐变直。

裴李岗第一期陶壶壶颈较长，颈部呈倒八字形；陶罐大卷沿，器身瘦高。其中AaⅠ式平底壶M116：1（图二三，1），鼓腹长颈，颈部与腹部连接处略内收，与贾湖第二组中AⅡ式圆肩鼓腹壶M61：1（图二三，4）形态相似。因此推断，裴李岗墓地第一期年代与贾湖墓地裴李岗文化第二组大致相当。

裴李岗第二期陶壶壶颈近竖直；陶罐卷沿较甚。其中，AaⅡ式圜底壶M83：1（图二三，2）与贾湖第三组中AⅠ式圆肩扁腹壶M481：1（图二三，5）形态相似。因此推断，裴李岗墓地第二期年代与贾湖墓地裴李岗文化第三组大致相当。

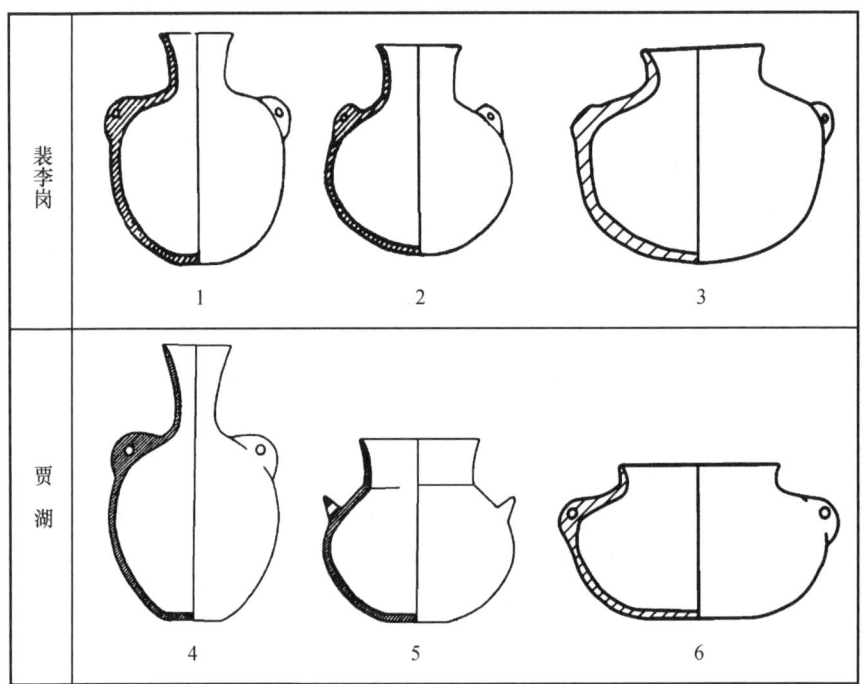

图二三　裴李岗墓地与贾湖墓地陶器对比

1. M116：1　2.M83：1　3. M56：1　4. M61：1　5. M481：1　6. M203：1

（1—3.裴李岗遗址　4—6.贾湖遗址）

裴李岗第三期陶壶壶颈竖直，器身矮胖；陶罐卷沿至近平状，器身矮胖。其中，AbⅡ式圜底壶M56：1（图二三，3）与贾湖第四组BⅡ式圆肩扁腹壶M203：1（图二三，6）形态相似。因此推断，裴李岗墓地第三期年代与贾湖墓地裴李岗文化第四组大致相当。

第三节　裴李岗文化的内涵

贾湖遗址墓地和居址中出土器物多为不相同的器类，墓地中出土器物主要为陶壶，居址中出土器物主要为罐、钵、鼎和碗等。然而墓地中出土的壶、钵和盆形鼎等在居址中可找到对应器类，墓地和居址应为同一考古学文化产生的不同功能的遗存。

从层位关系、器物组合和遗存特征来看，贾湖墓地的第一组与居址的第一组对应，可称作贾湖第一组遗存。墓地的第二组与居址的第二组对应，可称作贾湖第二组遗存。墓地的第三组与居址的第三组对应，可称作贾湖第三组遗存。墓地的第四组与居址的第四组对应，可称作贾湖第四组遗存。

贾湖第一组遗存与第二至四组遗存差别较大，第一组中的角把罐、方口盆和溜肩壶在第二至四组中不见，第二至四组中所出的折肩壶、圆肩鼓腹壶、圆肩斜直腹壶、钵形鼎、盆形鼎和罐形鼎等在第一组遗存中也基本不见。第一组遗存的陶质主要为夹砂陶，有极少量的泥质陶；第二至四组遗存的陶质有泥质陶和夹砂陶两大类，以泥质红陶为主，夹砂红陶次之。第一组遗存的制作工艺以泥片成型为主，泥条成型法较少，第二至四组的遗存泥条成型法日趋增多，最后成为主要的制作方法。第一组遗存的纹饰除素面磨光和施陶衣外，只有绳纹和刻划纹、戳刺纹三种；第二至四组遗存仍然多为素面，另有少许的篦点纹、篦划纹、网绳纹、乳钉纹、花边纹等。

因此贾湖第一组遗存性质与第二至四组遗存性质不同。与第一组同类的遗存还见于荒坡遗址中的"裴李岗文化遗存"[①]，班村遗址中的前仰韶

---

① 河南省文物管理局、河南省文物考古研究所：《新安荒坡——黄河小浪底水库考古报告（三）》，大象出版社，2008年。

时期遗存①，八里岗遗址中"2008年发掘的最早一期遗存"②等。这类遗存以贾湖遗址中最为丰富，又较为典型，当命名为贾湖文化。

贾湖第二至四组遗存延续性较强，墓地中器物以陶壶为主，另有钵、罐和鼎等，居址中器物以罐、钵为主，另有鼎、碗和盆等。贾湖遗址中的遗存与裴李岗遗址中的遗存性质相似，应为同一文化性质的遗存，因裴李岗遗址发掘年代较早，因此这类遗存可称为裴李岗文化。而这部分遗存也是本书讨论研究的主题。

贾湖第二组器物整体较为瘦高，文化面貌一致性较为明显，可作为裴李岗文化第一期；第三组器物整体略矮胖，可作为裴李岗文化第二期；第四组器物整体较矮胖，可作为裴李岗文化第三期。

裴李岗文化目前已调查发现160余处遗址，主要是由河南省文物考古工作者调查发现的，遗存主要分布在河南省境内，经过发掘的遗址有20处左右（图二四）。

河南省周边地区暂时未发现裴李岗文化的遗存。在裴李岗文化时期，河北南部地区主要分布的是以磁山遗址③、牛洼堡遗址④和西万年遗址⑤等为代表的磁山文化遗存；山西省只在晋东南的武乡石门牛鼻子湾遗址征集到与磁山文化面貌相似的一套石磨盘、石磨棒，性质也当属于磁山文化⑥；陕西省东南部主要分布的是老官台文化，如商县紫荆遗址⑦、商

---

① 张居中：《试论班村遗址前仰韶时期文化遗存》，《俞伟超先生纪念文集（学术卷）》，文物出版社，2009年。

② 张弛：《论贾湖一期文化遗存》，《文物》2011年第3期。

③ 河北省文物管理处、邯郸市文物保管所：《河北武安磁山遗址》，《考古学报》1981年第3期。

④ 河北省文物管理处等：《河北武安洺河流域几处遗址的试掘》，《考古》1984年第1期。

⑤ 河北省文物管理处等：《河北武安洺河流域几处遗址的试掘》，《考古》1984年第1期。

⑥ 田建文：《山西考古学文化的区系类型问题》，《汾河湾——丁村文化与晋文化考古学术研讨会文集》，山西高校联合出版社，1996年。

⑦ 商县图书馆等：《陕西商县紫荆遗址发掘简报》，《考古与文物》1981年第3期。

南梁家湾遗址①和大荔梁家坡遗址②等。湖北省西北部目前发现的此时期的遗存数量较少，只在郧县庹家洲发现了老官台文化的遗存③，另外，何强先生认为大寺遗址中出土的T4⑤：64碗很可能属于老官台文化，但未发现属于老官台文化的独立单位④。安徽省境内分布的主要是以濉溪石山孜一期⑤为代表的顺山集文化遗存和以双墩遗存⑥为代表的双墩文化；而豫东至鲁西南的濮阳、菏泽、商丘一线以东地区为湖沼带，有大野（巨野）泽、菏泽、雷夏泽以及孟诸泽，此湖沼带所处的地貌单元，大致在早全新世黄河冲积扇前缘与中全新世黄河冲积扇前缘之间⑦，所以在裴李岗文化时期，这一区域少人居住，目前未发现相关的文化遗存。从目前已经发掘的遗址及周边遗存的分布情况看，豫中地区应该是裴李岗文化的核心分布区。

---

① 商洛地区考古调查组：《丹江上游考古调查简报》，《考古与文物》1981年第3期。

② 高强：《西安半坡博物馆史前考古田野工作回顾》，《史前研究（2013年）》，西北大学出版社，2015年。

③ 武汉大学考古学系等：《湖北郧县庹家洲遗址老官台文化遗存》，《考古》2016年第1期。

④ 何强：《汉水中游新石器文化编年序列及其与邻近地区的互动关系》，吉林大学博士学位论文，2015年。

⑤ 安徽省文物考古研究所等：《濉溪石山孜——石山孜遗址第二、三次发掘报告》，文物出版社，2017年。

⑥ 安徽省文物考古研究所、蚌埠市博物馆编：《蚌埠双墩》，科学出版社，2008年。

⑦ 邹逸麟：《黄淮海平原历史地理》，安徽教育出版社，1993年，第163页。

60　裴李岗文化：中国文明的奠基

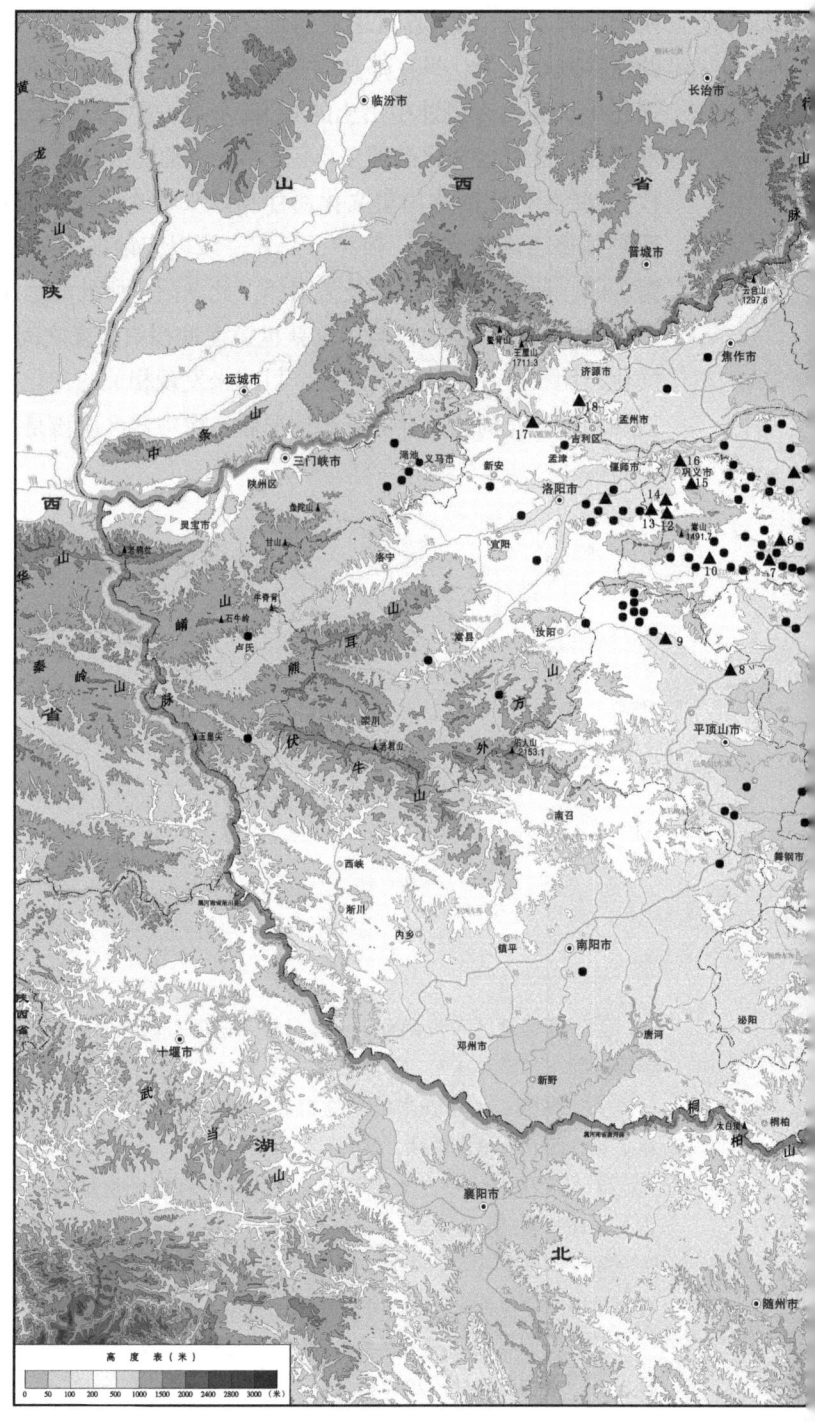

图二四　裴李岗文
1. 贾湖　2. 石固　3. 唐户　4. 裴李岗　5. 沙窝李　6. 马良沟　7. 莪沟北岗　8. 水泉
16. 瓦窑嘴　17. 寨根　18. 长泉
审图号：GS京

第一章 典型遗存分析 61

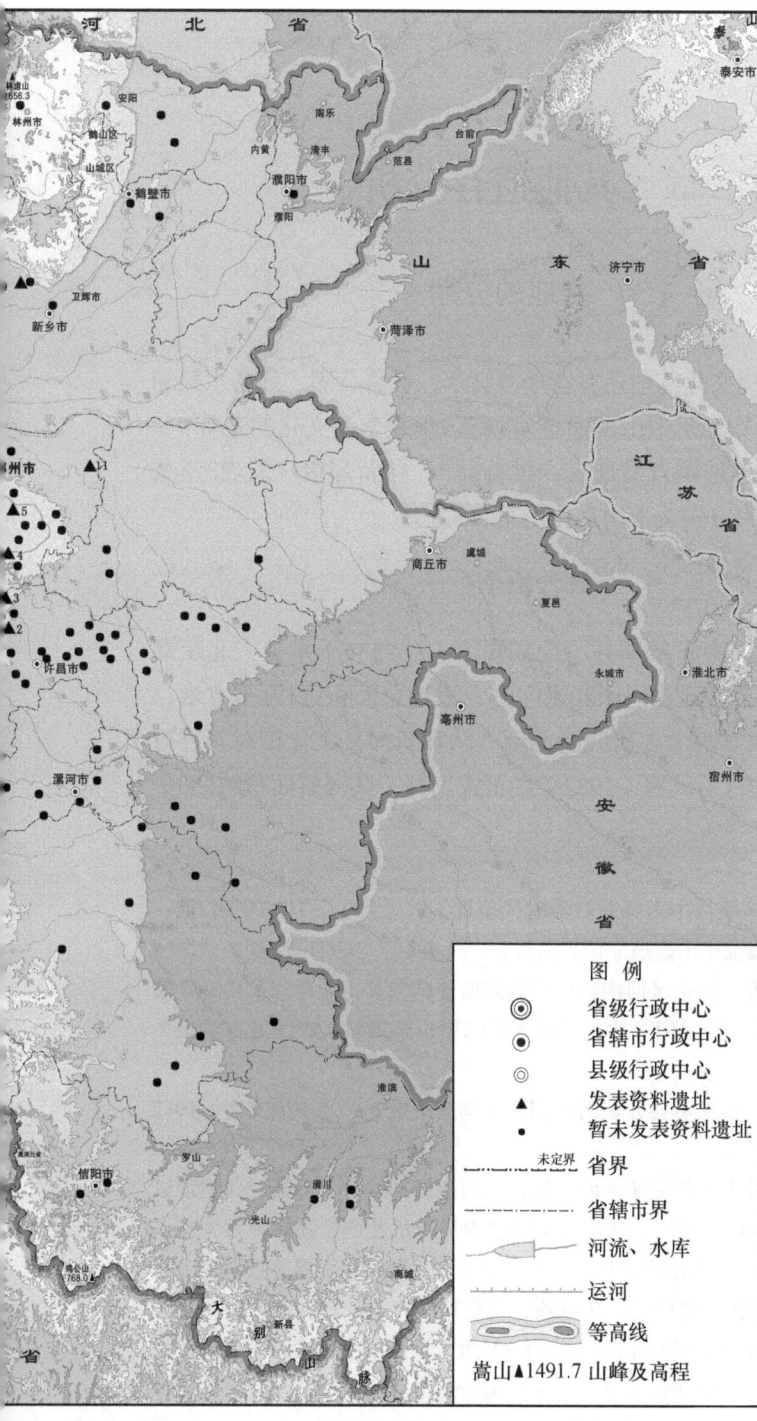

七遗址分布示意图
9. 中山寨 10. 王城岗 11. 宋庄 12. 北营 13. 东山原 14. 坞罗西坡 15. 水地河
19. 孟庄 20. 朱寨 21. 高崖
2022）0653号

第二章　其他遗存分析

第一节　墓地的分期

目前发现的裴李岗文化墓地还有新郑沙窝李、长葛石固、郏县水泉和密县莪沟北岗等。另外汝州中山寨遗址发掘有4座裴李岗文化的墓葬[①]，长葛南张庄和西杨庄遗址调查发现有一批墓葬[②]，在新郑唐户发现3座墓葬[③]，登封王城岗发现有1座裴李岗文化的墓葬[④]。

一、新郑沙窝李

沙窝李遗址位于河南省新郑县（今新郑市）北约35千米处，北距郑州市约15千米。遗址高出现在河床20米左右，遗址总面积近1万平方米。1981年5月中国社会科学院考古研究所河南一队和新郑县文化馆对其进行了调查，1981年9月进行了试掘，1982年春正式发掘，共揭露面积约850平

---

① 方孝廉：《河南临汝中山寨新石器时代遗址》，《考古》1978年第2期；临汝县博物馆：《河南临汝中山寨遗址调查简报》，《考古》1986年第6期；中国社会科学院考古研究所河南一队：《河南临汝中山寨遗址试掘》，《考古》1986年第7期；中国社会科学院考古所河南一队：《河南汝州中山寨遗址》，《考古学报》1991年第1期。

② 长葛县文化馆：《长葛县裴李岗文化遗址调查简报》，《中原文物》1982年第1期。

③ 中国社会科学院考古研究所河南一队：《河南新郑唐户新石器时代遗址试掘简报》，《考古》1984年第3期；河南省文物管理局南水北调文物保护办公室、郑州市文物考古研究院：《河南新郑市唐户遗址裴李岗文化遗存发掘简报》，《考古》2008年第5期；张松林、信应君、胡亚毅：《新郑唐户遗址发现裴李岗文化大面积居址》，《中国文物报》2007年7月13日第005版；郑州市文物考古研究院、河南省文物管理局南水北调文物保护办公室：《河南新郑市唐户遗址裴李岗文化遗存2007年发掘简报》，《考古》2010年第5期。

④ 河南省文物研究所、中国历史博物馆考古部：《登封王城岗与阳城》，文物出版社，1992年。

方米，发现裴李岗文化墓葬32座[①]。

裴李岗文化遗存的陶器器类主要有壶、钵、罐、鼎及少量的勺等。陶器分类排序如下。

1. 壶

根据其底部形态可分为平底壶、圜底壶和圈足壶三型。

A型　平底壶，主要为圆肩鼓腹壶，多为竖耳，根据其颈部、腹部和底部的变化可分为三式。

Ⅰ式：颈部与腹部连接处内收，颈部较粗，腹部圆鼓，底部较小。标本M13∶1（图二五，1；报告图一〇，3）。

Ⅱ式：颈部较细直，腹部圆鼓，底部较大。标本M29∶2（图二五，2；报告图一〇，10）。

Ⅲ式：颈残，腹部较扁，底部较大。标本M1∶5（图二五，3；报告图一〇，15）。

A型壶的演变趋势为：颈部与腹部连接处由内收逐渐变直，腹部由圆到扁，底部由小到大。

B型　圜底壶，均为竖耳，根据其颈部和腹部形态可分为二式。

Ⅰ式：颈部与腹部连接处略内收，颈部较粗，腹部略扁。标本M24∶2（图二五，4；报告图一〇，5）。

Ⅱ式：颈部细直，腹部较扁。标本M30∶1（图二五，5；报告图一〇，14）。

B型壶的演变趋势为：颈部与腹部连接处由内收逐渐变直，颈部由粗到细，腹部逐渐变扁。

C型　圈足壶，发表标本数量较少，标本M12∶1（报告图一〇，11），横耳，短颈，口外敞，长椭圆形腹，假圈足平底略外撇。

2. 罐

深腹平底，口沿外侈，根据其腹部和器身的变化可分为二式。

Ⅰ式：腹壁微直，器身较瘦长。标本M24∶1（图二五，6；报告图一〇，20）。

Ⅱ式：腹部微鼓，器身较Ⅰ式矮胖。标本M16∶4（图二五，7；报告

[①] 中国社会科学院考古研究所河南一队：《河南新郑沙窝李新石器时代遗址》，《考古》1983年第12期。本节下文中的"报告"指此报告。

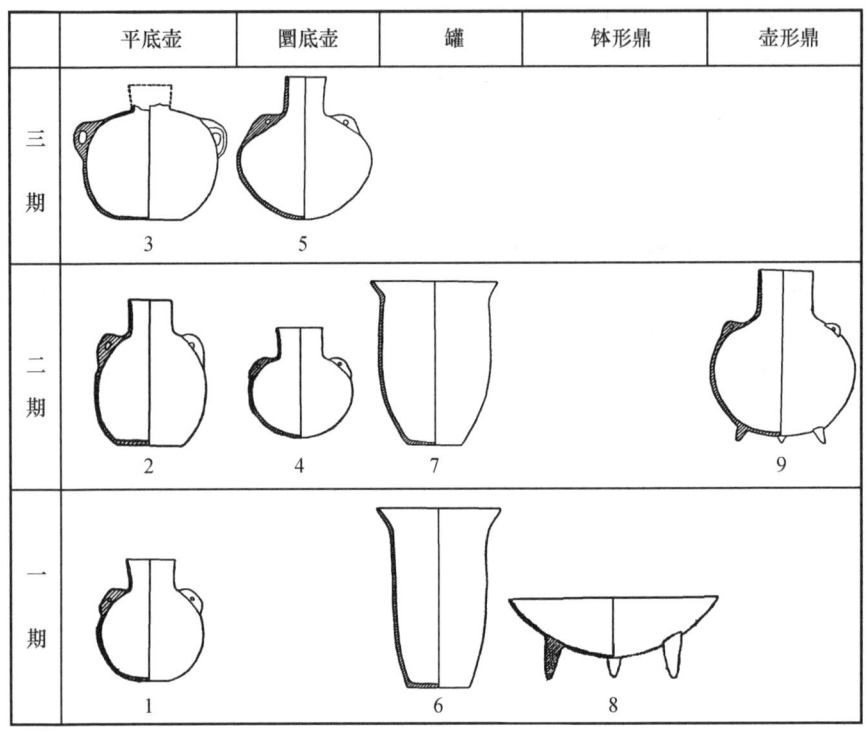

图二五 沙窝李墓地陶器分期
1.M13∶1 2.M29∶2 3.M1∶5 4.M24∶2 5.M30∶1 6.M24∶1 7.M16∶4
8.M3∶6 9.M10∶4

图一〇,19)

罐的演变趋势为：腹部渐鼓。

3. 钵

根据其底部形态可分为圜底钵和平底钵二型。

A型 圜底钵，发表标本数量较少，均出自M3。标本M3∶8（报告图一〇,16），浅腹，器形较大。M3∶12（报告图一〇,1），腹较深，器形较小。

B型 平底钵，发表标本数量较少。标本M10∶5（报告图一〇,7），口微敛，鼓腹较深。

4. 鼎

根据其上部形态可分为钵形鼎和壶形鼎二型。

A型 钵形鼎，发表标本数量较少，主要出自M3。标本M3∶6（图二五，8；报告图一〇，21），器体略大，腹较浅，下附三锥形足。M3∶3（报告图一〇，9），器体较小，腹较深，下附三锥形足。M3∶7（报告图一〇，12），腹较深，三足略外撇，足较高。M31∶1（报告图版贰，2），足跟外翘，腹较深。

B型　壶形鼎，标本M10∶4（图二五，9；报告图一〇，18），长颈直口，器身呈球形，三足较小微外撇。标本M6∶2（报告图一〇，6），短颈侈口，颈部与腹部连接处内收，圆腹圜底，底部附三个较粗的锥状足，略外撇。

沙窝李墓地中的32座墓葬，发掘者根据层位关系把墓葬分为下层墓和上层墓。其中有17座属于下层墓，包括M3、M6、M10—M14、M16、M20—M22、M24—M25、M28—M31等，15座属于上层墓，包括M1、M2、M4、M5、M7—M9、M15、M17—M19、M23、M26、M27和M32等。报告中发表的器物主要是下层墓中出土的，上层墓中只M1和M7中各发表了一件器物。从上文的型式分析可知，下层墓中出土的器物仍有早晚之别。下层墓M30中出土的圜底壶扁腹较严重，年代应晚至上层墓时期。

根据上面对典型器物的排序得到的早晚关系及诸单位组合提供的共存关系，我们可以把沙窝李遗址中的裴李岗文化遗存分为三组：

第一组：Ⅰ式平底壶，Ⅰ式罐和钵形鼎。

第二组：Ⅱ式平底壶，Ⅰ式圜底壶，Ⅱ式罐和壶形鼎。

第三组：Ⅲ式平底壶，Ⅱ式圜底壶。

参考贾湖墓地和裴李岗墓地的陶器演变规律，可以认为以上三组组合关系反映出的每类陶器各自的演变规律以及相互的共存关系，代表了前后相接的三个不同时间段，即三期（图二五）。

第一期：以M6、M12、M13和M24等为典型单位。

第二期：以M10、M16和M29等为典型单位。

第三期：以M1和M30等为典型单位。

第一期中的壶颈呈倒八字形，器身瘦长；罐折沿，器身瘦长。整体特征同于裴李岗墓地第一期。其中的Ⅰ式平底壶M13∶1（图二六，1）与裴李岗墓地第一期的AaⅠ式平底壶M116∶1（图二六，4）相似。因此推断，沙窝李墓地第一期年代与裴李岗墓地第一期年代应大致相当。

第二期中壶颈近竖直；罐折沿较甚，器身变矮胖。整体特征同于裴李岗墓地第二期。其中Ⅱ式罐M16∶4（图二六，3）与裴李岗墓地第二期AⅡ式罐M37∶3（图二六，6）形态相似。因此推断，沙窝李墓地第二期年代与裴李岗墓地第二期年代应大致相当。

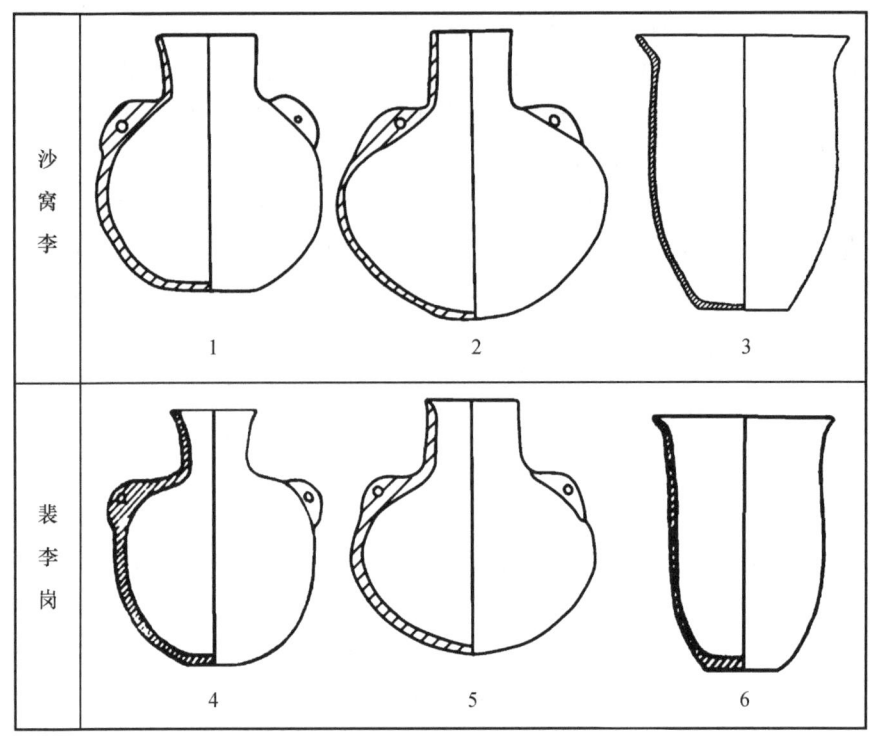

图二六 沙窝李墓地与裴李岗墓地陶器对比
1. M13∶1 2. M30∶1 3. M16∶4 4. M116∶1 5. M87∶2 6. M37∶3
（1—3.沙窝李遗址 4—6.裴李岗遗址）

第三期中壶颈竖直，呈扁腹状，整体特征同于裴李岗墓地第三期。其中Ⅱ式圜底壶M30∶1（图二六，2）与裴李岗墓地第三期的AⅡ式圜底壶M87∶2（图二六，5）形态相似。因此推断，沙窝李墓地第三期年代与裴李岗墓地第三期年代应大致相当。

二、长葛石固

石固遗址位于河南省长葛县（今长葛市）西南约12.5千米处。石固遗址最早于1972年被发现。之后，长葛县文化馆、许昌地区文管会和河南省文物研究所等单位先后在此进行多次考古调查。1978—1980年，河南省文物考古研究所对其进行了四次发掘。石固遗址西部定为A区，东部定为B区（凡未注明区别者，均为A区）。石固遗址共开探方（沟）74个（A区68个，B区6个），发掘面积共计2145平方米，A区2049平方米，B区96平方米。共发掘裴李岗文化墓葬69座，主要分布在A区，共有墓地2处（两个墓地南北相距约70余米）。上述墓地中的墓葬分布比较密集，如在

T42、47两个探方中（50平方米范围内）发现墓葬9座[①]。

裴李岗文化遗存的陶器器类主要是壶，另有钵、罐、少量的鼎及碗和豆等。依据贾湖、裴李岗等典型遗址总结出的器物演变规律和分期结论，对石固墓地的陶器分类排序如下。

1. 壶

根据底部的形态的不同可分为平底壶、圜底壶和圈足壶三类。

平底壶　根据肩部的不同可分为折肩壶和圆肩鼓腹壶二型。

A型　折肩壶，双耳均竖置，下腹略外弧，根据口部颈部的形态可分为二式。

Ⅰ式：喇叭形口，颈较长。标本M23∶1（图二七，1；报告图三〇，1）。

Ⅱ式：直口，颈较短。标本M65∶1（图二七，2；报告图五）。

A型壶的演变趋势为：口部由喇叭变直口，颈变短。

另有一件折肩壶，下腹呈反弧内收，余与AⅠ式壶相似。标本M6∶1（报告图三〇，2）。

B型　圆肩鼓腹壶，根据颈部和腹部的变化可分为三式。

Ⅰ式：颈部与腹部连接处内收，腹部略鼓。标本M37∶1（图二七，3；报告图一〇，3）、M14∶1（报告图三〇，8）。

Ⅱ式：颈部与腹部连接处略内收，腹部较鼓。标本M44∶1（图二七，4；报告图一六，11）、M45∶1（报告图五）。

Ⅲ式：弧颈较矮，腹部圆鼓。标本M46∶1（图二七，5；报告图一六，10）。

B型壶的演变趋势为：颈部与腹部连接处内收趋势渐缓，腹部逐渐变得圆鼓。

圜底壶　发表标本数量较少。标本M26∶1（报告图一六，12）为直颈较矮，圆鼓腹，最大径在腹部。标本M42∶5（报告图四四，12）为长直颈，广肩，最大径在肩部，下腹部较直，内收成尖状底。

圈足壶　根据足部和腹部的变化可分为二式。

Ⅰ式：壶颈较长，呈倒八字形，腹呈圆角方形。标本M86∶1（图二七，6；报告图四四，9）

[①] 河南省文物研究所：《长葛石固遗址发掘报告》，《华夏考古》1987年第1期。以下本部分中的"报告"均指此报告。

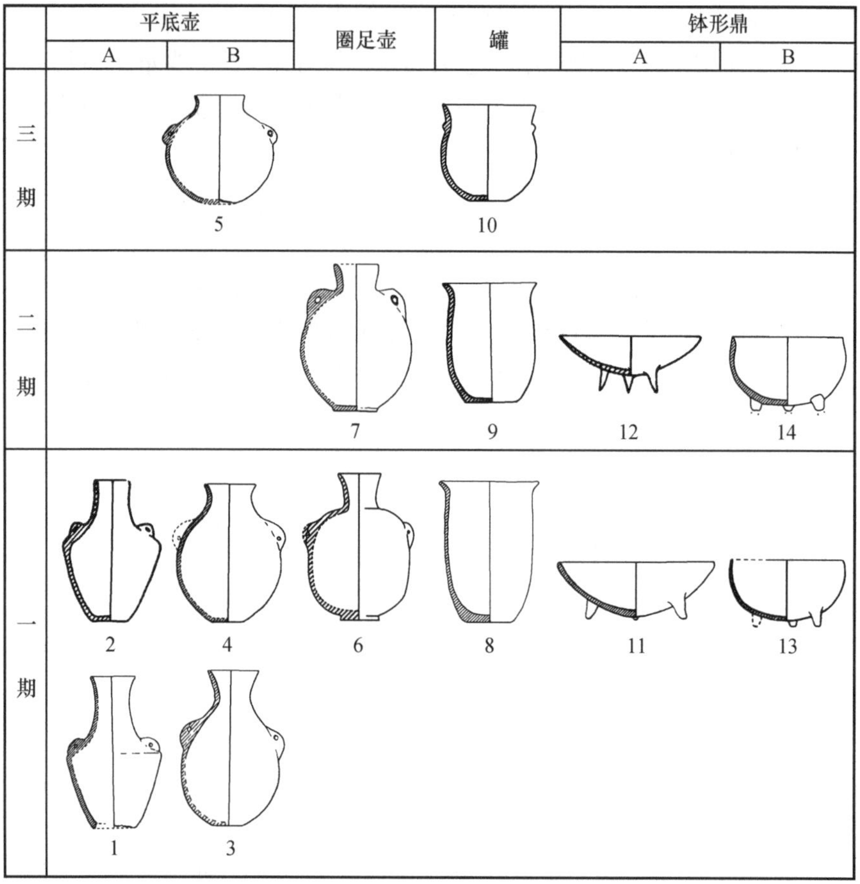

图二七　石固墓地陶器分期

1. M23∶1　2. M65∶1　3. M37∶1　4. M44∶1　5. M46∶1　6. M86∶1　7. M12∶1
8. M54∶3　9. M12∶3　10. M13∶2　11. M54∶1　12. M5∶4　13. M4∶2　14. M39∶5

Ⅱ式：壶颈较短，圆鼓腹。标本M12∶1（图二七，7；报告图三〇，7）。

圈足壶的演变趋势为：壶颈渐短，腹渐圆鼓。

2. 罐

侈口平底，根据其形态的变化可分为三式。

Ⅰ式：器身较瘦长，直腹。标本M54∶3（图二七，8；报告图一八，7）。

Ⅱ式：器身较Ⅰ式矮胖，腹微鼓。标本M12∶3（图二七，9；报告图三〇，3）、M26∶3（报告图一八，1）、M42∶4（报告图四八，4）。

Ⅲ式：器身矮胖，鼓腹。标本M13：2（图二七，10；报告图三〇，6）。

罐的演变趋势为：器身逐渐矮胖，腹部渐鼓。

3. 鼎

根据其上部形态可分为钵形鼎、壶形鼎和罐形鼎。

钵形鼎　根据上部钵的形状可分为敞口钵形鼎、敛口钵形鼎和直口钵形鼎三亚型。

A型　敞口钵形鼎，圜底，腹部较斜直，根据足部的变化可分为二式。

Ⅰ式：足较短，足跟微外撇。标本M54：1（图二七，11；报告图一六，9）。

Ⅱ式：足跟较细长，外撇。标本M5：4（图二七，12；报告图五）、M26：2（报告图五）。

A型钵形鼎的演变趋势为：足跟由短到长，逐渐外撇严重。

B型　敛口钵形鼎，大圜底近平，腹部较直，根据足部的变化可分为二式。

Ⅰ式：1件标本，足残，从残存部分看足跟较粗。标本M4：2（图二七，13；报告图四四，5）。

Ⅱ式：1件标本，足跟较Ⅰ式细。标本M39：5（图二七，14；报告图一六，4）。

B型钵形鼎的演变趋势为：足跟由粗到细，其腹部深浅似乎没有太大变化。

C型　直口钵形鼎，发表标本数量较少。标本M54：11（报告图一六，3）。

根据上面对典型器物的排序得到的早晚关系及诸单位组合提供的共存关系，我们可以把石固墓地中的裴李岗遗存单位分为四组。

第一组：AⅠ、BⅠ式平底壶。

第二组：AⅡ、BⅡ式平底壶，Ⅰ式圈足壶，Ⅰ式罐，AⅠ式钵形鼎，BⅠ式钵形鼎。

第三组：Ⅱ式圈足壶，Ⅱ式罐，AⅡ、BⅡ式钵形鼎。

第四组：BⅢ式平底壶，Ⅲ式罐。

第一组、第二组中壶折颈，器身瘦长，可作为石固第一期。

第三组中壶微折颈，器身略矮，可作为石固第二期。

第四组中壶呈扁腹状，壶、罐器身矮胖，可作为石固第三期。

第一期：以M14、M23、M37、M44、M54和M65等为典型单位。

第二期：以M12、M5和M39等为典型单位。

第三期：以M46、M86和M13等为典型单位。

第一期壶颈呈倒八字形，器身瘦长；罐器身瘦长。整体特征同于贾湖墓地裴李岗文化第一期。其中平底壶M23：1、M6：1和M37：1（图二八，1—3）分别与贾湖墓地裴李岗文化第一期壶M335：1、M326：1和M270：1（图二八，6—8）相似。因此推断，石固墓地第一期年代应与贾湖墓地裴李岗文化第一期大致相当。

第二期整体器身变矮，钵形鼎鼎足变长。整体特征同于贾湖墓地和裴李岗墓地第二期。其中的Ⅱ式罐M42：4（图二八，4）与裴李岗墓地第二期AⅡ式罐M37：3（图二八，9）相似。因此推断，石固墓地第二期年代应与裴李岗墓地第二期大致相当。

第三期壶和罐都较矮胖。整体特征同于贾湖墓地和裴李岗墓地第三期。其中Ⅲ式罐M13：2（图二八，5）与裴李岗墓地第三期BⅢ式罐M54：3（图二八，10）形态相似。因此推断，石固墓地第三期年代应与裴李岗墓地第三期大致相当。

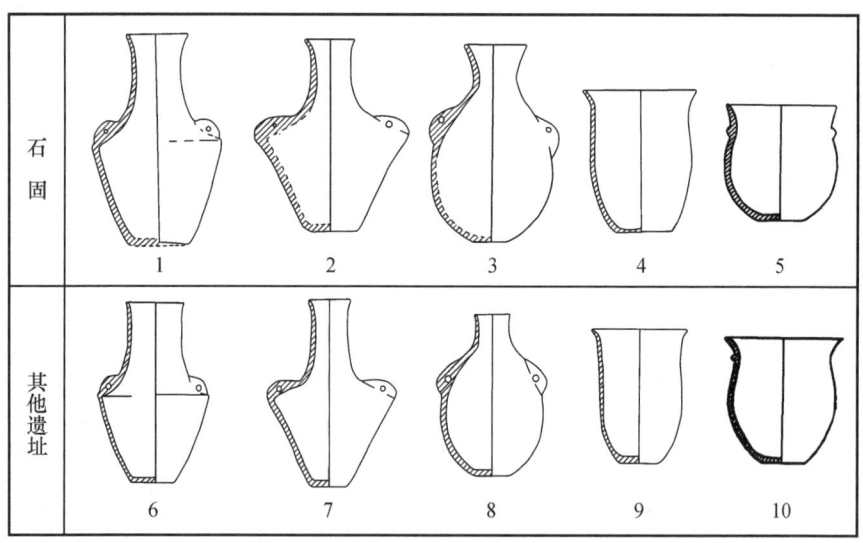

图二八　石固墓地与其他裴李岗文化墓地陶器对比

1. M23：1　2. M6：1　3. M37：1　4. M42：4　5. M13：2　6. M335：1　7. M326：1　8. M270：1　9. M37：3　10. M54：3

（1—5. 石固　6—8. 贾湖　9、10. 裴李岗）

三、郏县水泉

水泉遗址位于河南省郏县安良乡，遗址在村东偏南，兰河南岸高台地上，距河床高约40米。1971年在水泉遗址曾发现不少石、陶器，1976年在此地又发现一些遗物，嗣后县文化馆曾派人调查[①]。1986年11月间中国社会科学院考古研究所河南一队在此进行了试掘，后又进行过四次小规模发掘。共发掘裴李岗文化的墓葬120座[②]。

裴李岗文化遗存的陶器器类主要是壶，另有钵、罐、鼎及少量的碗、器盖和勺等。依据贾湖、裴李岗等典型遗址总结出的器物演变规律和分期结论，可以对水泉遗址中的陶器分类排序如下。

1. 壶

根据其底部形态可分为平底壶、圜底壶和圈足壶三类。

平底壶　根据腹部和颈部的变化可分为三型：圆肩鼓腹壶、圆肩球腹壶和圆肩直腹壶。

A型　圆肩鼓腹壶，根据颈部的变化可分为二式。

Ⅰ式：颈部与腹部连接处内收，颈部和器身较长。标本M32∶1（图二九，1；报告图二〇，16）、M32∶2（报告图二〇，14）、M84∶1（报告图二〇，20）、M12∶2（报告图二〇，12）、M3∶1（报告图二〇，15）。

Ⅱ式：颈部与腹部连接处略内收，颈部和器身较Ⅰ式矮。标本M14∶1（图二九，2；报告图二〇，13）、M43∶2（报告图二〇，17）、M85∶1（报告图二〇，18）。

A型壶的演变趋势为：颈部与腹部连接处内收程度渐缓，颈部和器身逐渐变矮。

B型　圆肩球腹壶，根据颈部和底部的变化可分为二式。

Ⅰ式：直颈。标本M116∶1（图二九，3；报告图二〇，21）。

Ⅱ式：直颈变矮，器身变矮。标本M4∶4（图二九，4；报告图二〇，22）。

[①]　郏县文化馆：《河南郏县水泉发现的新石器时代遗址》，《考古》1979年第6期。

[②]　中国社会科学院考古研究所河南一队：《河南郏县水泉裴李岗文化遗址》，《考古学报》1995年第1期。本部分中的"报告"指此报告。

B型壶的演变趋势为：颈部和器身逐渐变矮。

C型　圆肩直腹壶，根据颈部和腹部的变化可分为三式。

Ⅰ式：颈部与腹部连接处内收较甚，腹部较深呈竖长方形。标本M49∶1（图二九，5；报告图二〇，10）。

Ⅱ式：颈部与腹部连接处内收，腹部较Ⅰ式浅。标本M81∶2（图二九，6；报告图二〇，9）。

Ⅲ式：颈近直，器身较矮，腹部较浅近正方形。标本M80∶3（图二九，7；报告图二〇，6）。

C型壶的演变趋势为：颈部与腹部连接处由内收到近直，器身逐渐变矮胖。

圜底壶　根据腹部的不同可分为三型：鼓腹壶、椭圆腹壶和扁腹壶。

A型　鼓腹壶，根据颈部和口沿的变化可分为二式。

Ⅰ式：颈部与腹部连接处略内收，颈部和器身较长。标本M86∶2（图二九，8；报告图二〇，2）。

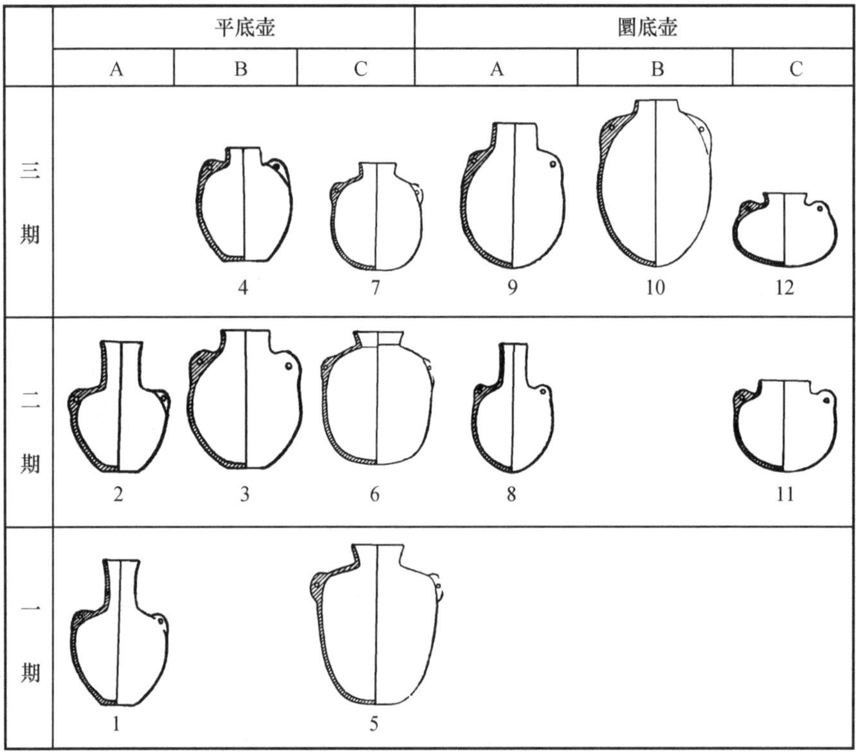

	平底壶			圜底壶		
	A	B	C	A	B	C
三期		4	7	9	10	12
二期	2	3	6	8		11
一期	1			5		

图二九　水泉墓地陶壶分期

1. M32∶1　2. M14∶1　3. M116∶1　4. M4∶4　5. M49∶1　6. M81∶2　7. M80∶3
8. M86∶2　9. M29∶1　10. M29∶31　11. M72∶2　12. M71∶4

Ⅱ式：直颈，颈部和器身较矮。标本M29∶1（图二九，9；报告图二〇，5）。

A型壶的演变趋势为：颈部与腹部连接处由内收逐渐变直，颈部和器身逐渐变矮。

B型　椭圆腹壶，标本M29∶31（图二九，10；报告图二〇，4），双耳竖置，颈部较矮，腹较深，呈椭圆形鼓腹。

C型　扁腹壶，根据腹部的变化可分为二式。

Ⅰ式：腹略扁。标本M72∶2（图二九，11；报告图二〇，7）。

Ⅱ式：扁腹较甚，器身较矮。标本M71∶4（图二九，12；报告图二〇，8）。

C型壶的演变趋势为：腹部渐扁。

圈足壶　发表标本数量较少。标本M2∶4（报告图二一，11），小口外侈，球形腹。

2. 钵

根据其底部形态可分为平底钵和圜底钵二型。

A型　平底钵，根据其口沿形态可分为敞口平底钵和敛口平底钵二亚型。

Aa型　敞口平底钵，均深直腹，小平底。标本M63∶6（报告图版伍，3）、M59∶5（报告图一九，1）、M4∶7（报告图一九，11）。

Ab型　敛口平底钵，斜直腹。标本M26∶5（报告图一九，7），敛口较甚，腹部略浅。标本M66∶3[①]（报告图一九，2），口微敛，腹部较深。

B型　圜底钵，发表标本数量较少。标本M27∶2（报告图一九，8）、M66∶2（报告图一九，9），均敞口浅腹。

3. 罐

均平底，根据口部和腹部形态可分为四型：敛口双耳罐、侈口鼓腹罐、侈口筒腹罐和直口篦点纹罐。

A型　敛口双耳罐，器形细高，深弧腹。发表标本数量较少。标本M29∶27（报告图二一，15）。

---

① 从报告发表的器物来看，M66∶3口部微敛，但是文字介绍部分称其为敞口，本书按照敛口分析统计。

B型　侈口鼓腹罐，根据腹部和器形的变化可分为三式。

Ⅰ式：腹部较鼓，微折沿，腹部较深，器形瘦长。标本M13：5（图三〇，1；报告图二一，9）。

Ⅱ式：腹部微鼓，折沿。标本M96：5（图三〇，2；报告图二一，4）、M98：1（报告图二一，6）。

Ⅲ式：腹部斜直，折沿呈近平状，器身变矮。标本M2：1（图三〇，3；报告图二一，3）。

B型罐的演变趋势为：腹部由鼓腹到斜直，口沿逐渐外折至近平状，器身变矮。

C型　侈口筒腹罐，侈口束颈，深腹，腹上饰乳钉纹。发表标本数量较少。标本M40：6（报告图二一，5），腹部微弧。标本M90：4（报告图二一，12），腹部较圆鼓。

D型　直口篦点纹罐，通身饰篦点纹。发表标本数量较少。标本M26：6（报告图二一，7），深斜直腹；M96：3（报告图二一，10）斜腹较鼓。

4. 鼎

根据其上部形态可分为壶形鼎和钵形鼎。

壶形鼎　发表标本数量较少。上部壶均呈球形腹，圜底。根据口部和颈部的变化可分为二式。

Ⅰ式：口微侈，长颈。标本M29：21（图三〇，4）。

Ⅱ式：口近直，短颈。标本M98：3（图三〇，5）。

壶形鼎的演变趋势为：颈部渐短。

钵形鼎　根据其口部腹部形态可分为敞口弧腹钵形鼎和敞口直腹钵形鼎二型。

A型　敞口弧腹钵形鼎，均锥状足外撇。根据其足部变化可分为二式。

Ⅰ式：足较矮，足跟斜直。标本M20：2（图三〇，6；报告图一九，14）、M26：1（报告图一九，13）。

Ⅱ式：足较长，足跟外撇，标本M29：5（图三〇，7；报告图一九，22）。

A型钵形鼎的演变趋势为：足跟渐长，腹部渐矮。

B型　敞口直腹钵形鼎，腹部较深，锥状足。根据其足部变化可分为三式。

Ⅰ式：足较矮。标本M24：2（图三〇，8；报告图一九，20），口沿

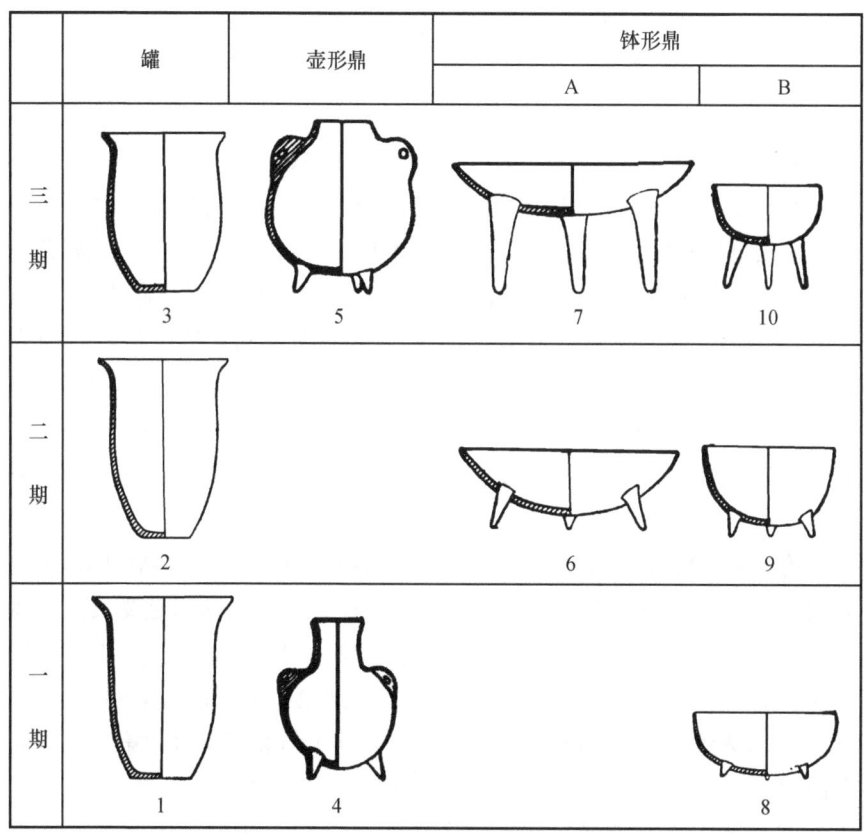

图三〇 水泉墓地陶罐和陶鼎分期
1. M13∶5 2. M96∶5 3. M2∶1 4. M29∶21 5. M98∶3 6. M20∶2 7. M29∶5
8. M24∶2 9. M33∶2 10. M9∶4

直径较大。

Ⅱ式：足较矮，足跟略外撇。标本M33∶2（图三〇，9；报告图一九，18）。

Ⅲ式：足较长，足跟外撇，腹较矮。标本M9∶4（图三〇，10；报告图一九，21）。

B型钵形鼎的演变趋势为：足跟渐长，腹部渐矮。

根据上面对典型器物的排序得到的早晚关系及诸单位的组合关系，我们可以把水泉墓地中的裴李岗遗存分为三组。

第一组：AⅠ、CⅠ式平底壶，Ⅰ式罐，Ⅰ式壶形鼎，BⅠ式钵形鼎。

第二组：AⅡ、BⅠ、CⅡ式平底壶，AⅠ、CⅠ式圜底壶，Ⅱ式罐，AⅠ、BⅡ式钵形鼎。

第三组：BⅡ、CⅢ式平底壶，B型、AⅡ式、CⅡ式圜底壶，Ⅲ式罐，Ⅱ式壶形鼎，AⅡ、BⅢ式钵形鼎。

参考贾湖墓地和裴李岗墓地的陶器演变规律，可以认为以上三组组合关系反映出的每类陶器各自的演变规律以及相互的共存关系，代表了前后相接的三个不同时间段，即三期（图二九、图三〇）。

第一期以M13、M24、M29、M32、M49等单位为代表。器身较瘦长，壶颈呈倒八字形；罐微折沿；钵形鼎鼎足较矮。整体特征与贾湖墓地裴李岗文化第一期和裴李岗墓地第一期相同。其中AⅠ式平底壶M32∶1（图三一，1）与贾湖墓地裴李岗文化第一期中的AⅡ式圆肩鼓腹壶M61∶1（图三一，7）形态相似。Ⅰ式折沿罐M2∶1（图三一，2）与裴李岗墓地一期中BⅠ式罐M38∶7（图三一，8）形态相似。因此推断，水泉墓地第一期年代和贾湖墓地裴李岗文化第一期和裴李岗墓地第一期大致相当。

第二期以M14、M20、M33、M72、M81、M86、M96、M116等单位为代表。器身变矮，壶颈近竖直；罐折沿较甚；钵形鼎鼎足变长。整体特征与贾湖墓地裴李岗文化第二期和裴李岗墓地第二期相同。其中B型圜底壶M29∶31（图三一，3）与裴李岗墓地第二期圜底壶M63∶1（图三一，9）相似，平底壶M14∶1（图三一，4）与裴李岗墓地第二期平底壶M59∶2（图三一，10）相似，敛口双耳罐M29∶27（图三一，5）与贾湖墓地中第二期罐M401∶2（图三一，11）相似。因此推断，水

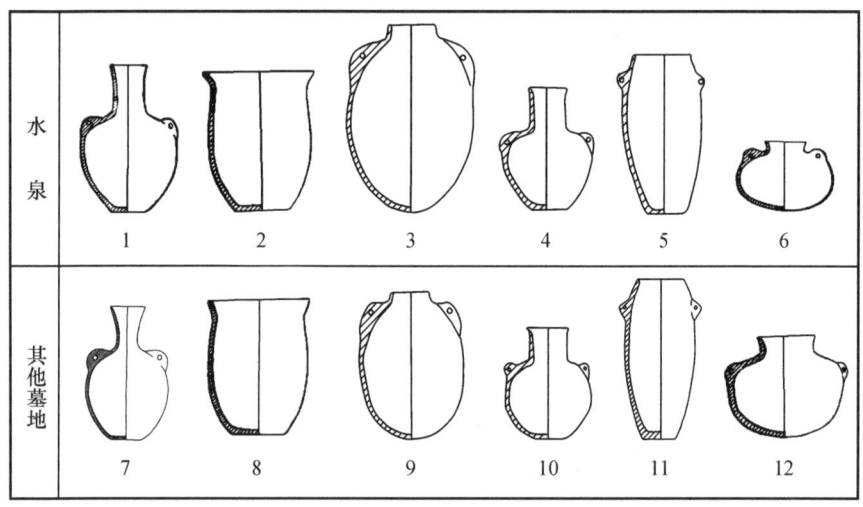

图三一　水泉墓地与其他裴李岗文化墓地陶器对比

1. M32∶1 2. M2∶1 3. M29∶31 4. M14∶1 5. M29∶27 6. M71∶4 7. M61∶1
8. M38∶7 9. M63∶1 10. M59∶2 11. M401∶2 12. M56∶1

（1—6. 水泉　7、11. 贾湖　8—10、12. 裴李岗）

泉墓地第二期年代和贾湖墓地裴李岗文化第二期和裴李岗墓地第二期大致相当。

第三期以M2、M4、M9、M29、M71、M80、M98等单位为代表。器物器身较矮胖，壶的颈部近直；罐折沿至近平状；钵形鼎鼎足较长。整体特征与贾湖墓地裴李岗文化第三期和裴李岗墓地第三期相同。其中CⅠ式圜底壶M71：4（图三一，6）与裴李岗墓地第三期的BⅡ式圜底壶M56：1（图三一，12）形态相似。因此推断，水泉墓地第三期年代和裴李岗墓地三期大致相当。

四、密县莪沟北岗

莪沟北岗遗址位于河南省密县（今新密市）城南约8千米的莪沟村北岗上。莪沟北岗遗址1977年11—12月第一次发掘546平方米，1978年3—5月发掘2201平方米。共发掘裴李岗文化的墓葬68座[①]。

裴李岗文化遗存的陶器器类主要有壶、钵、罐、鼎及少量的碗和勺等。陶器分类排序如下。

1. 壶

根据其底部形态可分为圜底壶和平底壶二型。

A型　圜底壶，双耳多为竖置，根据颈部和腹部的变化可分为二式。

Ⅰ式：直颈较长，腹部较鼓。标本M40：3（图三三，1；报告图二四，13）。

Ⅱ式：直颈较短，腹部圆鼓。标本M31：1（图三三，2；报告图二四，5）。

A型壶的演变趋势为：颈部与腹部连接处由内收逐渐变直，腹部逐渐变为圆鼓腹。

B型　平底壶，平底壶的形态多样，介绍如下。

圆肩鼓腹壶　标本M42：6（图三二，1；报告图二四，7），高领，

---

① 河南省博物馆、密县文化馆：《河南密县莪沟北岗新石器时代遗址》，《考古学集刊》（1），中国社会科学出版社，1981年，本部分中的"报告"指此报告。河南省博物馆、密县文化馆：《河南密县莪沟北岗新石器时代遗址发掘简报》，《文物》1979年第5期，本部分中的"简报"指此简报。河南省博物馆、密县文化馆：《河南密县莪沟北岗新石器时代遗址发掘报告》，《河南文博通讯》1979年第3期。

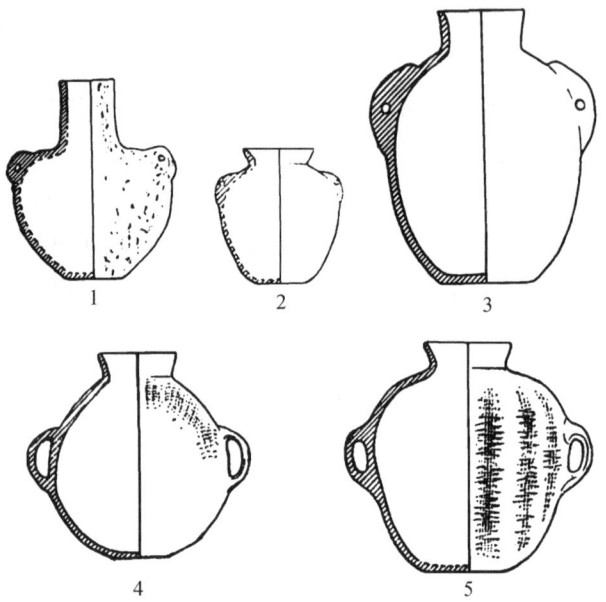

图三二　莪沟北岗墓地出土陶平底壶
1. M42∶6　2. M61∶10　3. M30∶1　4. M68∶7　5. M15∶4

广肩。标本M30∶1（图三二，3；报告图二四，8），底部较大。

矮颈侈口鼓腹壶　标本M61∶10（图三二，2；报告图二四，10），沿外侈，广肩。

背壶　标本M68∶7（图三二，4；报告图二三，11）、M15∶4（图三二，5；报告图二三，12），腹部两侧有对称双耳，饰压印篦点纹。

2. 钵

根据其底部形态可分为平底钵和圜底钵二型。

A型　平底钵，根据其口部的形态的不同可分为敞口平底钵、敛口平底钵和直口平底钵三亚型。

Aa型　敞口平底钵，弧腹。标本M21∶2（报告图二三，4）、M15∶1（报告图二三，7；简报图一二）。

Ab型　敛口平底钵，弧腹较深。标本M15∶3（报告图二三，5）。

Ac型　直口平底钵，折腹内收。标本M17∶3（报告图二三，9）。

B型　圜底钵，根据其口部的形态可分为敞口圜底钵和敛口圜底钵二亚型。

Ba型　敞口圜底钵，弧腹。标本M19∶1（报告图二三，3，简报图八），腹部呈半圆形，腹较深。标本M39∶1（报告图二三，1），腹部呈半椭圆形，腹较浅。

Bb型　敛口圜底钵，发表标本数量较少。标本M1∶4（报告图二三，2），口微敛，浅腹。

3. 鼎

根据其上部形态可分为壶形鼎和钵形鼎二型，其中主要是壶形鼎。

A型　壶形鼎，根据颈部和腹部的变化可分为二式。

Ⅰ式：长直颈，腹部圆鼓。标本M13∶1（图三三，3；报告图二四，15）。

Ⅱ式：颈部与腹部连接处略内收，较Ⅰ式短，腹部较鼓。标本M53∶2（图三三，4；报告图二四，12）。

A型鼎的演变趋势为：颈部与腹部连接处由内收逐渐变直，腹部逐渐变鼓。

B型　钵形鼎，根据口部形态的不同可分为敞口钵形鼎、敛口钵形鼎和直口钵形鼎三亚型。

Ba型　敞口钵形鼎，根据足跟形态的不同又可分为三类：足跟外翘型、足跟外撇型和足跟较直型。

足跟外翘型　发表标本数量较少。标本M45∶3（报告图二三，14），敞口浅腹，足较矮。

足跟外撇型　发表标本数量较少。标本M61∶13（报告图二三，15），敞口浅腹，足较矮，口沿直径较大。

足跟较直型　足跟较直，足较高，外撇，敞口浅腹。标本M13∶4（简报图一五）、M34∶12（报告图二三，13）。

Bb型　敛口钵形鼎，根据足部形态的不同又可分为二类：柱状足和锥状足。

柱状足　发表标本数量较少。标本M55∶2（报告图二三，17），足较矮，敛口鼓腹。

锥状足　发表标本数量较少。标本M54∶3（报告图二三，16）足较矮，敛口鼓腹。标本M14∶9（简报图一六），足相对较高，敛口深腹。

Bc型　直口钵形鼎，发表标本数量较少。标本M6∶1（简报图一七），足跟较长，外撇较甚。

4. 罐

为深鼓腹罐，尖圆唇，沿外侈。根据器身的变化可分为三式。

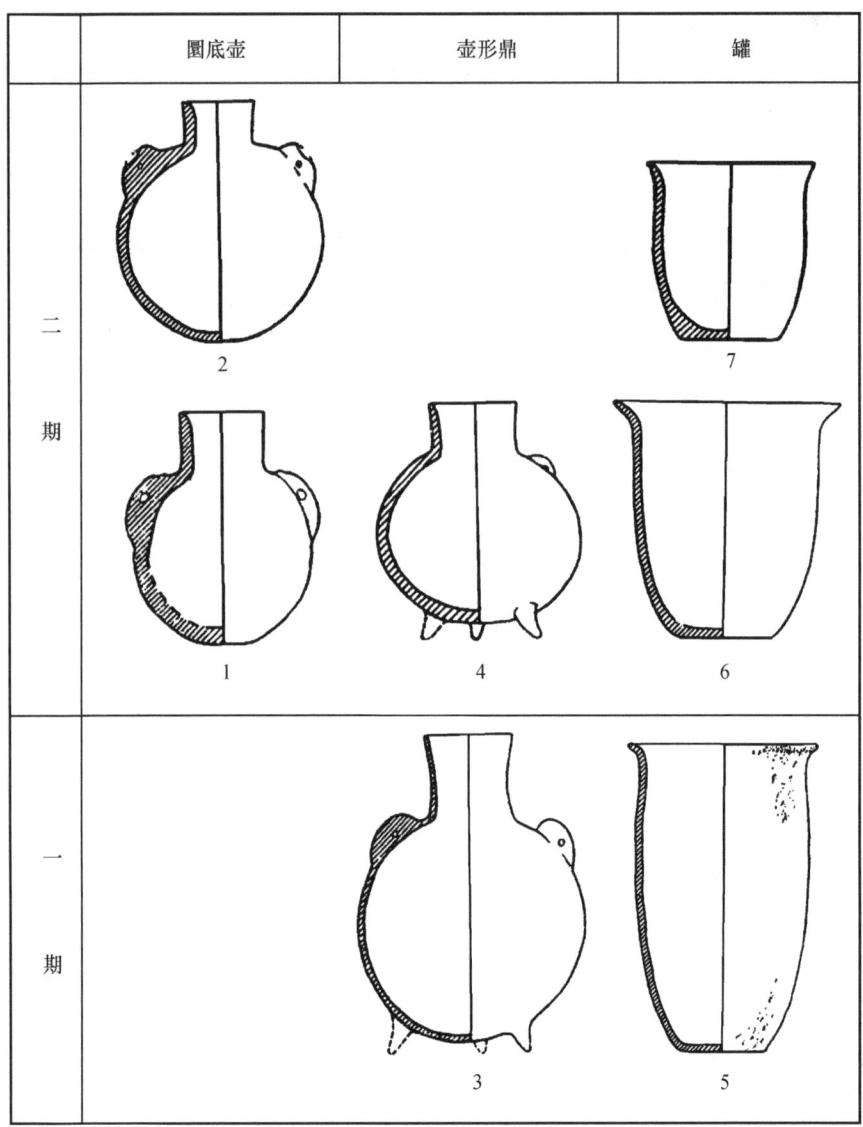

图三三　莪沟北岗墓地陶器分期

1. M40∶3　2. M31∶1　3. M13∶1　4. M53∶2　5. M34∶3　6. M12∶4　7. M17∶4

Ⅰ式：器身瘦长。标本M34∶3（图三三，5；报告图二三，20）。
Ⅱ式：器身略矮胖。标本M12∶4（图三三，6；报告图二三，19）。
Ⅲ式：器身矮胖。标本M17∶4（图三三，7；报告图二三，18）。
罐的演变趋势为：器身由瘦长渐矮胖。

5. 碗

根据底部形态的不同可分为圈足碗和假圈足碗二型。

A型　圈足碗，共两件标本，一件口部较大，圈足外撇，标本M53∶1（报告图二四，1）。一件口部较小，腹部较深，圈足较直，标本M29∶3（报告图二四，2）。

B型　假圈足碗，发表标本数量较少。标本M68∶2（报告图二四，4），敞口斜腹。标本M68∶3（报告图二四，3），腹部外弧较甚，足较高，器形较小。

根据上面对典型器物的排序得到的早晚关系及诸单位组合提供的共存关系，我们可以把莪沟北岗遗址中的裴李岗文化遗存分为三组：

第一组：Aa、Ab型钵，Ⅰ式壶形鼎，Ⅰ式罐。

第二组：Ⅰ式圜底壶，Ⅱ式壶形鼎，Ⅱ式罐。

第三组：Ac型钵，Ⅱ式圜底壶，Ⅲ式罐。

根据陶器演变趋势并结合贾湖墓地和裴李岗墓地的分期，可以将莪沟北岗墓地分为二期（图三三）。

第一组中圜底壶和壶形鼎的颈部与腹部连接处内收较明显，腹部略外鼓，区别于第二组和第三组中颈部比较直，腹部比较圆鼓的特征，可以把第一组作为莪沟北岗第一期，第二组和第三组作为莪沟北岗第二期。

第一期：以M15、M13等单位为代表。

第二期：以M12、M17、M31、M40和M53等单位为代表。

第一期壶形鼎的壶颈呈倒八字形，壶颈较长；陶罐卷沿，器身瘦高。整体特征同于裴李岗墓地第一期。其中，Ⅰ式壶形鼎M13∶1（图三四，1）与裴李岗墓地第一期BⅠ式壶形鼎M100∶10（图三四，4）形态相似，因此推断，莪沟北岗墓地第一期年代与裴李岗墓地第一期应大致相当。

第二期陶壶壶颈近竖直；陶罐卷沿较甚，器身较矮。整体特征同于裴李岗墓地第二期。其中，壶M6∶2（图三四，2）与裴李岗墓地第二期壶M74∶1（图三四，5）相似，壶形鼎M53∶2（图三四，3）与裴李岗墓地第二期壶形鼎M33（图三四，6）相似。因此推断，莪沟北岗墓地第二期年代与裴李岗墓地第二期应大致相当。

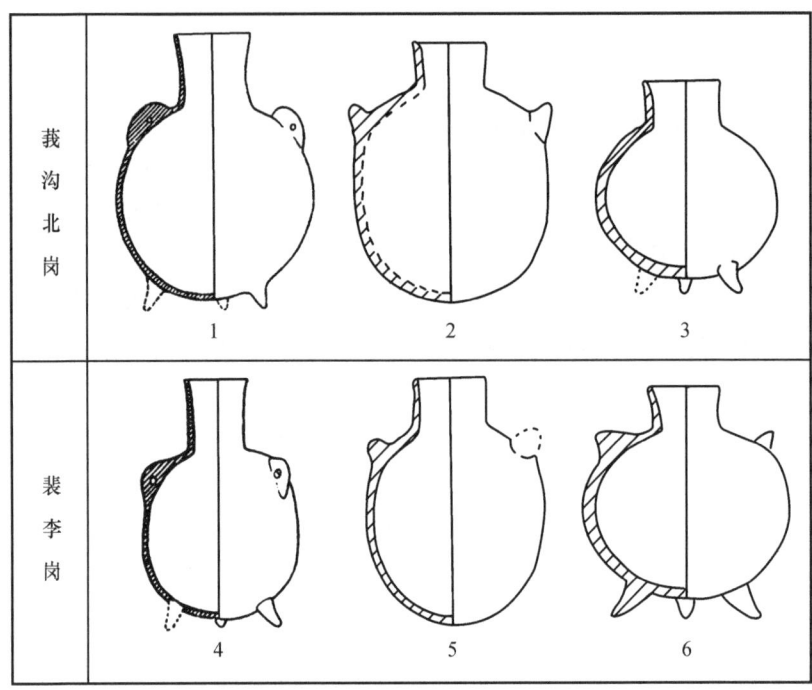

图三四　莪沟北岗墓地与裴李岗墓地陶器对比
1. M13∶1　2. M6∶2　3. M53∶2　4. M100∶10　5. M74∶1　6. M33
（1—3. 莪沟北岗　4—6. 裴李岗）

五、小　结

上面分析了各个墓地的分期，通过观察他们之间的联系，并与贾湖墓地和裴李岗墓地的遗存进行串联，将整个裴李岗文化的墓地分为三期（图三五、图三六；表六）。

表六　裴李岗文化墓地分期对应表

	裴李岗文化一期	裴李岗文化二期	裴李岗文化三期
舞阳贾湖	一期	二期	三期
新郑裴李岗	一期	二期	三期
新郑沙窝李	一期	二期	三期
长葛石固	一期	二期	三期
郏县水泉	一期	二期	三期
密县莪沟北岗	一期	二期	

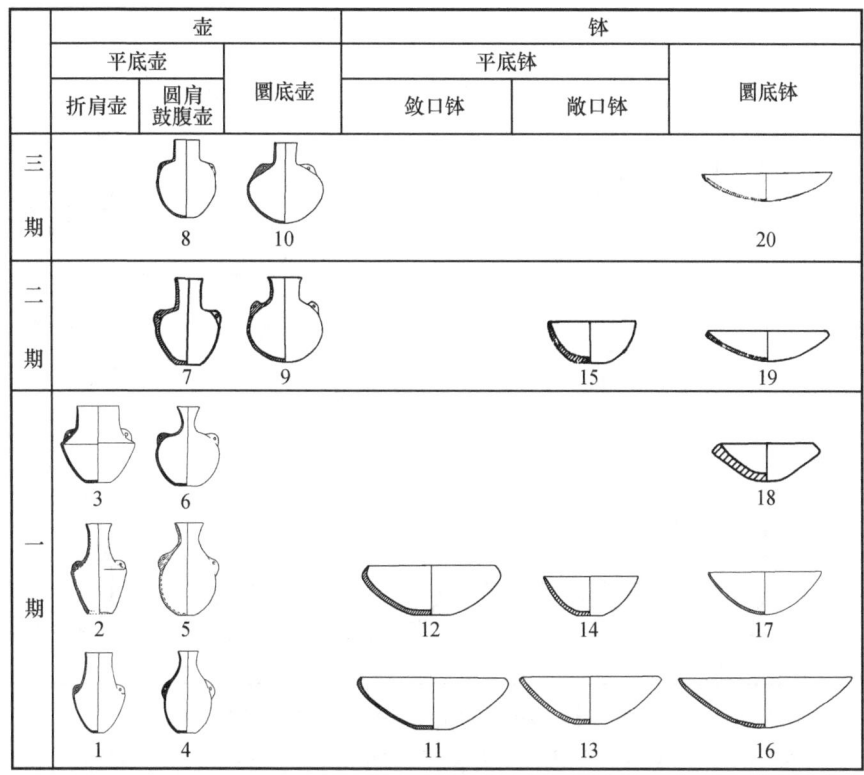

图三五　裴李岗文化墓地陶壶和陶钵分期

1. 贾M396∶1　2. 石M23∶1　3. 贾M369∶1　4. 贾M273∶1　5. 石M37∶1　6. 贾M253∶1
7. 水M14∶1　8. 裴M98∶1　9. 裴M83∶1　10. 沙M30∶1　11. 贾M377∶10　12. 贾M277∶3
13. 贾M263∶4　14. 贾M410∶2　15. 裴M36∶2　16. 贾M220∶2　17. 贾M71∶1
18. 贾M342∶3　19. 裴M42∶4　20. 裴M17
（贾，贾湖；石，石固；裴，裴李岗；水，水泉；沙，沙窝李）

在裴李岗文化的这几处墓地中，除了莪沟北岗遗址暂未发现裴李岗文化第三期遗存，其余几处墓地都发现有裴李岗文化第一期至第三期时的遗存，每期遗存特点较为鲜明。

就目前发现的情况看，第一期时，陶器的组合主要为平底壶，具体可分为折肩壶、圆肩鼓腹壶、圆肩斜直腹壶等，另有钵、罐、钵形鼎、壶形鼎和盆形鼎等。壶颈部较长呈倒八字形；钵腹较深；罐口沿为大卷沿；鼎腹部较深。

第二期时，平底壶中折肩壶已不见，出现有圈底壶，整体器形变矮。壶颈变短接近竖直；钵腹变浅；罐口沿卷沿较甚；鼎腹变浅，鼎足微外撇。

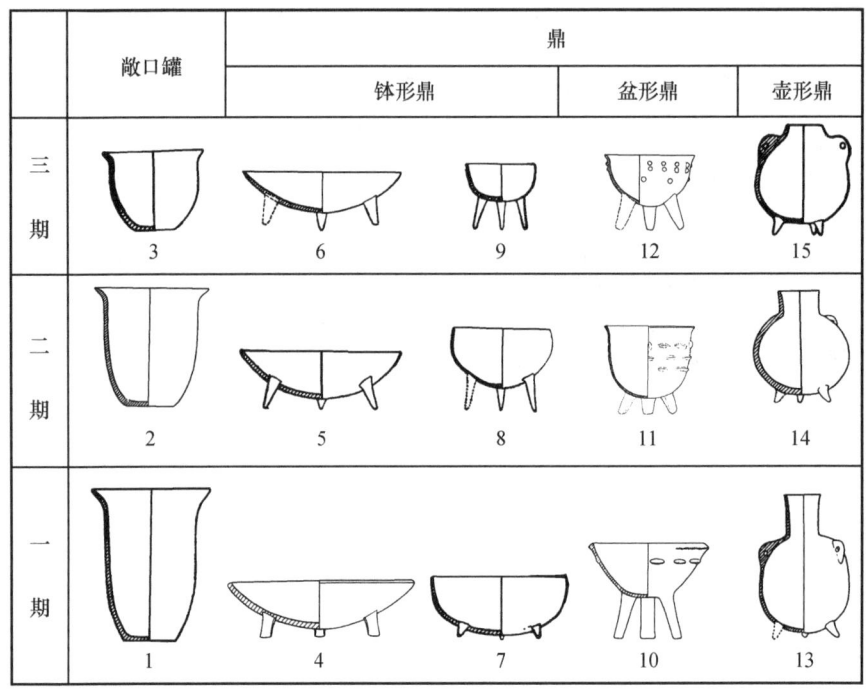

图三六　裴李岗文化墓地陶罐和陶鼎分期

1．水M13：5　2．莪M12：4　3．水M99：5　4．贾M387：2　5．水M20：2　6．裴M92：1
7．水M24：2　8．裴M72：4　9．水M9：4　10．贾M396：1　11．裴M5：4　12．裴M56：2
13．裴M100：10　14．莪M53：2　15．水M98：3
（贾，贾湖；裴，裴李岗；水，水泉；莪，莪沟北岗）

第三期时，整体器形矮胖。壶颈变短基本竖直；罐卷沿至近平状；鼎腹变浅，足跟外撇更甚，钵形鼎和盆形鼎的足跟还有变高趋势。

第二节　居址的分期

居址中出土遗物比较丰富的遗址还有新郑唐户、长葛石固、郏县水泉、密县莪沟北岗、巩义瓦窑嘴等，另外在汝州中山寨、登封王城岗和密县马良沟等遗址中也发现有裴李岗文化的遗物，本节分别对各居址中的裴李岗文化遗存进行分期分析。

一、新郑唐户

唐户遗址位于河南省新郑市观音寺镇唐户村西部和南部，东北距新郑市区约13.5千米，北距观音寺镇约1.5千米。唐户遗址经全面钻探，面积为140万平方米，调查并确认了裴李岗文化面积30万平方米。经过2006—2008年的发掘，发掘面积近1万平方米，共揭露裴李岗文化遗存面积8000平方米。发现裴李岗文化时期房址65个，灰坑或窖穴206个，墓葬2座，灰沟5条。文化堆积较厚，一般在0.8—1.8米，最厚处达3米左右[①]。

裴李岗文化遗存的陶器器类主要有壶、罐、钵和鼎，另有少量的碗和盆等。陶器分类排序如下。

1. 壶

多残存口沿，根据颈部和肩部的变化可分为四型。

A型　颈较长。标本ⅢT1013⑨E：13（图三七，1；06图一八，16）与贾湖墓地裴李岗文化第二期BⅢ式圆肩斜直腹壶M47：1（图三七，5）相似。

B型　颈比A型短。标本F21：6（图三七，2；07图二二，5）、H72：8（07图二三，3）、H80：1（07图二二，21）、ⅢT1113⑨H：4（06图一八，13）、ⅢT1112⑥A：3（06图一八，14）、ⅢT1112⑥A：6（06图一八，12），与沙窝李墓地第一期Ⅱ式平底壶M29：2（图三七，6）相似。

C型　颈比B型短。标本F61：3（图三七，3；07图二三，6）与贾湖墓地裴李岗文化第一期CⅢ式圆肩鼓腹壶M486：2（图三七，7）相似。

D型　颈与肩相连处内收明显。标本ⅢT1013⑨A：8（图三七，4；06图一八，19）与石固墓地第二期圈足壶M86：1（图三七，8）相似。

2. 罐

本书中依据器物外形暂将腹部下残破的罐形鼎归入到罐类器物中。根据口沿的情况可分为折沿罐和卷沿罐二型。

A型　折沿罐，折沿较大。根据腹部的变化可分为三式。

[①]　中国社会科学院考古研究所河南一队：《河南新郑唐户新石器时代遗址试掘简报》，《考古》1984年第3期；河南省文物管理局南水北调文物保护办公室、郑州市文物考古研究院：《河南新郑市唐户遗址裴李岗文化遗存发掘简报》，《考古》2008年第5期，下文本部分中在本次发掘器物标本图号前加06；张松林、信应君、胡亚毅：《新郑唐户遗址发现裴李岗文化大面积居址》，《中国文物报》2007年7月13日第005版；郑州市文物考古研究院、河南省文物管理局南水北调文物保护办公室：《河南新郑市唐户遗址裴李岗文化遗存2007年发掘简报》，《考古》2010年第5期，下文本部分中在本次发掘器物标本图号前加07。

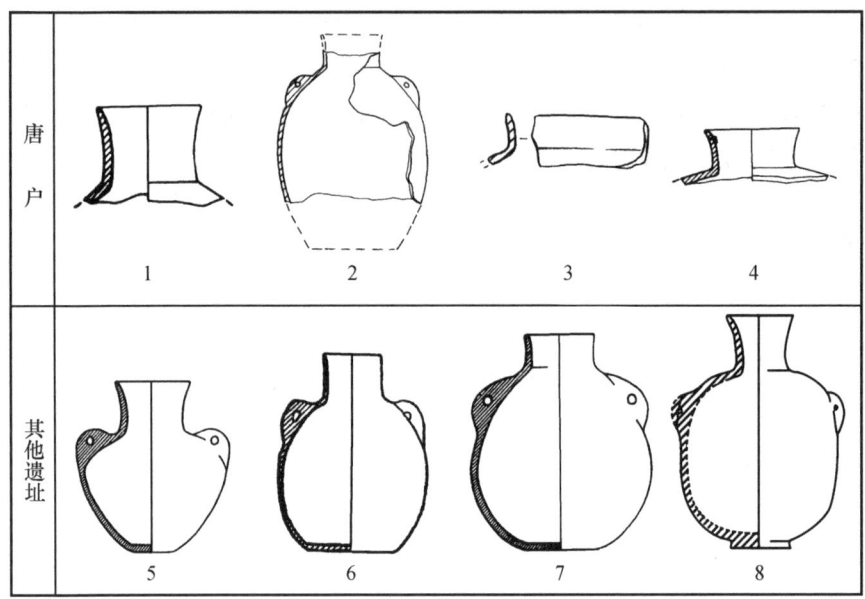

图三七 唐户遗址中的陶壶
1. 唐Ⅲ T1013⑨E：13 2. 唐 F21：6 3. 唐 F61：3 4. 唐Ⅲ T1013⑨A：8 5. 贾 M47：1
6. 沙 M29：2 7. 贾 M486：2 8. 石 M86：1
（唐，唐户；贾，贾湖；沙，沙窝李；石，石固）

Ⅰ式：口沿内折角较大。标本 F3：10（图三八，1；06 图一七，1）、Ⅳ T0106④：4（07 图二三，19）、Ⅲ T1013⑨A：26（06 图一七，15）。

Ⅱ式：口沿内折角减小。标本Ⅲ T1013⑨A：15（图三八，2；07 图一八，20）。

Ⅲ式：口沿内折更加明显。标本 F21：7（图三八，3；07 图二二，6）。

A 型罐的演变趋势为：内折角逐渐明显。

B 型 卷沿罐。根据腹部的变化可分为二式。

Ⅰ式：口沿内折角较大。标本 H113：1（图三八，4；07 图二一，1）、Ⅲ T1113⑨H：3（06 图一七，16）、Ⅲ T1113⑨H：12（06 图一八，24）、Ⅲ T1013⑨A：15（06 图一八，20）。

Ⅱ式：口沿内折角较小。标本 F21：14（图三八，5；07 图二二，2）。

B 型罐的演变趋势为：内折角逐渐明显。

3. 钵

根据底部形态可分为平底钵和圜底钵二类。

平底钵 根据口沿不同可分为敞口钵和敛口钵二型。

A型　敞口钵。根据腹部的变化可分为二式。

Ⅰ式：腹微弧。标本ⅢT1013⑨A：2（图三八，6；06图一八，27）。

Ⅱ式：弧腹。标本H26：13（图三八，7；06图一八，8）、H198：1（07图二二，15）、H80：5（07图二三，7）。

A型平底钵的演变趋势为：腹部外弧逐渐明显。

B型　敛口钵。根据腹部和口沿的变化可分为二式。

Ⅰ式：腹微弧，口沿微内敛。标本ⅢT1113⑨A：42（图三八，8；06图一七，6）。

Ⅱ式：弧腹，口沿内敛明显。标本F55：4（图三八，9；07图二三，16）。

B型平底钵的演变趋势为：腹部外弧逐渐明显，口沿内敛逐渐明显。

圜底钵　根据腹部的变化可分为二式。

Ⅰ式：腹微弧，腹较深。标本H104：2（图三八，10；07图二二，19）。

Ⅱ式：弧腹较浅。标本F34：6（图三八，11；07图二三，4）。

圜底钵的演变趋势为：腹部外弧逐渐明显，腹部逐渐变浅。

4. 鼎

主要为钵形鼎，敞口弧腹，根据腹部和足部的变化可分为三式。

Ⅰ式：深腹微弧，足跟竖直。标本ⅢT1112⑥A：1（图三八，12；06图一七，13）。

Ⅱ式：弧腹变浅，足跟微外撇。标本ⅢT1113⑧A：1（图三八，13；06图一七，2）。

Ⅲ式：弧腹，足跟外撇。标本F21：9（图三八，14；07图二一，17）。

钵形鼎的演变趋势为：腹部外弧逐渐明显，腹部逐渐变浅，足跟由较竖直逐渐外撇较甚。

根据诸典型器物排序所得的早晚关系及诸单位的组合关系，我们可以把唐户居址中的裴李岗文化遗存分为三组。

第一组：AⅠ、BⅠ式罐，Ⅰ式钵形鼎。

第二组：AⅡ、BⅡ式罐，AⅠ、BⅠ式平底钵，Ⅰ式圜底钵，Ⅱ式钵形鼎，B、C型壶。

第三组：AⅢ式罐，AⅡ、BⅡ式平底钵，Ⅱ式圜底钵，Ⅲ式钵形鼎。

根据器物的演变趋势和遗物的共存关系以及唐户遗址与贾湖居址中的器物关联，可把唐户居址分为二期（图三八）。

第一组中只有AⅠ、BⅠ式罐和Ⅰ式钵形鼎，器类组合较简单，可作

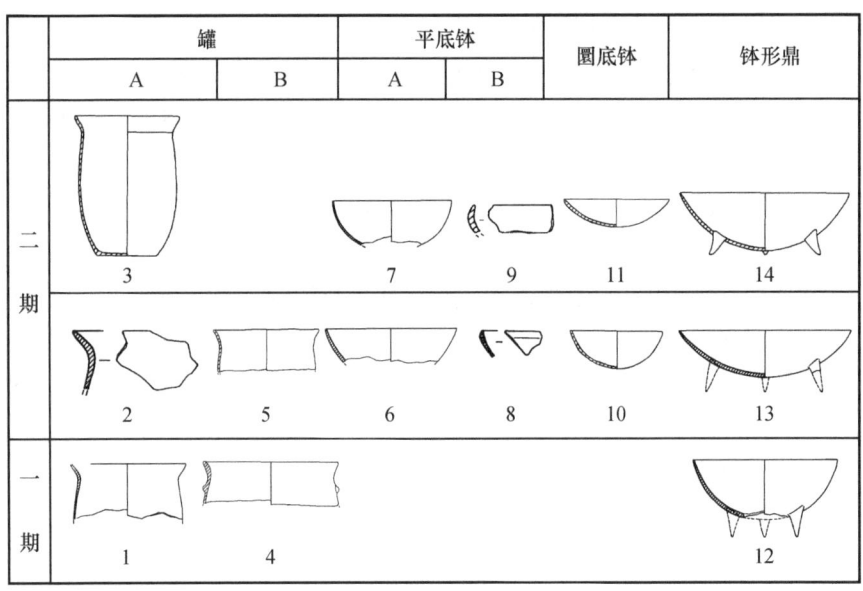

图三八　唐户居址陶器分期

1. F3：10　2. ⅢT1113⑨A：15　3. F21：7　4. H113：1　5. F21：14　6. ⅢT1013⑨A：2
7. H26：13　8. ⅢT1113⑨A：42　9. F55：4　10. H104：2　11. F34：6　12. ⅢT1112⑥A：1
13. ⅢT1113⑧A：1　14. F21：9

为唐户第一期。

第二组和第三组遗存面貌延续性较强，器类组合较为相似，可作为唐户第二期。

第一期：以F3、H113和ⅢT1112⑥A等为典型单位。

第二期：以ⅢT1013⑨A、ⅢT1113⑧A、ⅢT1113⑨A、F21、H26、F34、F55和H104等为典型单位。

第一期中Ⅰ式钵形鼎ⅢT1112⑥A：1（图三九，1）与贾湖居址裴李岗文化第一期中BⅠ式钵形鼎H64：1（图三九，4）形态相似。因此，唐户居址第一期年代与贾湖居址裴李岗文化第一期年代应大致相当。

第二期中Ⅲ式钵形鼎F21：9（图三九，2）、AⅡ式平底钵ⅢT1013⑨A：2（图三九，3）分别与贾湖居址中第二期中BⅢ式钵形鼎H113：8（图三九，5）和CaⅡ式平底敞口钵H28：57（图三九，6）形态相似。因此，唐户居址第二期年代与贾湖居址裴李岗文化第二期年代亦应大致相当。

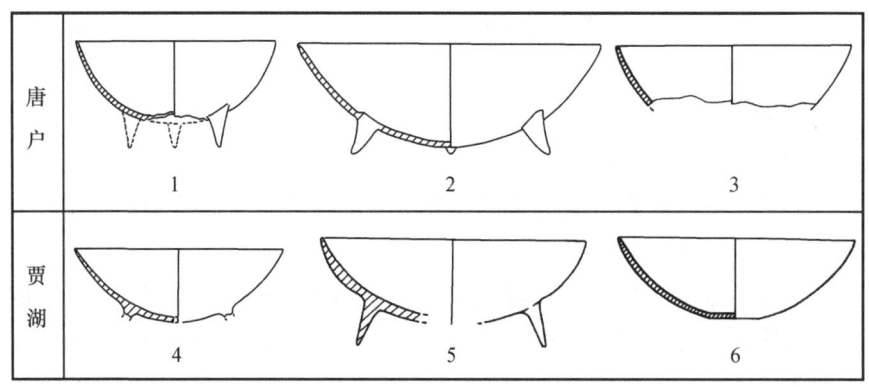

图三九　唐户居址与贾湖居址陶器对比
1. Ⅲ112⑥A∶1　2. F21∶9　3. ⅢT1013⑨A∶2　4. H64∶1　5. H113∶8　6. H28∶57
（1—3.唐户遗址　4—6.贾湖遗址）

二、长葛石固

石固遗址中A区发现裴李岗文化时期房基3座，灰坑189座。A区文化层较厚，在T41、T43、T44、T46、T49、T55、T62、T63、T64、T65等10个探方250平方米范围内，发现裴李岗文化灰坑56个（平均每4.8平方米就有一个），房基3座[①]。

石固居址中的叠压打破关系有：

T52：F7→M65；

T24：H101→H130；

T45：H175→H171；

T53：H203→H210；

T44：H172→H179；

T27：H107→M25。

结合石固遗址中的层位关系及器物的演变规律，对石固遗址中的陶器分析如下。

1. 壶

根据壶底形态的不同可分成二型：平底型和圈足型。

A型　平底壶。根据腹部和肩部形态的不同变化情况又可分成三亚型。

---

① 河南省文物研究所：《长葛石固遗址发掘报告》，《华夏考古》1987年第1期，本部分中的"报告"指此报告。

Aa型　折肩壶。代表性的标本H125∶6（图四〇，1），折肩，平底。跟贾湖墓地裴李岗文化第一期中AⅢ折肩壶M369∶1（图四〇，4）形态较为接近。

Ab型　圆肩斜直腹壶。圆肩，斜直腹。标本T38②∶1（图四〇，2），跟贾湖墓地裴李岗文化第二期中BⅢ圆肩斜直腹壶M47∶1（图四〇，5）形体较为接近。

Ac型　圆肩鼓腹壶。圆肩，鼓腹。标本H108∶1（图四〇，3），跟贾湖墓地裴李岗文化第一期中CⅢ式圆肩鼓腹壶M486∶2（图四〇，6）形态较为接近。

B型　圈足壶。标本79B采集∶5，圈足，颈部微外弧。

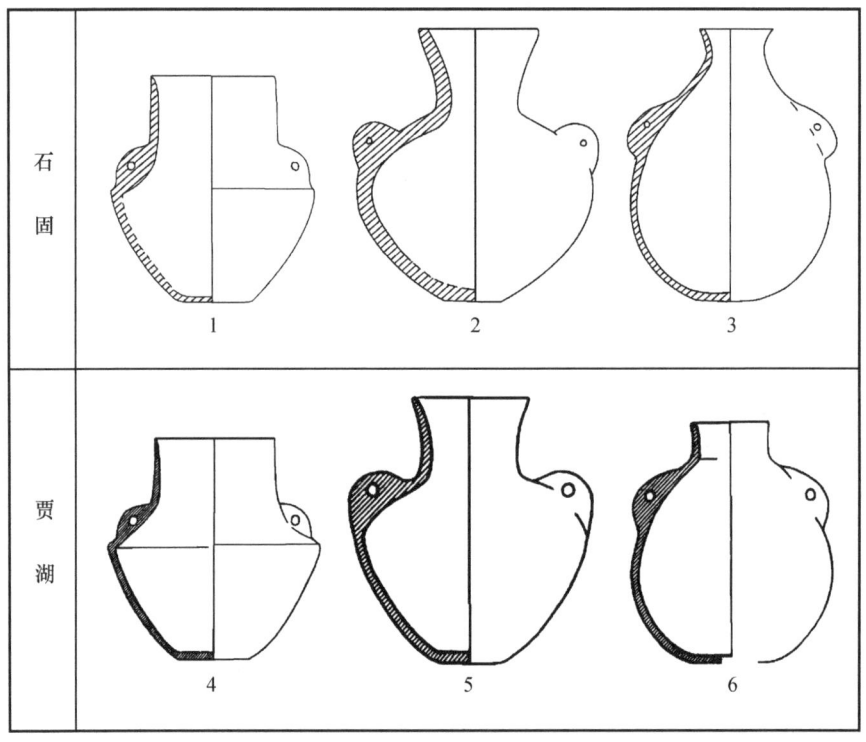

图四〇　石固居址与贾湖遗址陶壶对比
1. H125∶6　2. T38②∶1　3. H108∶1　4. M369∶1　5. M47∶1　6. M486∶2
（1—3.石固遗址　4—6.贾湖遗址）

2. 罐

根据口沿和纹饰的不同，可分为敛口篦纹罐、卷沿素面罐和直口圆唇罐三型。

A型　敛口篦纹罐。根据唇沿和器形的变化可分为三式。

Ⅰ式：口敛较甚。标本H90∶1（图四一，1；报告图一八，3），口沿下压印一周坑点，器身饰之字形篦纹。

Ⅱ式：敛口。标本H147∶3（图四一，2；报告图一一，2），口沿外有斜行锥刺纹一周，器表压印竖行坑点纹。

Ⅲ式：敛口近直。标本H238∶3（图四一，3；报告图二八，10），沿外有一周压印坑点纹，器身饰竖行细密绳纹。H259∶7（报告图四五，8），口沿外和上腹部饰曲折篦纹，下腹部饰竖行篦纹，纹饰较深。

A型罐的演变趋势为：口由较敛到近直。

B型　卷沿素面罐。根据口沿和腹部等的变化可分为二式。

Ⅰ式：大卷沿，器身瘦高。标本H167∶1（图四一，4；报告图一〇，4）。

Ⅱ式：卷沿较甚，器身变矮。标本H90∶4（图四一，5；报告图一八，5）。

B型罐的演变趋势为：卷沿逐渐明显，器身逐渐变矮。

C型　直口圆唇罐。根据器身的变化可分为二式。

Ⅰ式：下腹斜直，深腹。标本T9②∶1（图四一，6；报告图四四，1）。

Ⅱ式：下腹斜直，器身变浅。标本T24②∶1（图四一，7；报告图四五，5）。

C型罐的演变趋势为：器身逐渐变浅。

3. 钵

根据底部可分为圜底钵和平底钵二类。

圜底钵　发表标本数量较少。一件为敞口，标本H143∶6（报告图二八，2）。一件为敛口，标本H259∶6（报告图四二，14）。

平底钵　根据口沿形态可分为敞口钵和敛口钵二型。

A型　敞口钵。根据腹部的变化可分为二式。

Ⅰ式：腹部略竖直。标本H146∶2（图四一，8；报告图一一，4）。

Ⅱ式：腹部外弧。标本H222∶1（图四一，9；报告图四二，10）。

A型平底钵的演变趋势为：腹部逐渐外弧。

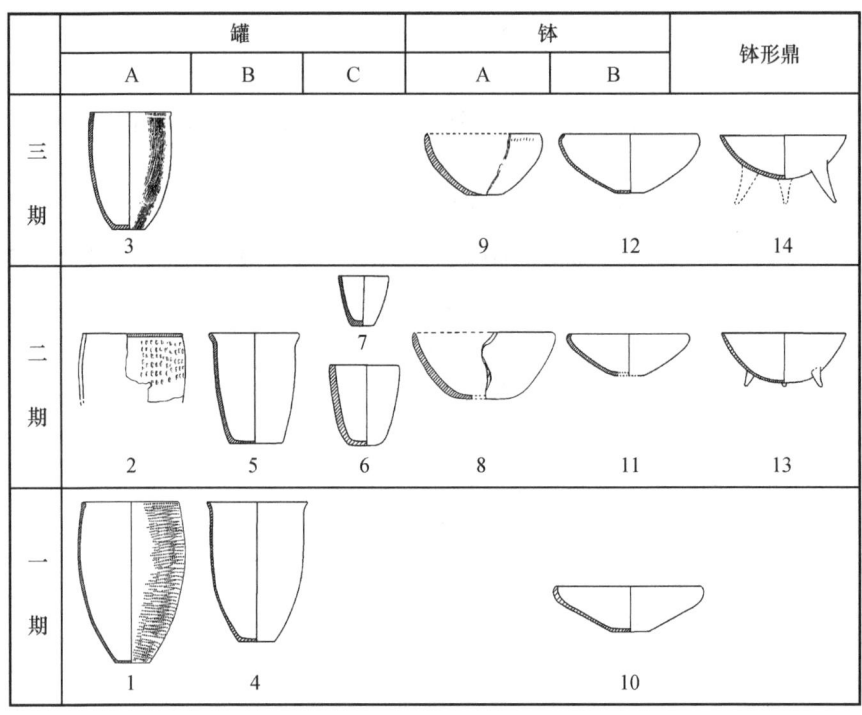

图四一　石固居址陶器分期

1. H90∶1　2. H147∶3　3. H238∶3　4. H167∶1　5. H90∶4　6. T9②∶1　7. T24②∶1
8. H146∶2　9. H222∶1　10. H143∶2　11. H45∶2　12. H101∶1　13. BT5②∶1　14. H229∶5

B型　敛口钵。根据腹部的变化可分为三式。

Ⅰ式：腹部反弧内收。标本H143∶2（图四一，10；报告图二八，6）。

Ⅱ式：腹部近斜直。标本H45∶2（图四一，11；报告图四二，4）。

Ⅲ式：腹部外弧。标本H101∶1（图四一，12；报告图四二，3）。

B型平底钵的演变趋势为：腹部由反弧内收逐渐外弧。

4. 鼎

根据上部形态的不同可分为钵形鼎、盆形鼎和壶形鼎三类。

钵形鼎　圆唇敞口，根据足跟和腹部的变化可分为二式。

Ⅰ式：足跟微外撇，腹部较深。标本BT5②∶1（图四一，13；报告图二八，7）。

Ⅱ式：足跟外撇较甚，腹部较浅。标本H229∶5（图四一，14；报告图四二，12）。

钵形鼎的演变趋势为：足跟外撇渐甚，腹部逐渐变浅。

盆形鼎　标本H17：2（报告图四二，5），深腹圜底，三长条形扁足，下端外撇。

壶形鼎　壶均为圜底。标本T47②：1（报告图四四，10）长颈鼓腹，下有三足外撇，与裴李岗墓地BⅠ式壶形鼎M100：10（图二二，6）相似。标本H45：7（报告图四四，3）为圆唇侈口，粗长颈微束，深鼓腹，下有三矮足向内撮合。

5. 碗

可分为圈足碗和假圈足碗二类。

圈足碗　标本T10②：1（报告图四二，17），大敞口，圈足足跟外撇。H64：3（报告图四二，6），敞口弧腹，圈足足跟较直略内收。

假圈足碗　标本78采集：16、T57③：3（报告图二九，10）。

根据诸典型器物排序所得的早晚关系及诸单位的组合关系，我们可以把石固居址中的裴李岗文化遗存分为三组。

第一组：Aa、Ac型壶，AⅠ、BⅠ式罐，BⅠ式钵。

第二组：Ab、B型壶，AⅡ、BⅡ、CⅠ、CⅡ式罐，AⅠ、BⅡ式钵，Ⅰ式钵形鼎。

第三组：AⅢ式罐，AⅡ、BⅢ式钵，Ⅱ式钵形鼎。

根据器物间的演变趋势，参考贾湖遗址中的陶器演变规律，可以认为以上三组组合关系反映出的每类陶器各自的演变规律以及相互的共存关系，代表了前后相接的三个不同时间段，即三期（图四一）。

第一期以H143、H167等单位为代表。器身较瘦长，敛口罐敛口较甚，卷沿罐卷沿内折角较大、钵下腹部内凹。整体特征与贾湖居址裴李岗文化第一期相同。其中AⅠ式罐H90：1（图四二，1）与贾湖居址裴李岗文化第一期中Ⅰ式敛口罐H35：6（图四二，6）形态相似。BⅠ式罐H167：1（图四二，2）与贾湖居址裴李岗文化第一期中BⅠ式卷沿罐H133：1（图四二，7）形态相似。因此推断，石固居址第一期年代和贾湖居址裴李岗文化第一期大致相当。

第二期以H45、H146、H147、T9②、BT5②等单位为代表。器身变矮，敛口罐敛口程度较第一期时减轻，卷沿罐内折角减小，钵腹斜直，钵形鼎鼎足微外撇。整体特征与贾湖居址裴李岗文化第二期相同。其中AⅡ式罐H147：3（图四二，3）与贾湖居址裴李岗文化第二期中Ⅱ式敛口罐T114③B：23（图四二，8）形态相似。Ⅰ式钵形鼎BT5②：1（图四二，4）形态与贾湖居址裴李岗文化第二期中BⅢ式钵形鼎H113：8（图四二，

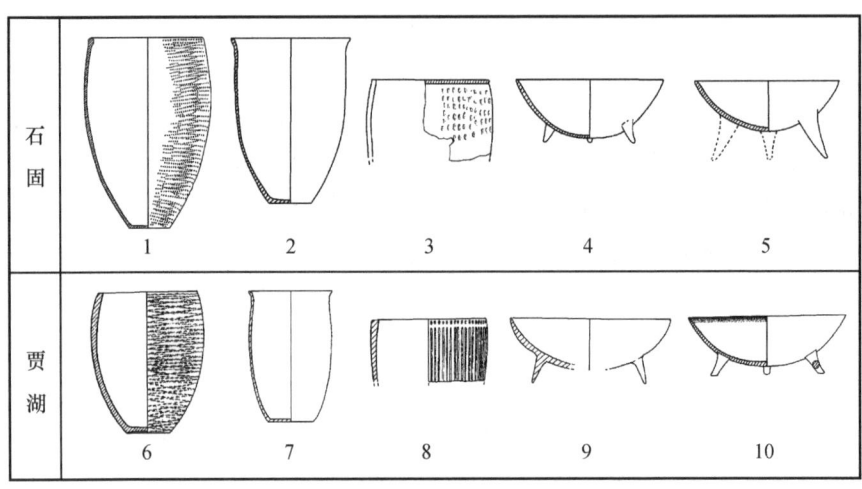

图四二　石固居址与贾湖居址陶器对比

1. H90：1　2. H167：1　3. H147：3　4. BT5②：1　5. H229：5　6. H35：6　7. H133：1
8. T114③B：23　9. H113：8　10. T103③：19

（1—5.石固遗址　6—10.贾湖遗址）

9）形态相似。因此推断，石固居址第二期年代和贾湖居址裴李岗文化第二期大致相当。

第三期以H101、H222、H229、H238等单位为代表。器物器身较矮胖，敛口罐敛口近直，钵腹外弧，钵形鼎外撇较甚。整体特征与贾湖居址裴李岗文化第三期相同。Ⅱ式钵形鼎H229：5（图四二，5）与贾湖居址裴李岗文化第三期BⅣ式钵形鼎T103③：19（图四二，10）形态相似。因此推断，石固居址第三期年代和贾湖居址裴李岗文化第三期大致相当。

三、郏县水泉

水泉遗址揭露面积共计1980平方米，发现窖穴83座，陶窑2座，报告认为发现的窖穴从层位和出土器物的比较，绝大部分属于第三期，亦有一些在第一期[①]。

水泉居址中出土有壶、罐、钵、钵形鼎和罐形鼎等。

1. 壶

根据底部形态的不同可分为平底壶和圜底壶，双耳均为竖置。

[①] 中国社会科学院考古研究所河南一队：《河南郏县水泉裴李岗文化遗址》，《考古学报》1995年第1期。本部分中的"报告"指此报告。

平底壶　根据肩部形态的不同可分为折肩壶、圆肩鼓腹壶和圆肩斜直腹壶等。

折肩壶　根据腹部的不同可分为反弧内收壶和斜直腹壶二型。

A型　腹部反弧内收。标本H63∶3（图四三，1；报告图二七，4）。

B型　腹部斜直。标本H72∶3（图四三，2；报告图二七，9）。

圆肩斜直腹壶　标本H7∶3（图四三，3；报告图二七，7）与贾湖墓地BⅡ式圆肩斜直腹壶M54∶1（图四，5）相似，但是双耳靠肩外侧。H39∶5（报告图二七，2）与贾湖墓地AⅡ式圆肩斜直腹壶M22∶1（图四，2）相似，但底部较大。

圆肩鼓腹壶　标本H18∶4（图四三，4；报告图七，7）和H30∶1（报告图七，8）颈部较直。H62∶3（报告图二七，3），矮颈，球形腹，小平底。H41∶3（报告图二七，5），矮颈，深鼓腹，平底较大，双耳向上隆起。

圜底壶　数量较少，根据圜底大小和腹部形状可分为二型。

A型　大圜底方形腹。标本H18∶3（报告图七，9）。

B型　尖圜底椭圆形腹。标本H35∶2（报告图二七，1）、H6∶6（报告图七，10）。

2. 罐

根据纹饰的有无可分为篦纹罐和素面卷沿罐二型。

A型　篦纹罐，均通体饰篦点纹。根据口沿和器身的变化可分为二式。

Ⅰ式：口微侈，器身较高，腹部微鼓。标本H10∶6（图四三，5；报告图二八，3）。

Ⅱ式：口沿外侈，器身较矮，腹部外鼓。标本H7∶1（图四三，6；报告图二八，4）。

A型罐的演变趋势为：口沿外侈逐渐明显，器身逐渐变矮，腹部逐渐外鼓明显。

B型　素面卷沿罐。根据口沿和腹部等的变化可分为三式。

Ⅰ式：口沿外折角较大，器身瘦高，腹部较斜直。标本H32∶1（图四三，7；报告图二六，11）。

Ⅱ式：口沿外折角减小，器身变矮，腹部微外鼓。标本H18∶2（图四三，8；报告图七，4）。

Ⅲ式：口沿外折角较小，器身较矮，腹部外鼓。标本H41∶6（图四三，9；报告图二六，10）。

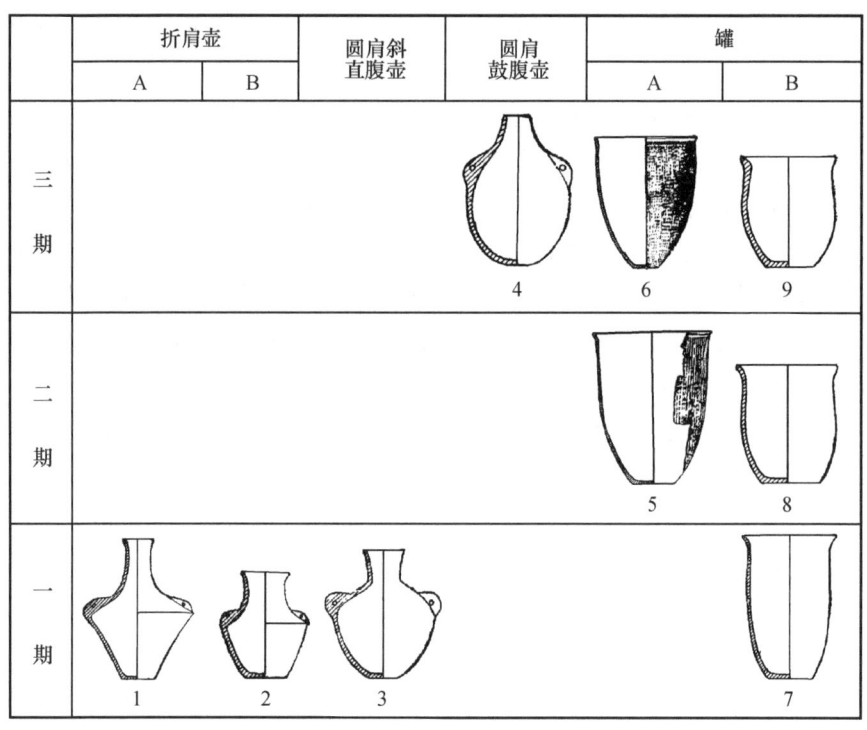

图四三　水泉居址陶器分期（一）
1. H63：3　2. H72：3　3. H7：3　4. H18：4　5. H10：6　6. H7：1　7. H32：1
8. H18：2　9. H41：6

B型罐的演变趋势为：口沿外折角逐渐减小，器身逐渐变矮，腹部逐渐外鼓明显。

3. 钵

根据底部形态可分为圜底钵和平底钵二类。

圜底钵　数量较少，为敞口弧腹，根据腹部的变化可分为二式。

Ⅰ式：腹部斜直。标本H10：4（图四四，1；报告图二六，18）。

Ⅱ式：腹部微外弧。标本H18：5（图四四，2；报告图七，3）、H72：1（报告图二六，17）。

圜底钵的演变趋势为：腹部由斜直逐渐外弧。

平底钵　根据口沿的形态可分为敞口平底钵和敛口平底钵二型。

A型　敞口，弧腹。根据腹部的变化可分为二式。

Ⅰ式：深腹，腹部斜直。标本H60：2（图四四，3；报告图七，5）。

Ⅱ式：腹部较Ⅰ式浅，腹部微外弧。标本H14：4（图四四，4；报告图一九，3）。

A型平底钵的演变趋势为：腹部渐浅，外弧逐渐明显。

B型　敛口。根据腹部的变化可分为三式。

Ⅰ式：腹部反弧内收。标本H47：4（图四四，5；报告图二六，6）。

Ⅱ式：腹部斜直。标本H58：1（图四四，6；报告图二六，5）。

Ⅲ式：腹部微外鼓。标本H3：1（图四四，7；报告图二六，8）。

B型平底钵的演变趋势为：口渐敛较甚，腹部由反弧内收逐渐外鼓。

4. 鼎

主要为钵形鼎，另有少量罐形鼎。

钵形鼎　均为圜底，足部为锥状足，根据腹部和足跟的变化可分为三式。

Ⅰ式：腹部较深，足跟较竖直。标本H30：2（图四四，8；报告图七，1）。

Ⅱ式：足跟略外撇。标本H41：5（图四四，9；报告图二六，19）。

Ⅲ式：腹部较浅，足跟外撇。标本H22：5（图四四，10；报告图七，2）。

钵形鼎的演变趋势为：腹部由深到浅，足跟渐外撇。

罐形鼎　发表标本数量较少。标本H35：1（报告图二六，16）和H49：1（报告图二六，15），两件均为大口深腹矮足鼎，腹两侧均有对称的小纽。

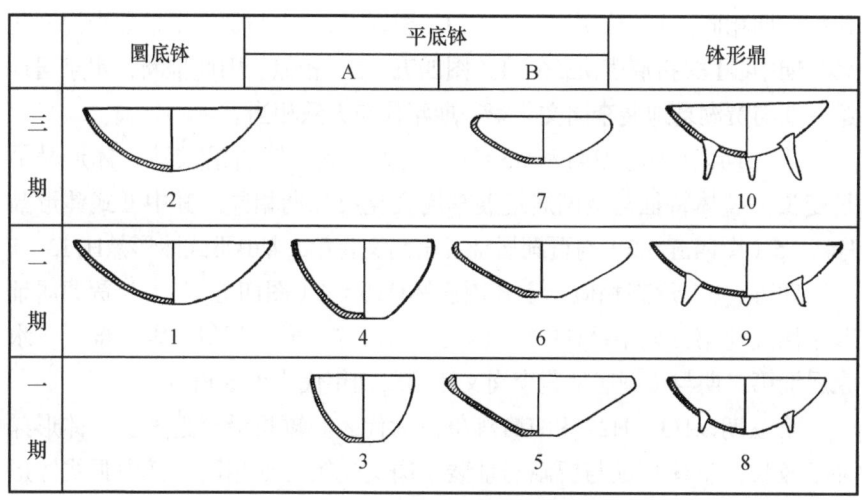

图四四　水泉居址陶器分期（二）

1. H10：4　2. H18：5　3. H60：2　4. H14：4　5. H47：4　6. H58：1　7. H3：1　8. H30：2　9. H41：5　10. H22：5

5. 盆

发表标本数量较少。标本H54：1（报告图二八，2）和H16：6（报告图二八，1）形态相似，均为敛口斜直腹平底，H54：1腹部较深，形态与贾湖居址裴李岗文化第一期Ⅱ式敛口盆T109③B：30（图七，9）形态相似。

根据诸典型器物排序所得的早晚关系及诸单位的组合关系，并参考贾湖、裴李岗等典型遗址的演变规律和分期结论，我们可以把水泉居址中的裴李岗文化遗存分为三组。

第一组：A、B型折肩壶，圆肩斜直腹壶，BⅠ式罐，AⅠ、BⅠ式平底钵，Ⅰ式钵形鼎。

第二组：AⅠ、BⅡ式罐，Ⅰ式圜底钵，AⅡ、BⅡ式平底钵，Ⅱ式钵形鼎。

第三组：圆肩鼓腹壶，AⅡ、BⅢ式罐，Ⅱ式圜底钵，BⅢ式平底钵，Ⅲ式钵形鼎。

参考贾湖墓地和裴李岗墓地的陶器演变规律，可以认为以上三组组合关系反映出的每类陶器各自的演变规律以及相互的共存关系，代表了前后相接的三个不同时间段，即三期（图四三、图四四）。

第一期以H30、H32和H47等单位为代表。器身较瘦长，壶颈与腹部连接处内收，罐微折沿、钵形鼎鼎足较矮。整体特征与贾湖居址裴李岗文化第一期相同。其中折肩壶H63：3（图四五，1）与贾湖墓地裴李岗文化第一期中CⅠ式折肩壶M326：1（图四五，5）相似。因此推断，水泉居址第一期与贾湖墓地裴李岗文化第一期年代应大致相当。

第二期以H10、H41和H58等单位为代表。罐折沿较甚，钵形鼎鼎足变长。整体特征与贾湖居址裴李岗文化第二期相同。其中Ⅱ式钵形鼎H41：5（图四五，2）与贾湖居址裴李岗文化第二期BⅢ式钵形鼎H113：8（图四五，6）形态相似；Ⅰ式圜底钵H10：4（图四五，3）与贾湖居址裴李岗文化第二期中钵H373：1（图四五，7）形态相似。因此推断，水泉居址第二期与贾湖居址裴李岗文化第二期年代应大致相当。

第三期以H3、H22和H41等单位为代表。罐折沿至近平状，钵形鼎鼎足较长。整体特征与贾湖居址裴李岗文化第三期相同。其中Ⅲ式钵形鼎H22：5（图四五，4）与裴李岗墓地第三期AⅡ式钵形鼎M92：1（图四五，8）形态相似。因此推断，水泉居址第三期与裴李岗墓地第三期年代应大致相当。

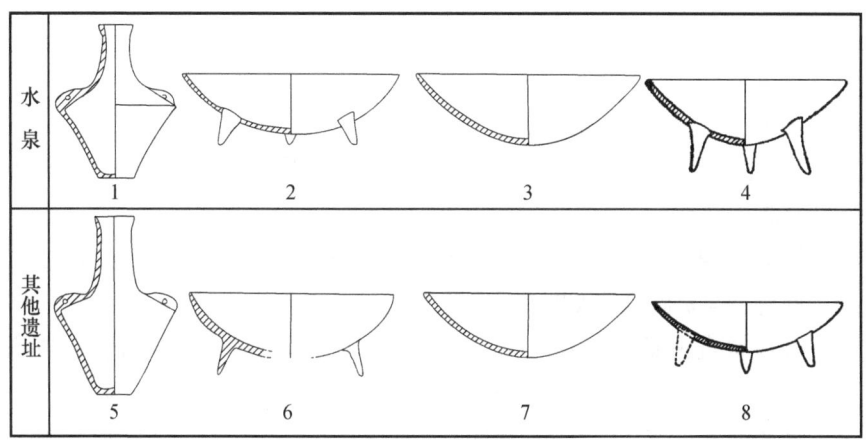

图四五　水泉遗址与其他遗址陶器对比
1. H63∶3　2. H41∶5　3. H10∶4　4. H22∶5　5. M326∶1　6. H113∶8
7. H373∶1　8. M92∶1
（1—4. 水泉遗址　5—7. 贾湖遗址　8. 裴李岗遗址）

四、新郑沙窝李

沙窝李遗址中共发掘灰坑27个，发表器物较少，见有陶壶、陶杯、石磨盘、石磨棒、石铲等[①]。

沙窝李居址中出土的器物较少，其中的陶壶（调查图三），高领小口，与沙窝李墓地一期中的Ⅰ式平底壶形态相似，因此推断，沙窝李居址与沙窝李墓地一期年代应大致相当。

五、密县莪沟北岗

莪沟北岗遗址中共发现裴李岗文化房基6座，灰坑44个[②]。裴李岗文化的陶器遗存主要有壶、罐、钵和鼎，另有少量的杯、盆、勺和器座等。陶器分类排序如下。

[①] 薛文灿：《沙窝李新石器时代遗址调查》，《中原文物》1982年第2期，本部分中的"调查"指此报告；中国社会科学院考古研究所河南一队：《河南新郑沙窝李新石器时代遗址》，《考古》1983年第12期。

[②] 河南省博物馆、密县文化馆：《河南密县莪沟北岗新石器时代遗址》，《考古学集刊》（1），中国社会科学出版社，1981年，本部分中的"报告"指此报告。

1. 壶

根据底部形态可分为平底壶和圜底两类。

平底壶　双耳均竖置。根据肩部和腹部的不同可分为圆肩鼓腹壶和圆肩斜直腹壶两类。

圆肩鼓腹壶　标本H22∶1（图四六，1；报告图一四，12），细长颈，圆肩，与贾湖墓地AⅡ式圆肩鼓腹壶M61∶1形态相似。

圆肩斜直腹壶　标本T4∶2（图四六，2；报告图一四，11），高颈圆肩，圆腹小平底，与贾湖墓地BⅢ式圆肩斜直腹壶M47∶1形态相似。

圜底壶　标本H17∶5（图四六，3；报告图一三，1），弧形长颈，圆肩，双耳竖置。标本T3∶21（报告图一四，10），器形较小，短颈无耳。

2. 罐

根据口沿和腹部的不同可分为近直口斜直腹罐、尖圆唇微鼓腹罐、侈沿筒形腹罐和小口方唇颈微束腹罐四型。

A型　近直口斜直腹罐。标本H17∶4（图四六，4；报告图一四，15）和F3∶1（报告图一四，14），腹身满饰篦点纹。

B型　尖圆唇微鼓腹罐。标本H41∶1（图四六，5；报告图一四，16），腹身满饰三角形压印纹，与石固居址AⅢ式罐H238∶3形态相似。

C型　侈沿筒形腹罐。标本H16∶2（报告图一三，3），素面。

D型　小口方唇颈微束鼓腹罐。标本H12∶3（报告图一四，20），素面。

3. 钵

根据底部的形态的不同可分为圜底钵和平底钵二型。

A型　圜底钵，敞口弧腹。标本H6∶5（报告图一四，2）和H12∶1（报告图一四，1）。

B型　平底钵。根据口沿和腹部的不同可分为三亚型。

Ba型　敞口斜直腹，标本H17∶2（报告图一四，3）。

Bb型　敞口弧腹，标本H27∶1（图四六，6；报告图一四，4）。

Bc型　敛口尖唇弧形腹，腹上部有三乳钉纹，标本F1∶6（报告图一四，5）。

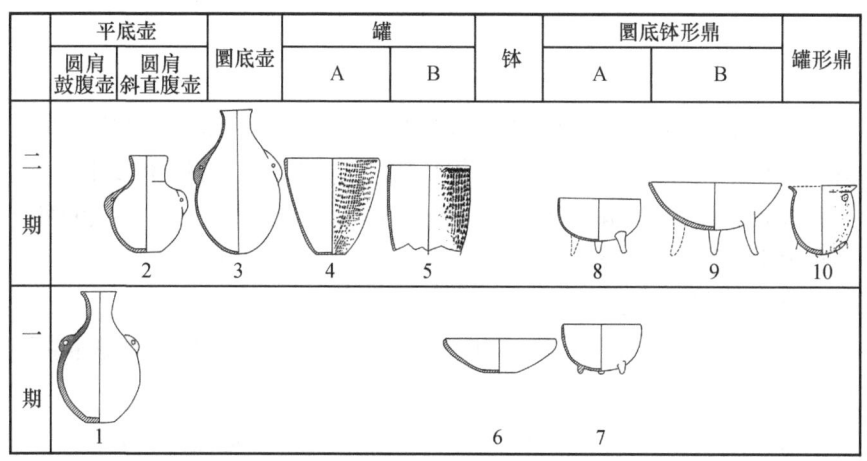

图四六 莪沟北岗遗址中的陶器
1. H22∶1 2. T4∶2 3. H17∶5 4. H17∶4 5. H41∶1 6. H27∶1 7. T13∶2 8. H42∶2
9. H34∶2 10. H34∶1

4. 鼎

根据其上部形态可分为钵形鼎和罐形鼎。

钵形鼎 根据上部钵形态的不同可分为平底钵形鼎和圜底钵形鼎二类。

平底钵形鼎 发表标本数量较少。标本H17∶1（报告图一四，6），敞口浅直腹，器形较小。

圜底钵形鼎 根据口沿的情况可分敛口钵形鼎和敞口钵形鼎二型。

A型 敛口钵形鼎，大圜底近平，腹较深。根据足部长短的变化可分为二式。

Ⅰ式：足跟较矮，标本T13∶2（图四六，7；报告图一四，7），与石固墓地BⅠ式钵形鼎M4∶2（图二七，13）形态相似。

Ⅱ式：足跟较高，标本H42∶2（图四六，8；报告图一四，9），与石固墓地BⅡ式钵形鼎M39∶5（图二七，14）形态相似。

A型圜底钵形鼎的演变趋势为：足跟渐高。

B型 敞口钵形鼎，敞口弧腹，器形较大，足较高。标本H34∶2（图四六，9；报告图一四，8）。

罐形鼎 发表1件标本，H34∶1（图四六，10；报告图一三，5），外折沿，束颈，深腹微鼓，圜底，圆柱状足已残，颈下有一乳钉纹，与贾湖居址中AⅡ式罐形鼎H104∶6（图一三，11）形态相似。

5. 盆

发表1件标本，H24∶1（报告图一四，17），夹砂红褐陶，敞口方唇，斜直腹平底，腹部斜直程度比贾湖居址敞口盆的素面盆的斜直程度小。

根据诸典型器物排序所得的早晚关系及诸单位的组合关系，我们可以把莪沟北岗居址中的裴李岗文化遗存分为两组：

第一组：圆肩鼓腹壶、钵、AⅠ式圜底钵形鼎。

第二组：圆肩斜直腹壶，圜底壶，A、B型罐，AⅡ式、B型圜底钵形鼎，罐形鼎。

第一组与第二组面貌差异较大，可以认为这两组组合关系反映出的每类陶器的演变规律及相互共存关系，代表了前后相接的两个时间段，即两期（图四六）。

第一期：以H22和H27等为典型单位。

第二期：以H17、F3、H41、H42和H34等为典型单位。

第一期圆肩鼓腹壶H22∶1（图四七，1）与贾湖墓地裴李岗文化第一期中AⅡ式圆肩鼓腹壶M61∶1（图四七，4）形态相似。因此推断，莪沟北岗居址第一期与贾湖墓地裴李岗文化第一期年代应大致相当。

第二期圆肩斜直腹壶T4∶2（图四七，2）与贾湖墓地裴李岗文化第二期中BⅢ式圆肩斜直腹壶M47∶1（图四七，5）形态相似。B型罐H41∶1（图四七，3）与贾湖居址裴李岗文化第二期中Ⅱ式敛口罐T114③B∶23（图四七，6）形态相似。因此推断，莪沟北岗居址第二期与贾湖墓地和居址第二期年代大致相当。

六、巩义瓦窑嘴

瓦窑嘴遗址位于河南省巩义市区（孝义镇）西环路西侧，遗址东西长约500米，南北宽约350米，面积约17万平方米。1995年抢救性发掘50平方米，清理灰坑5座[①]。1995年发掘面积为975平方米，清理裴李岗文化灰坑15个和陶窑1座[②]。1996年发掘面积450平方米，共清理了9个灰坑，均打在

---

① 巩义市文物管理所：《河南巩义市瓦窑嘴新石器时代遗址试掘简报》，《考古》1996年第7期。

② 郑州市文物工作队、巩义市文物管理所：《河南巩义市瓦窑嘴新石器时代遗址的发掘》，《考古》1999年第11期。

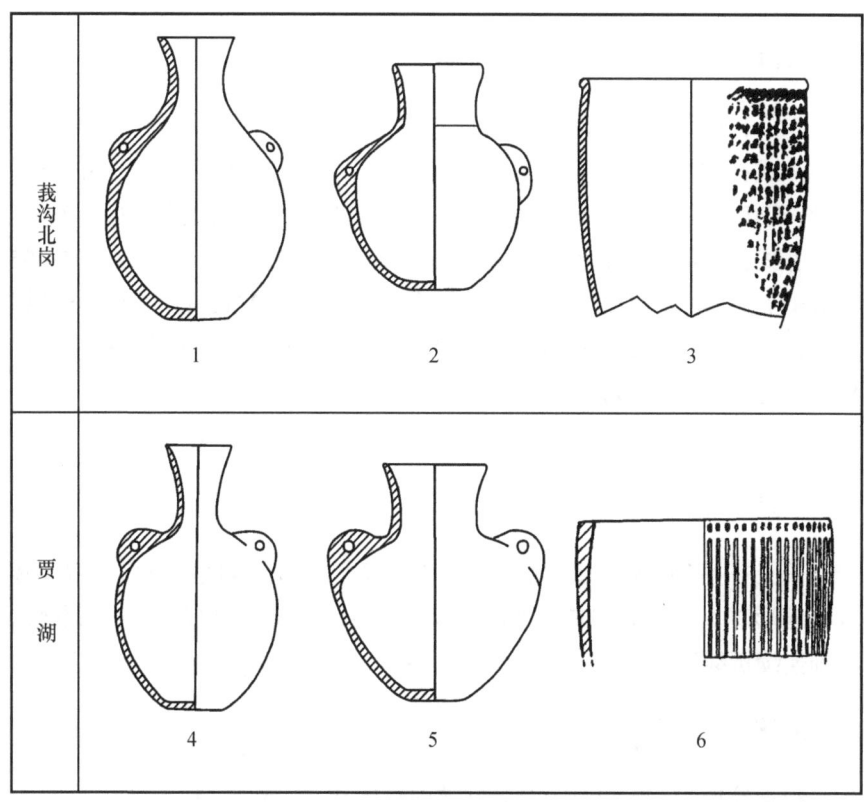

图四七　峨沟北岗居址与贾湖遗址陶器对比
1. H22：1　2. T4：2　3. H41：1　4. M61：1　5. M47：1　6. T114③B：23
（1—3.峨沟北岗遗址　4—6.贾湖遗址）

生土上，未见文化层[①]。

  报告中报道其中WT1H2和WT1H6有打破关系，但两者出土物相似，应为同一时期遗存。

  因几次发掘的探方和遗迹都是分别编号，容易混淆各单位，本书用器物编号前的95代指1995年的抢救性发掘遗存，以探方号前无其他标记的代指1995年的发掘遗存，以W代指1996年的发掘遗存。

  裴李岗文化遗存的陶器器类主要为钵碗类，另有少量的罐和壶等。陶器分类排序如下。

---

  ①　巩义市文物保护管理所：《巩义市瓦窑嘴遗址第三次发掘报告》，《中原文物》1997年第1期。

1. 罐

卷沿，根据器物腹部的变化可分为二式。

Ⅰ式：微卷沿，腹部外鼓。标本95T2H1：23（图四八，1；95试掘图四）、T4H4：2（95简报图一〇，3）、T4H5：16（95简报图一〇，9）。

Ⅱ式：卷沿较明显，腹部较竖直。标本95T2H2：42（图四八，2；95试掘图五，4）、T1H2：3（95简报图一〇，7）、95T2H2：41（95试掘图五，3）、95T2H2：40（95试掘图五，2）、T9H1：4（95简报图一〇，1）；WT1H2：10（96简报图八，3）。

罐的演变趋势为：卷沿逐渐明显，腹部由外鼓到竖直。

2. 壶

只见1件完整器，为圜底，其余均只残存口部，为喇叭形口，双耳竖置，球形腹。标本WT1H2：24（图四八，3；96简报图八，1），颈部以下饰连续折线纹。

3. 碗

根据纹饰的有无可分为刻划状放射纹碗和素面碗二型。

A型 饰刻划状放射纹碗，主要为斜直壁碗，根据腹部的变化可分为二式。

Ⅰ式：腹壁斜直，碗腹较深。标本WT4H9：8（图四八，4；简报图七，1）。

Ⅱ式：腹部微外弧，碗腹变浅。标本95T2H2：1（图四八，5；95试掘图三，1）、T4H4：21（95简报图一一，4）、T4H4：20（95简报图一一，13）。

A型碗的演变趋势为：腹壁由斜直到微外弧，碗腹逐渐变浅。

B型 素面。根据口沿和器壁的变化可分为卷沿斜弧壁碗和斜直壁碗二亚型。

Ba型 卷沿斜弧壁。根据其器体的变化可分为二式。

Ⅰ式：标本95T2H2：17（图四八，6；95试掘图三，16）。

Ⅱ式：标本T4H1：11（图四八，7；95简报图一一，3）、T1H2：15（95简报图一一，2）。

Ba型碗的演变趋势为：卷沿逐渐明显。

Bb型 斜直壁。根据器体的变化可分为二式。

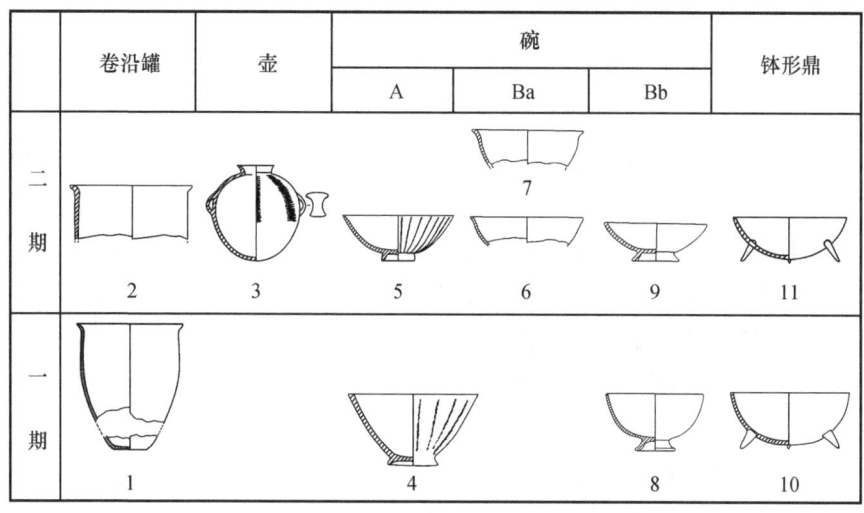

图四八　瓦窑嘴居址陶器分期（一）
1. 95T2H1∶23　2. 95T2H2∶42　3. WT1H2∶24　4. WT4H9∶8　5. 95T2H2∶1
6. 95T2H2∶17　7. T4H1∶11　8. T1H2∶5　9. WT4H5∶2　10. T2H2∶4　11. WT2H4∶11

Ⅰ式：腹壁斜直，器腹较深。标本T1H2∶5（图四八，8；95简报图一〇，11）。

Ⅱ式：腹壁微外弧，器腹较浅。标本WT4H5∶2（图四八，9；96简报图七，8）。

Bb型碗的演变趋势为：腹壁由斜直到微外弧，器腹渐浅。

4. 钵形鼎

上部的钵均为圜底近平，足跟均较外撇，根据器身的变化可分为二式。

Ⅰ式：器腹较深，器体较大。标本T2H2∶4（图四八，10；95简报图九，13）、95T1H1∶18（95试掘图五，10）、T1H2∶57（95简报图九，14）。

Ⅱ式：器腹略浅。标本WT2H4∶11（图四八，11；96简报图四，3）、WT2H4∶8（96简报图四，2）。

钵形鼎的演变趋势为：器身渐浅，器体渐小。

5. 钵

根据底部形态可分为平底钵和圜底钵二型。

A型　圜底钵，腹部较弧。标本WT4H5∶3（图四九，1；96简报图四，6）、95T2H2∶6（95试掘图三，9）、95T2H2∶16（95试掘图三，

17)、WT1H2：2（96简报图七，3）。

B型 平底钵，根据口沿和腹部的变化可分为三亚型：敞口尖唇腹饰对称乳钉纹钵、敞口尖唇钵和大口方唇钵。

Ba型 敞口尖唇腹饰对称乳钉纹钵。根据器腹和器形的变化可分为二式。

Ⅰ式：深腹微弧。标本95T2H1：1（图四九，2；95试掘图三，4）。

Ⅱ式：腹部变浅。标本WT1H1：7（图四九，3；96简报图八，4）。

Ba型钵的演变趋势为：腹部由微弧到斜直，器腹渐浅。

Bb型 敞口尖唇钵，平底，腹部较斜直，腹部与底连接处有明显转折。根据器腹的变化可分为二式。

Ⅰ式：腹部较深。标本WT2H4：13（图四九，4；96简报图七，9）。

Ⅱ式：腹部较浅。标本WT1H6：1（图四九，5；96简报图七，16）。

Bb型钵的演变趋势为：器腹渐浅。

Bc型 大口方唇钵。根据器腹的变化可分为二式。

Ⅰ式：器腹较深。标本95T1H1：4（图四九，6；95试掘图五，14）、T4H4：8（95简报图九，2）。

Ⅱ式：器腹较浅。标本T1H1：3（图四九，7；95简报图一〇，4）、95T2H2：9（95试掘图五，15）、95T2H2：11（95试掘图五，16）、95T2H2：10（95试掘图五，19）。

Bc型钵的演变趋势为：器腹渐浅。

根据诸典型器物排序所得的早晚关系及诸单位的组合关系，我们可以把瓦窑嘴居址中的裴李岗文化遗存分为二组（表七）。

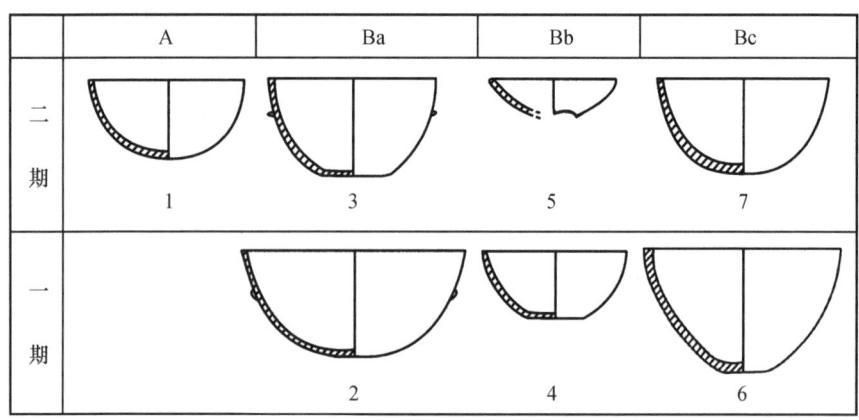

图四九 瓦窑嘴居址陶器分期（二）

1. WT4H5：3 2. 95T2H1：1 3. WT1H1：7 4. WT2H4：13 5. WT1H6：1
6. 95T1H1：4 7. T1H1：3

表七　瓦窑嘴居址裴李岗文化遗存分期型式组合表

分组	卷沿罐	壶	碗			钵形鼎	钵			
			A	Ba	Bb		A	Ba	Bb	Bc
一组	Ⅰ		Ⅰ	Ⅰ	Ⅰ	Ⅰ		Ⅰ	Ⅰ	Ⅰ
二组	Ⅱ	√	Ⅱ	Ⅰ、Ⅱ	Ⅱ	Ⅱ	√	Ⅱ	Ⅱ	Ⅱ

第一组：Ⅰ式卷沿罐，AⅠ、BbⅠ式碗，Ⅰ式钵形鼎，BaⅠ、BbⅠ、BcⅠ式钵。

第二组：Ⅱ式卷沿罐，壶，AⅡ、BaⅠ、BaⅡ、BbⅡ式碗，Ⅱ式钵形鼎，A型、BaⅡ式、BbⅡ式、BcⅡ式钵。

参考贾湖墓地和裴李岗墓地的陶器演变规律，可以认为以上二组组合关系反映出的每类陶器各自的演变规律以及相互的共存关系，代表了前后相接的不同时间段，即二期（图四八、图四九）。

第一期以95T2H1、T1H2、T2H2等为典型单位。卷沿罐微卷沿，钵形鼎和钵器腹较深，整体特征与贾湖居址裴李岗文化第二期相同。其中Ⅰ式钵形鼎T2H2∶4（图五〇，1）与贾湖居址裴李岗文化第二期中BⅢ式钵形鼎H113∶8（图五〇，3）形态相似。因此推断，瓦窑嘴居址第一期与贾湖居址裴李岗文化第二期年代应大致相当。

第二期以WT1H2、T4H1、WT4H5、WT2H4等为典型单位。卷沿罐卷沿较甚，壶呈球形腹，钵形鼎三足外撇，整体特征与贾湖居址裴李岗

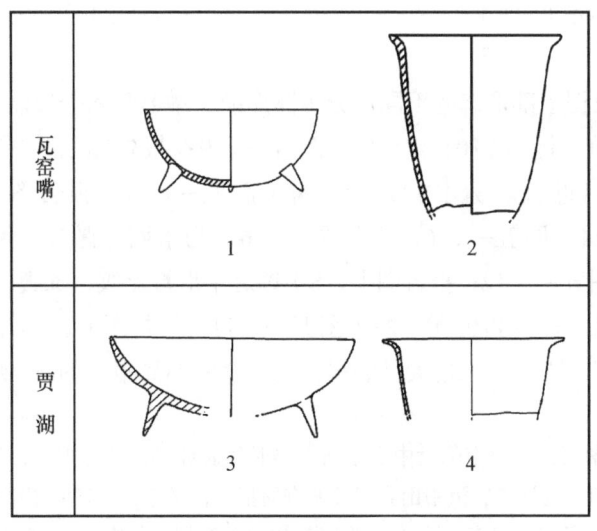

图五〇　瓦窑嘴遗址与贾湖遗址陶器对比
1. T2H2∶4　2. T1H2∶3　3. H113∶8　4. H105∶1
（1、2.瓦窑嘴　3、4.贾湖）

文化第三期相同。其中Ⅱ式卷沿罐T1H2：3（图五〇，2）与贾湖居址中AaⅤ式卷沿罐H105：1（图五〇，4）形态相似。因此推断，瓦窑嘴居址第二期与贾湖居址裴李岗文化第三期年代应大致相当。

七、其他居址

（一）汝州中山寨

中山寨遗址位于河南省汝州市（原临汝县）纸坊镇，距东关约7.5千米。遗址1984年揭露面积150平方米，1985年春和1986年春两次共发掘515平方米。遗存可分五期，其中第一期属于裴李岗文化，包括第4层和9座窖穴[①]。

遗址中出土的裴李岗文化陶器有壶、盆、罐、钵、鼎等。

壶　底部均残，双耳均竖耳。标本H17：13（图五一，4；报告图八，1），敞口折沿，腹下部残。T103④：8（报告图八，14），残存颈部。

盆　标本H19：11（图五一，2；报告图七，1），敞口，圆唇内卷，斜直腹，平底。

钵　标本T101④：26（图五一，8；报告图七，4）为敞口素面平底钵。标本T101④：19（图五一，1；报告图七，3）为敞口，饰之字形篦点纹。T101④：27（图五一，5；报告图七，2）为圜底，器身钻有十三个小孔，系破碎后修复拼接而成。

罐　标本T101④：29，口微敛，器身饰篦点纹（图五一，7；报告图八，5）。

鼎　根据上部形态的不同可分为钵形鼎、罐形鼎和壶形鼎三类。

钵形鼎　标本T101④：25（图五一，9；报告图七，7）为素面，圆弧腹，口近直。标本T107④：4（图五一，3；报告图七，5）和T101④：24（图五一，6；报告图七，6）为素面，敞口，圜底。标本H36：6（图五一，12；报告图七，8）饰之字形篦点纹，深腹。

罐形鼎　标本T102④：28（图五一，11；报告图七，9），侈口，微束颈，鼓腹，圜底，三足尖已磨损。与裴李岗78简报中的M14形态相似，

---

①　方孝廉：《河南临汝中山寨新石器时代遗址》，《考古》1978年第2期；临汝县博物馆：《河南临汝中山寨遗址调查简报》，《考古》1986年第6期；中国社会科学院考古研究所河南一队：《河南临汝中山寨遗址试掘》，《考古》1986年第7期；中国社会科学院考古所河南一队：《河南汝州中山寨遗址》，《考古学报》1991年第1期，本部分中的"报告"指此报告。

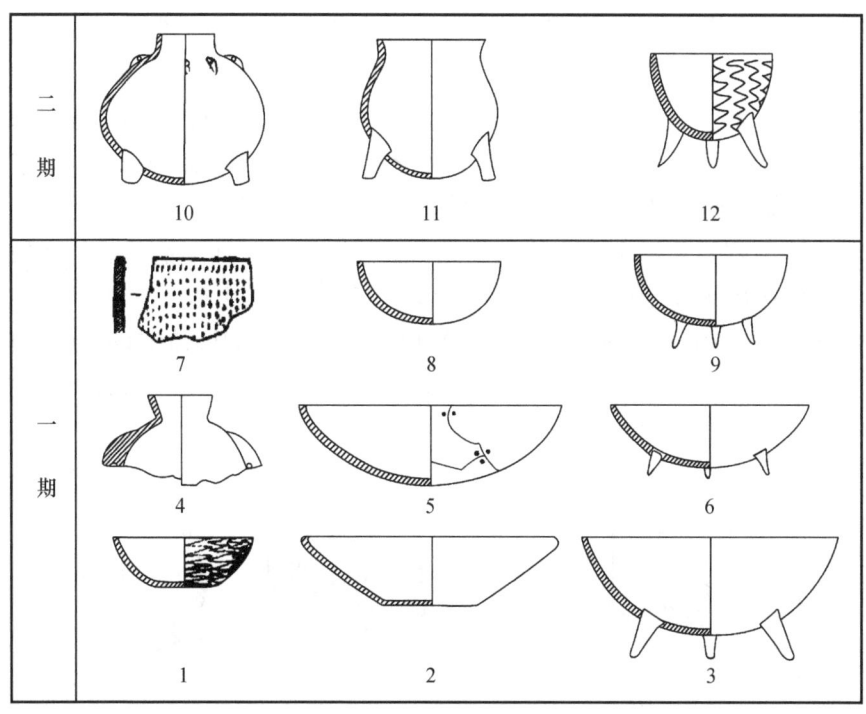

图五一　中山寨遗址中的陶器

1、5、8. 钵（T101④：19、T101④：27、T101④：26）　2. 盆（H19：11）
3、6、9、12. 钵形鼎（T107④：4、T101④：24、T101④：25、H36：6）
4. 双耳壶（H17：13）　7. 罐（T101④：29）　10. 壶形鼎（H18：12）
11. 罐形鼎（T102④：28）

但是腹部较扁，足腿较粗。

壶形鼎　标本H18：12（图五一，10；报告图七，10），小口，矮颈，鼓腹，圜底，三矮足，肩上一周有八个半月形小耳。

中山寨遗址中所出裴李岗文化器物相对较少，检索发表的器物主要出自T101④、H17、T102④和H18等单位中。

依据贾湖、裴李岗等典型遗址总结出的器物演变规律和分期结论，我们可以把中山寨居址中的裴李岗文化遗存分为两组。

第一组：壶、钵、钵形鼎和罐等。

第二组：壶形鼎、罐形鼎和钵形鼎。

这两组遗存代表了不同的时间段，可将这两组作为两期（图五一）。

第一期：以H19、H17、T107④和T101④等为典型单位。

第二期：以H18、H36和T102④等为典型单位。

中山寨第一期中的钵形鼎鼎足微外撇，钵腹部微外弧，整体特征与贾湖居址裴李岗文化第二期相同。其中钵形鼎T101④：24（图五二，1）与裴李岗墓地第二期中AⅠ式钵形鼎M110：6（图五二，4）形态相似；罐T101④：29（图五二，2）与贾湖居址裴李岗文化第二期中BⅢ式敛口罐H290：2（图五二，5）形态相似。因此推断，中山寨居址第一期与裴李岗墓地第二期和贾湖居址裴李岗文化第二期年代应大致相当。

中山寨第二期中的壶形鼎和罐形鼎器身矮胖，钵形鼎鼎足外撇较甚。整体特征与贾湖居址裴李岗文化第三期相同。其中罐形鼎T102④：8（图五二，3）与贾湖居址裴李岗文化第三期AⅡ式罐形鼎H104：6（图五二，6）形态相似。因此推断，中山寨居址第二期与贾湖居址裴李岗文化第三期年代应大致相当。

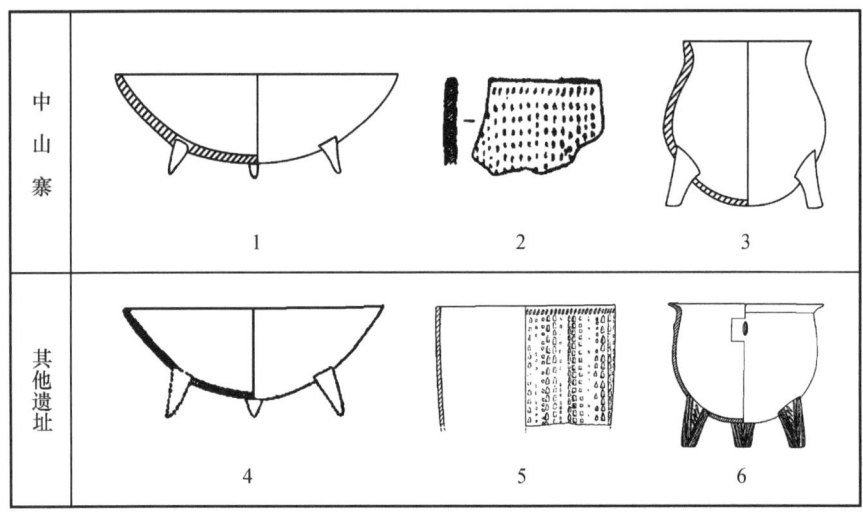

图五二　中山寨遗址与其他遗址陶器对比
1. T101④：24　2. T101④：29　3. T102④：8　4. M110：6　5. H290：2　6. H104：6
（1—3.中山寨遗址　4.裴李岗遗址　5、6.贾湖遗址）

（二）登封王城岗

王城岗遗址位于河南省登封县（今登封市）告成镇西北约500米和八方村东北约500米的五渡河西岸岗地上。南距颍河约400米，西北离王岭尖约300米。王城岗遗址中发掘出的裴李岗文化遗存较少，仅在遗址偏西部位的五个探方（WT23、WT42、WT71、WT74、WT131）内发现少量裴李岗文化遗迹和遗物。遗迹有灰坑2个（WT71H150、WT131H341）和墓葬1座（WT74M27）[①]。

王城岗遗址中的陶器主要出自灰坑H341中，有壶、罐、钵、钵形鼎和碗。

壶　1件标本，标本WT131H341：14（图五三，3；报告图一四，3），底残，凸圆肩，双耳竖置，小口。

罐　2件标本，均残。标本WT131H341：13（图五三，1；报告图一四，2），底残，沿微卷，深直腹。标本WT131H341：1（图五三，4；报告图一四，4），残存底部，腹微鼓。

钵　有圜底钵和平底钵两类。标本WT131H341：7（图五三，5；报告图一四，5），圜底，弧腹。标本WT131H341：9（图五三，6；报告图一四，6），平底，弧腹。标本WT131H341：11（图五三，7；报告图一四，7），底近平，敞口稍直，腹微折。

钵形鼎　上部钵的形态为大圜底或者大圜底近平，钵弧腹或折腹。标本WT131H341：4（图五三，8；报告图一四，8），圜底，大敞口，深腹，三锥状足。标本WT131H341：6（图五三，2；报告图一四，10），

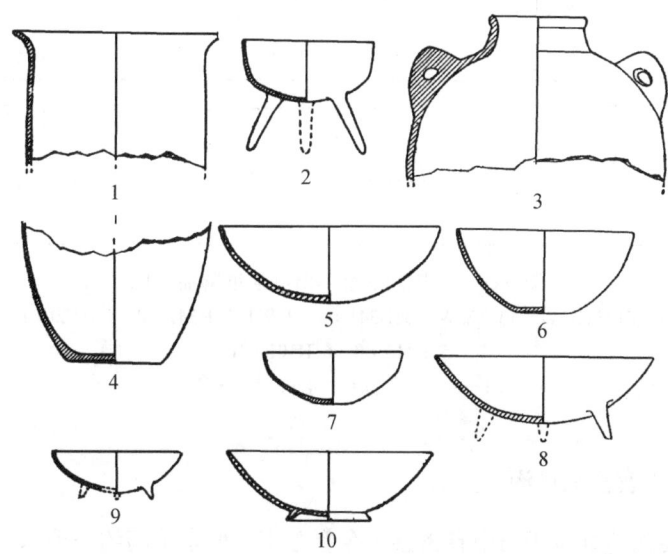

图五三　王城岗遗址中的陶器

1、4.罐（WT131H341：13、WT131H341：1）　2、8、9.钵形鼎（WT131H341：6、WT131H341：4、WT131H341：12）　3.壶（WT131H341：14）　5~7.钵（WT131H341：7、WT131H341：9、WT131H341：11）　10.碗（WT131H341：8）

[①]　河南省文物研究所、中国历史博物馆考古部：《登封王城岗与阳城》，文物出版社，1992年，本部分中的"报告"指此报告。

圜底近平，直口微敛，直深腹，圆柱状三足。标本WT131H341：12（图五三，9；报告图一四，9），圜底，敞口微敛，浅腹，三锥状低足。

碗　发表标本数量较少。标本 WT131H341：8（图五三，10；报告图一四，11），圜底，大敞口，浅腹略鼓，矮圈足。

王城岗遗址中的陶器主要出自灰坑H341中，器物总体特征与贾湖居址裴李岗文化第二期相似。其中罐WT13H341：13（图五四，1）与贾湖居址裴李岗文化第二期中AaⅣ式罐H120：17（图五四，4）形态相似；钵形鼎WT13H341：4（图五四，2）与贾湖居址裴李岗文化第二期中BⅢ式钵形鼎H113：8（图五四，5）形态相似；碗WT131H341：8（图五四，3）与贾湖居址裴李岗文化第二期中AⅢ式碗H102：16（图五四，6）形态相似。因此推断王城岗居址裴李岗文化遗存与贾湖居址裴李岗文化第二期遗存的年代应大致相当。

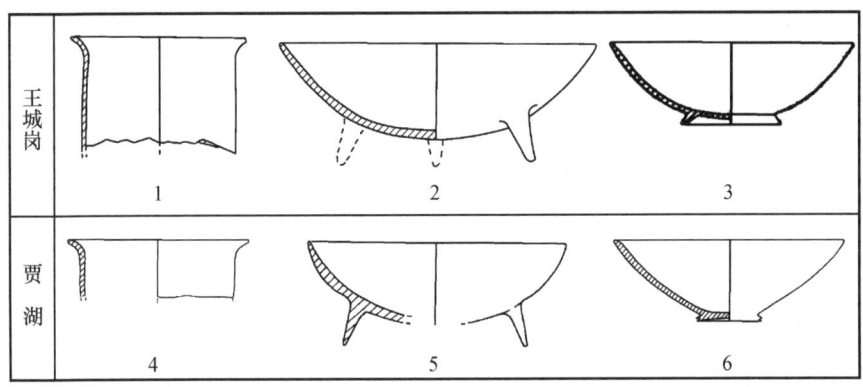

图五四　王城岗遗址与贾湖遗址陶器对比
1. WT131H341：13　2. WT131H341：4　3. WT131H341：8　4. H120：17
5. H113：8　6. H102：16
（1—3.王城岗遗址　4—6.贾湖遗址）

（三）密县马良沟

马良沟遗址位于河南省密县（今新密市）城东偏南约15千米来集公社桧树亭大队马良沟生产队村西约100米的岗地上。面积约1万平方米。1979年进行了试掘，开挖4米×10米探沟两条，发掘面积80平方米[①]。

发表器物不多，主要出自H1中。有罐、钵和镂空三足器等。

---

① 开封地区文管会等：《河南密县马良沟遗址调查和试掘》，《考古》1981年第3期。本部分中的"报告"指此报告。

罐（图五五，1；报告图五，1），残存口沿，小折沿，腹部微鼓。

钵（图五五，2；报告图五，2），残存口沿，敛口，弧腹。

镂空三足器　器身钵形。标本T1H1∶1（图五五，6；报告图六，4），敞口，圜底，腹稍深，底附三个锥状足略向外撇，底部钻孔七个。T1H1∶2（图五五，4；报告图六，2），敞口，圜底，腹稍浅，底部钻孔11个。T1H1∶3（图五五，3；报告图六，1），敞口，圜底近平，浅腹，底部三足较短近直，钻孔七个。H1∶4（图五五，5；报告图六，3），敞口，腹稍浅，三足较高，底部钻孔九个，腹壁钻孔两个。

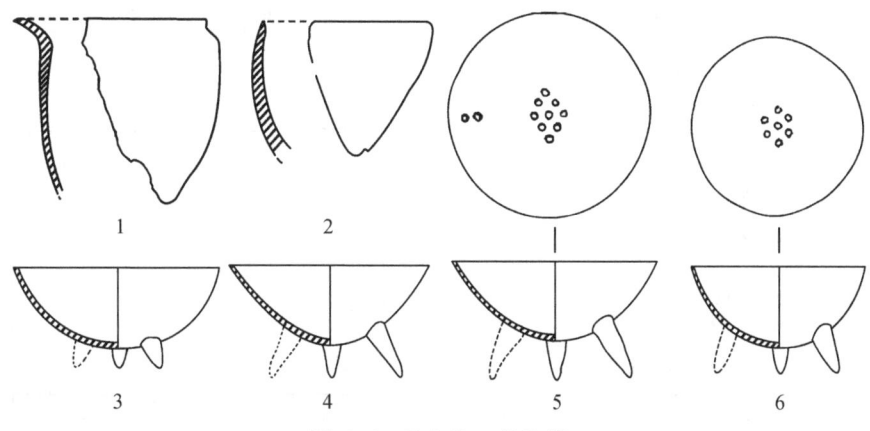

图五五　马良沟H1的陶器
1.夹砂罐口沿　2.钵口沿　3~6.镂孔三足器（T1H1∶3、T1H1∶2、T1H1∶4、T1H1∶1）

马良沟遗址中出土器物整体特征同于贾湖居址裴李岗文化第三期，卷沿罐内折较明显，鼎足外撇明显。其中夹砂罐口沿与贾湖居址裴李岗文化第三期AaⅤ式卷沿罐H105∶1（图一〇，5）形态相似，镂空三足器整体形态与石固居址第三期Ⅱ式钵形鼎H229∶5（图四一，14）形态相似。因此推断，马良沟遗址裴李岗文化遗存与贾湖居址裴李岗文化第三期遗存的年代应大致相当。

（四）巩义东山原和铁生沟

东山原遗址位于河南省巩义市南约20千米的铁生沟村以南。遗址分布在坞罗河东岸距河床约100米的土岗上。土岗高出河底约30米。遗址为一狭长地带，从暴露的灰层和灰坑情况看，遗址东西宽约150米，南北长约250米，面积约37 500平方米[①]。此遗址在1978年和1979年的调查和试掘时

---

① 巩义市文管所：《巩义市坞罗河流域裴李岗文化遗存调查》，《中原文物》1992年第4期。

曾以铁生沟遗址命名发表过一些资料[①]。

裴李岗文化遗存主要系采集或征集而来，主要有缸、罐、钵、盆、碗等，壶类器物几乎不见。其中的卷沿罐口沿卷沿较甚，钵腹部微外弧，整体特征同于贾湖居址裴李岗文化第二期。如罐DY：16（图五六，1）与贾湖居址裴李岗文化第二期中AaⅣ式卷沿罐H120：17（图五六，4）形态相似；罐DY：11（图五六，2）与贾湖居址裴李岗文化第二期中BⅡ式卷沿罐H97：1（图五六，5）形态相似；钵DY：5（图五六，3）与贾湖居址裴李岗文化第二期中CaⅡ式敞口钵H28：57（图五六，6）形态相似。因此推断，东山原遗址裴李岗文化遗存与贾湖居址裴李岗文化第二期遗存的年代应大致相当。

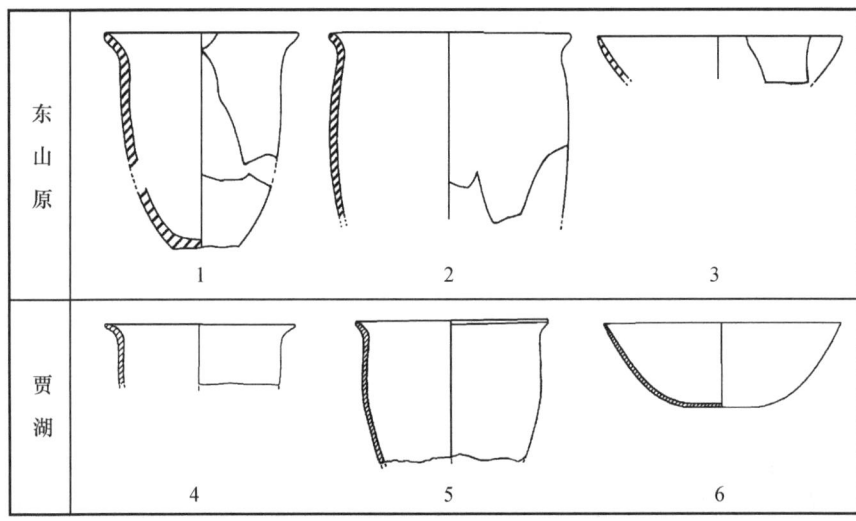

图五六　东山原遗址与贾湖遗址陶器对比
1. DY：16　2. DY：11　3. DY：5　4. H120：17　5. H97：1　6. H28：57
（1—3.东山原遗址　4—6.贾湖遗址）

（五）巩义北营

北营遗址位于河南省巩义市北营村南部，坞罗河东岸的一个台地。遗址范围较小，长宽各在150米左右，面积约2万平方米。采集有裴李岗文化

---

① 傅永魁：《巩县铁生沟发现裴李岗文化遗址》，《河南文博通讯》1980年第2期；开封地区文管会等：《河南巩县铁生沟新石器早期遗址试掘简报》，《文物》1980年第5期。

的钵形鼎和深腹罐等[①]。

北营遗址中出土的卷沿罐BY：4（图五七，1）卷沿较甚，与贾湖居址裴李岗文化第二期中的AaⅣ式卷沿罐H120：17（图五七，3）形态相似；钵形鼎BY：2（图五七，2）足跟微外撇，与贾湖居址裴李岗文化第二期中的BⅢ式钵形鼎H113：8（图五七，4）形态相似。因此推断，北营遗址中裴李岗文化遗存的年代与贾湖居址裴李岗文化第二期应大致相当。

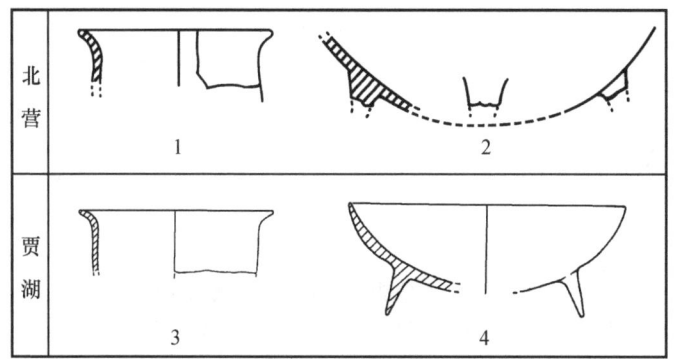

图五七　北营遗址与贾湖遗址陶器对比
1. BY：4　2. BY：2　3. H120：17　4. H113：8
（1、2. 北营遗址　3、4. 贾湖遗址）

（六）巩义坞罗西坡

坞罗西坡遗址位于河南省巩义市坞罗河西岸，向南与北营遗址隔河相望，相距将近1公里。遗址东距河床约200米，附近是层层梯田。文化遗存主要分布在第三台地上。地面上很少发现遗物。从岗沿、沟边暴露的文化层看，遗址东西宽约150米，南北长约200米，面积约3万平方米[②]。偏西部分文化层较厚，包含遗物较多，东部、南部仅见零散文化层和遗物。采集的裴李岗文化器物主要有钵、碗、盆等，壶类器物几乎不见。

从遗存特征来看，裴李岗文化延续时间较长，相当于贾湖居址裴李岗文化第一期到第三期的遗存都有出土。如钵XP：10（图五八，1）折腹，下腹部斜直，与贾湖居址裴李岗文化第一期中的AⅠ式敞口钵H66：1（图五八，4）形态相似。钵XP：5（图五八，2）腹部微外弧，与贾湖居址裴

---

① 巩义市文管所：《巩义市坞罗河流域裴李岗文化遗存调查》，《中原文物》1992年第4期。

② 巩义市文管所：《巩义市坞罗河流域裴李岗文化遗存调查》，《中原文物》1992年第4期。

李岗文化第二期中的CaⅡ式敛口钵H28：57（图五八，5）形态相似。钵XP：7（图五八，3）腹部外弧较明显，与贾湖居址裴李岗文化第三期中的CaⅢ式敛口钵H113：9（图五八，6）形态相似。

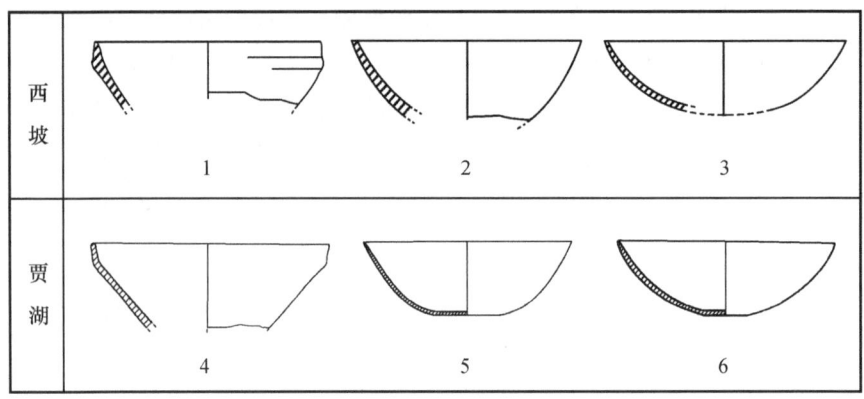

图五八　西坡遗址与贾湖遗址陶器对比
1. XP：10　2. XP：5　3. XP：7　4. H66：1　5. H28：57　6. H113：9
（1—3. 西坡遗址　4—6. 贾湖遗址）

（七）中牟宋庄

宋庄遗址位于河南省中牟县张庄镇宋庄村西约250米，东北距中牟县城约16.5千米，西北距郑州市约27千米。遗址东西长约250米，南北宽约200米，占地面积约5万平方米，南水北调干渠从该遗址中穿过。宋庄遗址中的裴李岗文化遗存主要分布在遗址北部的沙岗之下，其上层局部区域已遭人为取土破坏。主要发现有裴李岗文化时期的罐和钵等[①]。

罐　可分为卷沿罐和折沿罐二型。

A型　卷沿罐，根据口沿的变化可分为二式。

Ⅰ式：口沿稍外侈。标本H63：1（图五九，1；报告图七，3）。

Ⅱ式：口沿外侈较甚。标本H50：1（图五九，2；报告图七，11）。

A型罐的演变趋势为：口沿外侈逐渐明显。

B型　折沿罐，根据口沿的变化可分为二式。

Ⅰ式：口沿微内折。标本H80：1（图五九，3；报告图七，10）、H81：1（报告图七，6）。

Ⅱ式：口沿内折较甚。标本H51：1（图五九，4；报告图七，9）、

---

①　河南省文物管理局南水北调文物保护办公室、郑州市文物考古研究院：《河南中牟县宋庄遗址发现裴李岗文化遗存》，《考古》2012年第7期。

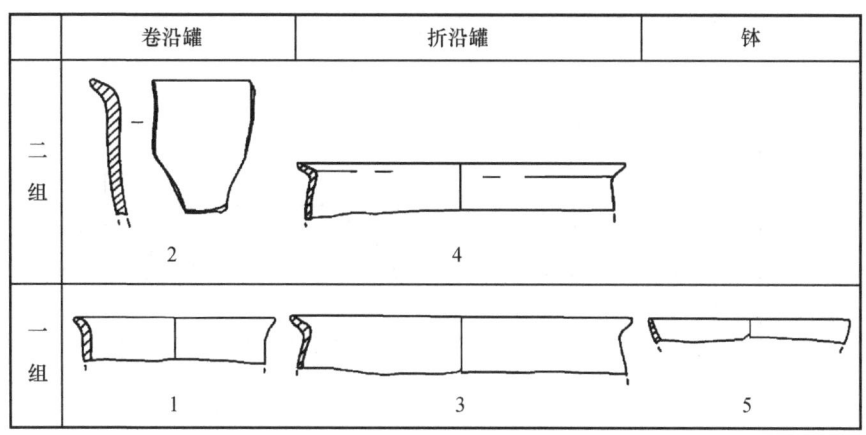

图五九　宋庄遗址中的陶器
1. H63∶1　2. H50∶1　3. H80∶1　4. H51∶1　5. H81∶2

H78∶1（报告图七，8）、H78∶2（报告图七，2）。

B型罐的演变趋势为：口沿内折逐渐明显。

钵　敞口，腹微弧。标本H81∶2（图五九，5；报告图七，4）。

根据诸典型器物排序所得的早晚关系，并参照贾湖遗址中总结出的器物演变规律和分期结论，我们可以把宋庄遗址中的裴李岗文化遗存分为两组。

第一组：Ⅰ式卷沿罐，Ⅰ式折沿罐，钵。

第二组：Ⅱ式卷沿罐，Ⅱ式折沿罐。

这两组遗存特征和器类组合较为相似，可划为一期。以H63、H81、H80、H50、H78和H51等为典型单位。

宋庄遗址中的陶罐与贾湖居址裴李岗文化第二期中的陶罐整体特征相似。其中，Ⅰ式卷沿罐H63∶1（图六〇，1）与贾湖居址裴李岗文化第二期中AaⅣ式卷沿罐H120∶17（图六〇，3）形态相似；Ⅱ式折沿罐H51∶1（图六〇，2）与贾湖居址裴李岗文化第二期中BⅢ式折沿罐H374∶1（图六〇，4）形态相似。因此推断，宋庄遗址中裴李岗文化遗存与贾湖居址第二期遗存的年代应大致相当。

（八）郑州朱寨

朱寨遗址位于河南省郑州市高新技术开发区沟赵办事处朱寨村东部，东距须水河约500米，东南距郑州市约14.5千米。遗址地理坐标为东经113°30′19″，北纬34°49′31″，海拔105米。发掘出土的裴李岗文化遗迹主

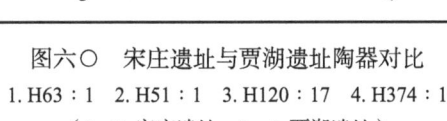

图六〇　宋庄遗址与贾湖遗址陶器对比
1. H63∶1　2. H51∶1　3. H120∶17　4. H374∶1
（1、2.宋庄遗址　3、4.贾湖遗址）

要是灰坑，遗物主要有壶、钵形鼎、罐和钵等[①]。

朱寨遗址中的壶颈较竖直；钵形鼎鼎足微外撇；卷沿罐卷沿较甚，腹部较竖直；钵腹部微外弧等。遗存特征整体上与贾湖居址裴李岗文化第二期和裴李岗墓地第二期遗存相似。

其中朱寨遗址中的长颈壶H53∶1（图六一，1）与裴李岗墓地第二期中AaⅡ式平底壶M59∶2（图六一，5）形态相似。矮颈壶H118∶3（图六一，2）与贾湖居址裴李岗文化第二期壶H257∶3（图六一，6）形态相似。钵形鼎H91∶2（图六一，3）与贾湖居址裴李岗文化第二期中BⅢ式钵形鼎H113∶8（图六一，7）形态相似。卷沿罐H215∶3（图六一，4）与贾湖居址裴李岗文化第二期中AaⅣ式卷沿罐H120∶17（图六一，8）形态相似。敛口罐H208∶5（图六一，9）与贾湖居址裴李岗文化第二期中Ⅱ式敛口罐T114③B∶23（图六一，12）形态相似。敞口钵H210∶2（图六一，10）与贾湖居址裴李岗文化第二期中CaⅡ式敞口钵H28∶57（图六一，13）形态相似。敛口钵H233∶12（图六一，11）与贾湖居址裴李岗文化第二期中CⅣ式敛口钵T114③B∶3（图六一，14）形态相似。

因此推断，朱寨居址中裴李岗文化遗存的年代与贾湖居址裴李岗文化第二期和裴李岗墓地第二期应大致相当。

[①] 河南师范大学历史文化学院、郑州市文物考古研究院：《郑州市朱寨遗址裴李岗文化遗存》，《考古》2017年第5期。

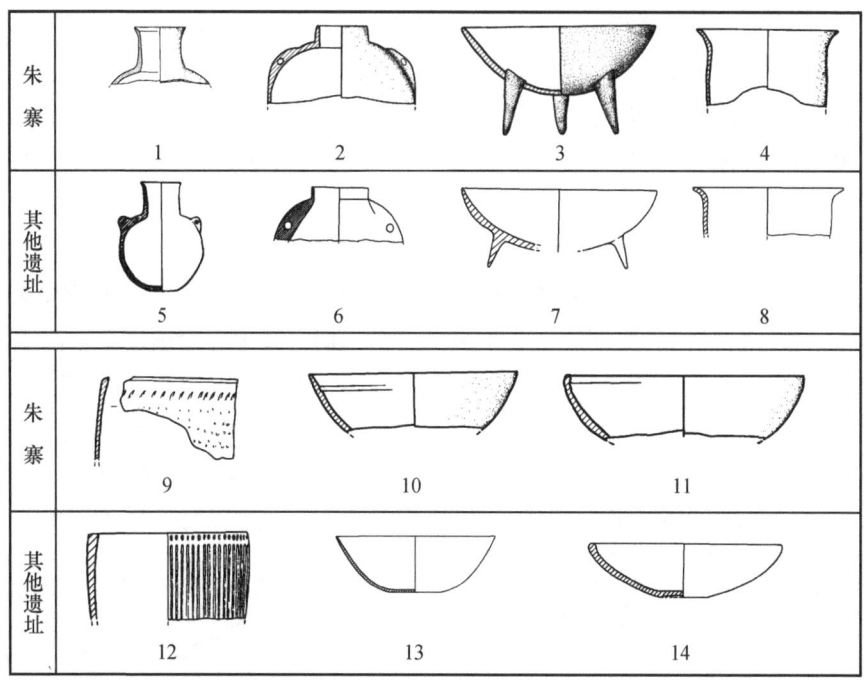

图六一　朱寨遗址与其他遗址陶器对比

1. H53：1　2. H118：3　3. H91：2　4. H215：3　5. M59：2　6. H257：3　7. H113：8　8. H120：17　9. H208：5　10. H210：2　11. H233：12　12. T114③B：23　13. H28：57　14. T114③B：3

（1—4、9—11. 朱寨遗址　5. 裴李岗遗址　6—8、12—14. 贾湖遗址）

（九）偃师高崖

高崖遗址位于河南省洛阳市偃师县高龙乡高崖村，伊河南岸，向北过伊河约3千米是二里头遗址。裴李岗文化遗存主要分布在该遗址的北半部，发掘有裴李岗文化时期的灰坑，出土有罐、壶、钵形鼎和钵等[1]。

根据报告，出土裴李岗文化的遗存单位层位关系有：

T4A④→H6→T4A⑤→H8；

T4B④→H13；

T4B⑤→H12。

其中发表器物比较多的单位有H6、T4B⑤和H12等。

检索H6和T4B⑤中出土的器物，其中的折沿罐T4B⑤：6（图六二，

---

[1] 洛阳市第二文物工作队、偃师县文物管理委员会：《洛阳市偃师县高崖遗址发掘报告》，《华夏考古》1996年第4期。

1)和H6∶1等器物折沿呈方唇状,与新安荒坡等仰韶初期遗存中的夹砂罐形态较为相似[①],如荒坡T17H20∶12(图六二,4),这类罐在仰韶时期发现数量较多,而与裴李岗文化的折沿罐形态差别较大。因此T4B⑤和H6这两个单位应排除在裴李岗文化之外。H13中只发表一件陶钵,文化性质暂无法判定。

出土裴李岗文化遗存的单位主要有H8、H12和H9。

H12中出土的卷沿罐卷沿较甚,H8和H12中出土的敞口钵腹部微外弧,整体特征同于贾湖居址裴李岗文化第二期。其中卷沿罐H12∶6(图六二,2)与贾湖居址裴李岗文化第二期中AaⅣ式卷沿罐H120∶17(图六二,5)形态相似;陶钵H12∶17(图六二,3)与贾湖居址裴李岗文化第二期中CaⅡ式敞口钵H28∶57(图六二,6)形态相似。因此推断,高崖遗址中的裴李岗文化遗存年代与贾湖居址裴李岗文化第二期应大致相当。

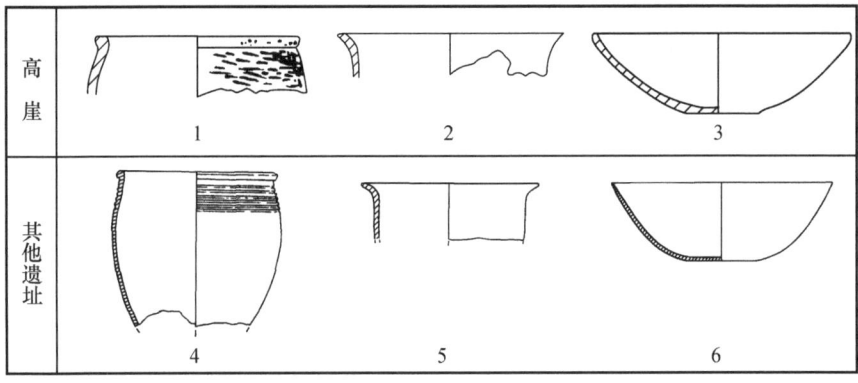

图六二　高崖遗址与其他遗址陶器对比
1.T4B⑤∶6　2.H12∶6　3.H12∶17　4.T17H20∶12　5.H120∶17　6.H28∶57
(1—3.高崖遗址　4.荒坡遗址　5、6.贾湖遗址)

(十)济源长泉

长泉遗址位于河南省济源市西南约35千米的下冶乡长泉村西边的黄土台地上。遗址东南紧邻长泉村,南临黄河,北边为王屋山余脉。在遗址中部有一条由西北至东南向的长泉村通向下冶乡的县级公路,把遗址分割成两部分,发掘中把路西南编为Ⅰ区,把路东北编为Ⅱ区。长泉遗址中的裴李岗文化层在Ⅱ区的T7、T8、T12中的⑤层均有分布。在Ⅰ区的T13的

---

① 魏兴涛:《豫西晋南和关中地区仰韶文化初期遗存研究》,《考古学报》2014年第4期。

⑦层中也有分布。另外在T10、T11的底层也有裴李岗文化灰坑①。整体上看，裴李岗文化主要分布在Ⅱ区，Ⅰ区有零星分布。遗迹有灰坑4个，Ⅰ区和Ⅱ区各2座。

从发表材料看，报告中所称的T12⑤中出土的2件瓮应晚至后冈一期文化时期②，如T12⑤：4（图六三，1）与大河村仰韶前一期中的陶鼎T38⑰：2（图六三，5）形态相似。T12⑤：3（图六三，2）与大河村仰韶前一期中的盆T40⑯：9（图六三，6）形态相似。

H49中出土的罐折沿较甚，H65中出土的钵形鼎鼎足微外撇，与贾湖居址裴李岗文化第二期同类器特征相似。如H49：2（图六三，3）与贾湖居址裴李岗文化第二期中AaⅣ式卷沿罐H120：17（图六三，7）形态相似；H65：2（图六三，4）与贾湖居址裴李岗文化第二期中BⅢ式钵形鼎H113：8（图六三，8）形态相似。因此推断，长泉遗址中的裴李岗文化遗存年代与贾湖居址裴李岗文化第二期应大致相当。

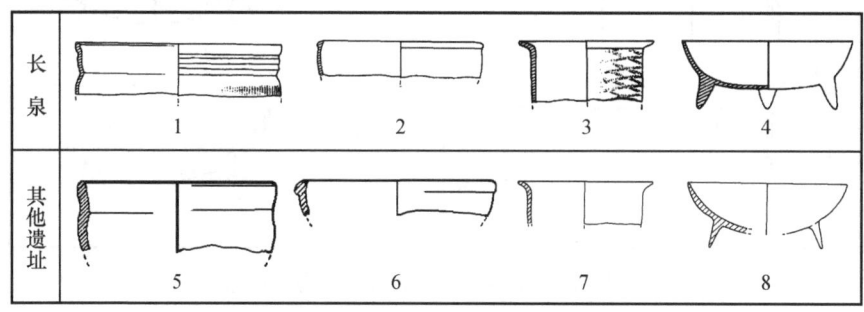

图六三　长泉遗址与其他遗址陶器对比
1. 长T12⑤：4　2. 长T12⑤：3　3. 长H49：2　4. 长H65：2　5. 大T38⑰：2　6. 大T40⑯：9
7. 贾H120：17　8. 贾H113：8
（长，长泉；大，大河村；贾，贾湖）

（十一）巩县水地河

水地河遗址位于河南省巩县（今巩义市）孝义镇以东约8千米处。西距郑（州）洛（阳）公路约150米，白冶河由东南向西北从遗址和郑洛公路之间穿过。遗址坐落在距河岸地面高50—60米的台地上。水地河遗址中裴李岗文化遗存仅见于遗址中部第四级台地的断崖上，面积比较小，暴露

---

① 河南省文物管理局、河南省文物考古研究所：《黄河小浪底水库考古报告（一）》，中州古籍出版社，1999年。

② 陈明辉：《裴李岗时期的文化与社会》，复旦大学硕士学位论文，2013年。

的灰层长10余米，厚0.6—1米。有一圜底灰坑，出土有夹砂深腹罐、大口钵、钵形鼎等，另有球形壶和假圈足碗等①。

水地河遗址中的钵腹微外弧，卷沿罐卷沿较甚，钵形鼎鼎足微外弧，整体特征同于贾湖居址裴李岗文化第二期。其中罐采：2（图六四，1）与贾湖居址裴李岗文化第二期中AaⅣ式卷沿罐H120：17（图六四，4）形态相似。钵采：4（图六四，2）与贾湖居址裴李岗文化第二期中CaⅡ式敞口钵H28：57（图六四，5）形态相似。钵形鼎采：7（图六四，3）与贾湖居址裴李岗文化第二期中BⅢ式钵形鼎H113：8（图六四，6）形态相似。因此推断，水地河遗址中裴李岗文化遗存的年代与贾湖居址裴李岗文化第二期应大致相当。

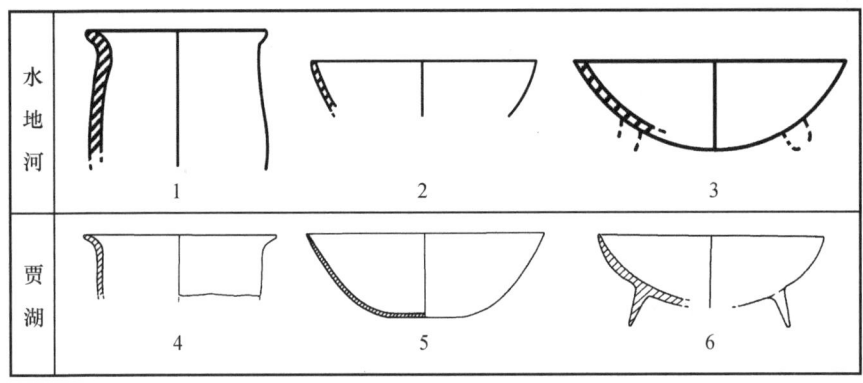

图六四　水地河遗址与贾湖遗址陶器对比
1. 采：2　2. 采：4　3. 采：7　4. H120：17　5. H28：57　6. H113：8
（1—3. 水地河遗址　4—6. 贾湖遗址）

（十二）孟津寨根

寨根遗址属于河南省孟津县（今洛阳市孟津区），遗址处在一片黄河河曲地带的前沿台地上，海拔高度为180米左右，地理坐标为东经112°16′30″，北纬34°58′。寨根遗址中的裴李岗文化遗存在探方T4、T6、T7、T9、T14、T18、T19及试掘探沟T1、T3中均存在。遗迹有灰坑7个，墓葬12座。12座墓葬中均未见随葬品②。灰坑均开口于⑤层下打破⑥层。

---

① 廖永民、王保仁：《河南巩县水地河新石器遗址调查》，《考古》1990年第11期。

② 河南省文物管理局：《黄河小浪底水库考古报告（二）》，中州古籍出版社，2006年。

其中H15、H17和H19等灰坑中出土有红顶钵（H19∶13、H19∶15）、圆唇盆（H19∶31）、圆唇折沿罐（H15∶3、H17∶3）等器物，应属于仰韶时期后冈一期文化的遗存[①]。

属于裴李岗文化的T4⑥、T17⑥、H7、H8和H16等单位中出土的卷沿罐卷沿较甚，钵腹微外弧，钵形鼎鼎足微外撇，整体特征同于贾湖居址裴李岗文化第二期。其中卷沿罐T17⑥∶2（图六五，1）与贾湖居址裴李岗文化第二期中AaⅣ式卷沿罐H120∶17（图六五，4）形态相似；钵H16∶1（图六五，2）与贾湖居址裴李岗文化第二期中CⅣ式敛口钵T114③B∶3（图六五，5）形态相似；钵形鼎H8∶1（图六五，3）与贾湖墓地裴李岗文化第二期中钵形鼎M239∶1（图六五，6）形态相似。因此推断，寨根遗址中的裴李岗文化遗存年代与贾湖居址裴李岗文化第二期和墓地第二期应大致相当。

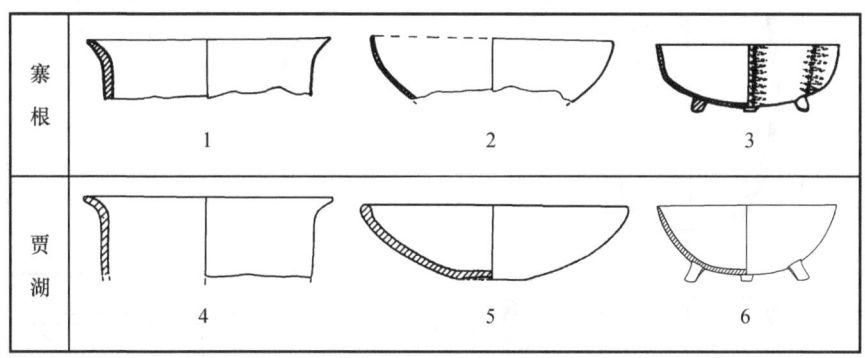

图六五　寨根遗址与贾湖遗址陶器对比
1. T17⑥∶2　2. H16∶1　3. H8∶1　4. H120∶17　5. T114③B∶3　6. M239∶1
（1—3.寨根遗址　4—6.贾湖遗址）

（十三）辉县孟庄

孟庄遗址位于河南省辉县市孟庄镇东侧的台地上，遗址平面形状呈椭圆形。发掘时将遗址划分为21个区，每区100米×100米，总基点设在遗址的东南部，以一电缆标杆为标志。1992—1995年的考古发掘主要在遗址的Ⅰ区、Ⅱ区、Ⅲ区、Ⅷ区、Ⅸ区、Ⅹ区、ⅩⅢ区、ⅩⅤ区、ⅩⅨ区、ⅩⅩ区、ⅩⅪ区进行，共发掘4600平方米，裴李岗文化遗存包含Ⅲ区1组和ⅩⅢ1组。Ⅲ区1组以ⅢT162⑤为代表，ⅩⅢ区1组以ⅩⅢT69H132、

---

① 陈明辉：《裴李岗时期的文化与社会》，复旦大学硕士学位论文，2013年。

ⅩⅢT69H134等为代表①。

裴李岗文化遗存主要分布于孟庄遗址的西南部，这一时期的文化遗存多被仰韶时期及龙山时期的文化层叠压，一般被晚于它的仰韶或龙山时期文化地层所破坏。目前仅在遗址的西南角及龙山文化城墙下保存了一些裴李岗文化层和少量遗迹，城址内广大地区已被晚期文化层破坏。遗迹有灰坑7个，平面有圆形、椭圆形和不规则形三类。

孟庄遗址中所见的裴李岗文化器物较少，主要有罐、壶和钵形鼎等。罐为大卷沿，壶口径较长，钵形鼎鼎足较竖直，整体特征同于贾湖居址裴李岗文化第一期。其中罐ⅩⅢT69H132：9（图六六，1）与贾湖居址裴李岗文化第一期中AaⅠ式卷沿罐H228：3（图六六，4）形态相似。壶ⅩⅢT69H134：4（图六六，2）与贾湖墓地裴李岗文化第一期中BⅡ式圆

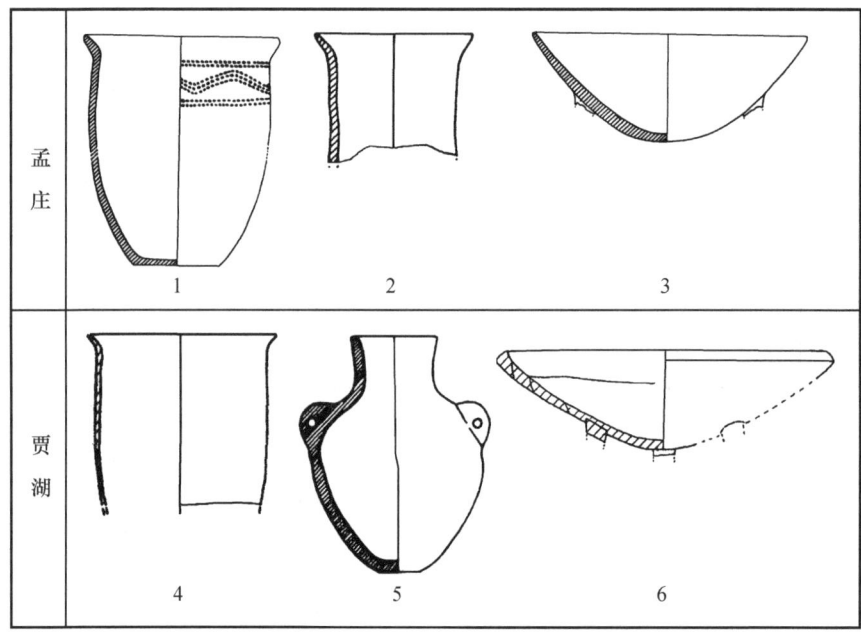

图六六　孟庄遗址与贾湖遗址陶器对比
1. ⅩⅢT69H132：9　2. ⅩⅢT69H134：4　3. ⅩⅢT69H132：2　4. H228：3
5. M54：1　6. H322：7
（1—3. 孟庄遗址　4—6. 贾湖遗址）

---

① 河南省文物考古研究所：《辉县孟庄》，中州古籍出版社，2003年；河南省文物考古研究所：《河南辉县孟庄遗址的裴李岗文化遗存》，《华夏考古》1999年第1期。

肩斜直腹壶M54∶1（图六六，5）形态相似。钵形鼎ⅩⅢT69H132∶2（图六六，3）与贾湖居址裴李岗文化第一期AⅠ式钵形鼎H322∶7（图六六，6）形态相似。因此推断，孟庄遗址中的裴李岗文化遗存年代与贾湖居址裴李岗文化第一期应大致相当。

（十四）舞阳大岗

大岗遗址位于河南省舞阳县侯集乡大岗村北部，海拔78米，高出地面约10米。此遗址于1989年和1990年进行过两次发掘[①]。报告中认为在大岗遗址存在有裴李岗文化遗存，但未发表裴李岗文化的具体遗存信息，只公布了比裴李岗文化更早的细石器遗存。因此大岗遗址中裴李岗文化遗存的具体年代还有待详细资料公布后再讨论。

八、小　结

上面分析了各个居址的分期，通过观察它们之间的联系，我们对出土遗存比较丰富的几处居址进行串联，并与贾湖居址遗存进行串联，将整个裴李岗文化的居址分为三期（图六七、图六八；表八）。

就目前发现的情况看，第一期时，陶器的组合主要为罐、钵、鼎、碗和盆，另有少量的壶等。其中罐有折沿罐、卷沿罐、侈口罐和敛口罐等，钵有敞口钵和敛口钵等，鼎有钵形鼎和罐形鼎等，盆有敞口盆和敛口盆等。折沿罐的主要特征是内折角较大，卷沿罐的主要特征是大卷沿，器身较瘦长。钵、碗和盆等的腹部多呈反弧内凹状，鼎足足跟较竖直。

第二期时，折沿罐内折角变小，卷沿罐卷沿较甚，器身变矮。钵、碗和盆等的腹部呈斜直状，鼎足微外撇。

第三期时，折沿罐内折较明显，折沿近平直，卷沿沿面近平，器身较矮胖。钵、碗和盆等的腹部外弧，鼎足外撇较甚。

---

① 张居中、李占扬：《河南舞阳大岗细石器地点发掘报告》，《人类学学报》1996年第15卷第2期。

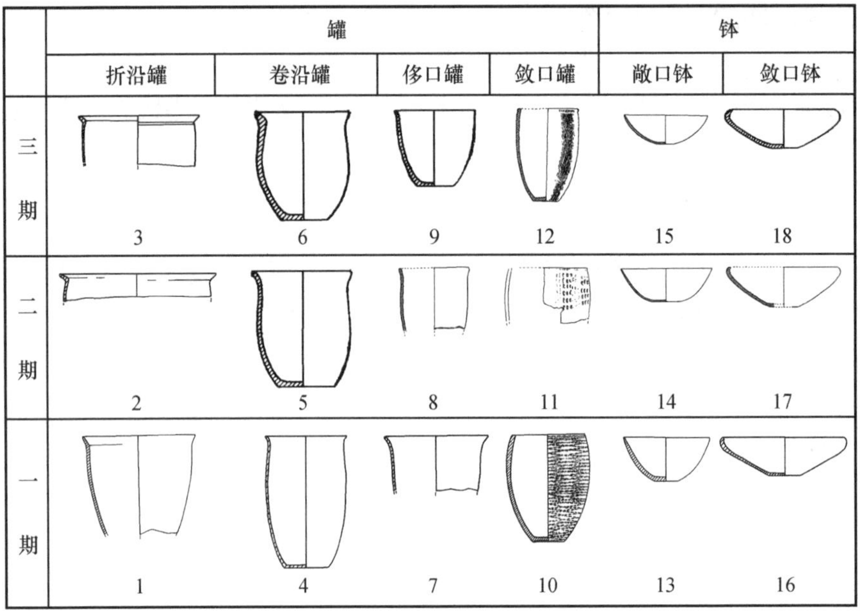

罐
钵
折沿罐
卷沿罐
侈口罐
敛口罐
敞口钵
敛口钵
三期
3 6 9 12 15 18
二期
2 5 8 11 14 17
一期
1 4 7 10 13 16

图六七 裴李岗文化居址陶罐和陶钵分期

1. 贾H34：1 2. 宋H51：1 3. 贾T11③B：15 4. 贾H133：1 5. 水H18：2 6. 水H41：6 7. 贾H93：1 8. 石H62：1 9. 水H35：4 10. 贾H35：6 11. 石H147：3 12. 石H238：3 13. 贾H161：2 14. 贾H28：57 15. 贾H113：9 16. 石H143：2 17. 石H45：2 18. 水H3：1

（贾，贾湖；宋，宋庄；水，水泉；石，石固）

鼎
碗
盆
钵形鼎
罐形鼎
敞口盆
敛口盆
三期
3 5 8 13
二期
2 4 7 10 12
一期
1 6 9 11

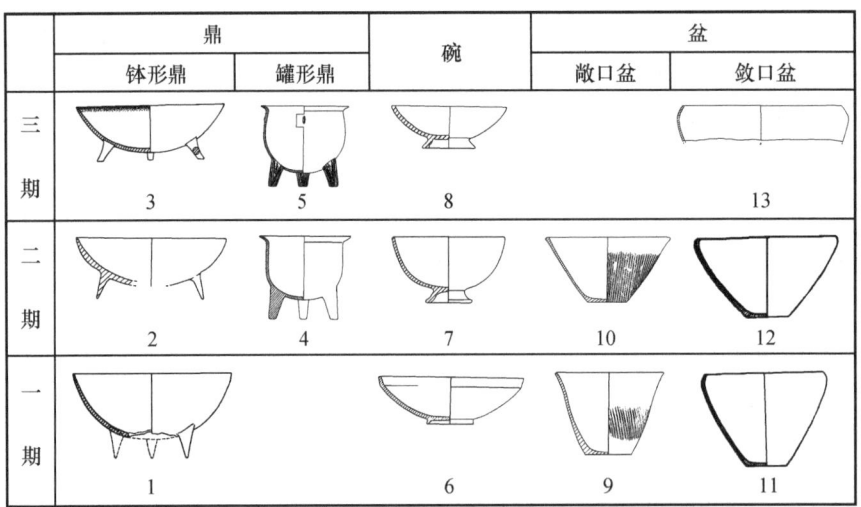

图六八 裴李岗文化居址陶鼎、陶碗和陶盆分期

1. 唐ⅢT1112⑥A：1 2. 贾H113：8 3. 贾T103③：19 4. 贾H102：3 5. 贾H104：6 6. 贾H58：1 7. 瓦T1H2：5 8. 瓦WT4H5：2 9. 贾T119③C：1 10. 贾H113：15 11. 水H54：1 12. 水H16：6 13. 贾H75：8

（唐，唐户；贾，贾湖；瓦，瓦窑嘴；水，水泉）

表八 裴李岗文化居址分期对应表

	一期	二期	三期
舞阳贾湖	一期	二期	三期
新郑唐户	一期	二期	
长葛石固	一期	二期	三期
密县莪沟北岗	一期	二期	
郏县水泉	一期	二期	三期
新郑沙窝李	√		
巩义瓦窑嘴		一期	二期
汝州中山寨		一期	二期
偃师高崖		√	
中牟宋庄		√	
郑州朱寨		√	
登封王城岗		√	
密县马良沟			√
巩义东山原		√	
巩义北营		√	
巩义坞罗西坡	√	√	√
济源长泉		√	
巩县水地河		√	
孟津寨根		√	
辉县孟庄	√		

第三章 分期与年代

以上章节中我们分别对裴李岗文化的墓地和居址进行了分期分析，本章将在对各遗址串联的基础上对整个裴李岗文化进行分期，并对裴李岗文化的绝对年代进行讨论。

第一节 分　　期

一、墓地与居址的遗存对应

（一）石固遗址

石固遗址中墓地和居址间可供对比的器类只有罐和钵形鼎。其中墓地中第一期Ⅰ式罐M54∶3与居址中第一期BⅠ式罐H167∶1形态相似；墓地中第二期Ⅱ式罐M12∶3与居址中第二期BⅡ式罐H90∶4形态相似。

从整体特征来看，墓地和居址中的罐和鼎的演变趋势一致，结合器物的演变趋势，并参考石固墓地和居址与贾湖墓地和居址中器物的对应关系可知，石固遗址中裴李岗文化墓地的第一期大致与居址的第一期对应，裴李岗文化墓地的第二期大致与居址的第二期对应，裴李岗文化墓地的第三期大致与居址的第三期对应。据此可把石固遗址分为三期：第一期包括墓地的第一期和居址第一期，第二期包括墓地的第二期和居址的第二期，第三期包括墓地的第三期和居址的第三期。

（二）水泉遗址

水泉遗址中墓地和居址间可供对比的器类只有罐。其中墓地中第二期的Ⅱ式罐M96∶5与居址中第二期的BⅡ式罐H18∶2形态相似，墓地中第三期的Ⅲ式罐M2∶1与居址中第三期的BⅢ式罐H41∶6形态相似。

从整体特征来看，墓地和居址中的罐和鼎的演变趋势一致，结合器物的演变趋势，并参考水泉墓地和居址与贾湖墓地和居址中器物的对应关系可知，水泉遗址中裴李岗文化墓地的第一期大致与居址的第一期对应，裴李岗文化墓地的第二期大致与居址的第二期对应，裴李岗文化墓地的第三期大致与居址的第三期对应。据此可把水泉遗址分为三期：第一期包括墓地的第一期和居址的第一期，第二期包括墓地的第二期和居址的第二期，第三期包括墓地的第三期和居址的第三期。

（三）莪沟北岗遗址

莪沟北岗遗址中居址和墓地中可对应的器物较少，结合莪沟北岗墓地和居址与贾湖墓地和居址中器物的对应关系可知，莪沟北岗遗址中裴李岗文化墓地的第一期大致与居址的第一期对应，裴李岗文化墓地的第二期大致与居址的第二期对应。据此可把莪沟北岗遗址分为二期：第一期包括墓地的第一期和居址的第一期，第二期包括墓地的第二期和居址的第二期。

二、裴李岗文化的分期

根据前两章的分析及上一节的分析，我们可知贾湖、石固、唐户、莪沟北岗、水泉、裴李岗等遗址中的裴李岗文化内涵较为丰富，我们先对这几处进行串联，可以把整个裴李岗文化分为三期（表九）。

表九　裴李岗文化各遗址分期对应表

	一期	二期	三期
舞阳贾湖	一期	二期	三期
新郑裴李岗	一期	二期	三期
新郑唐户	一期	二期	
长葛石固	一期	二期	三期
密县莪沟北岗	一期	二期	
郏县水泉	一期	二期	三期
新郑沙窝李	一期	二期	三期
巩义瓦窑嘴		一期	二期

第一期包含贾湖遗址第一期、裴李岗遗址第一期、唐户遗址第一期、石固遗址第一期、莪沟北岗遗址第一期、水泉遗址第一期和沙窝李遗址第一期等遗存。墓地中的陶器主要可见折肩壶、圆肩鼓腹壶、圆肩斜直腹壶、圆肩扁腹壶、钵、钵形鼎、罐和盆形鼎等，居址中的陶器主要可见盆、罐、钵、碗、钵形鼎、罐形鼎和盆形鼎等。陶器除少量钵和钵形鼎为圜底外，余多为平底，陶壶均为平底。壶颈部较长呈倒八字形；钵腹较深；罐口沿为大卷沿或折沿较大；鼎腹部较深，鼎足较竖直。

第二期包含贾湖遗址第二期、裴李岗遗址第二期、唐户遗址第二

130　裴李岗文化：中国文明的奠基

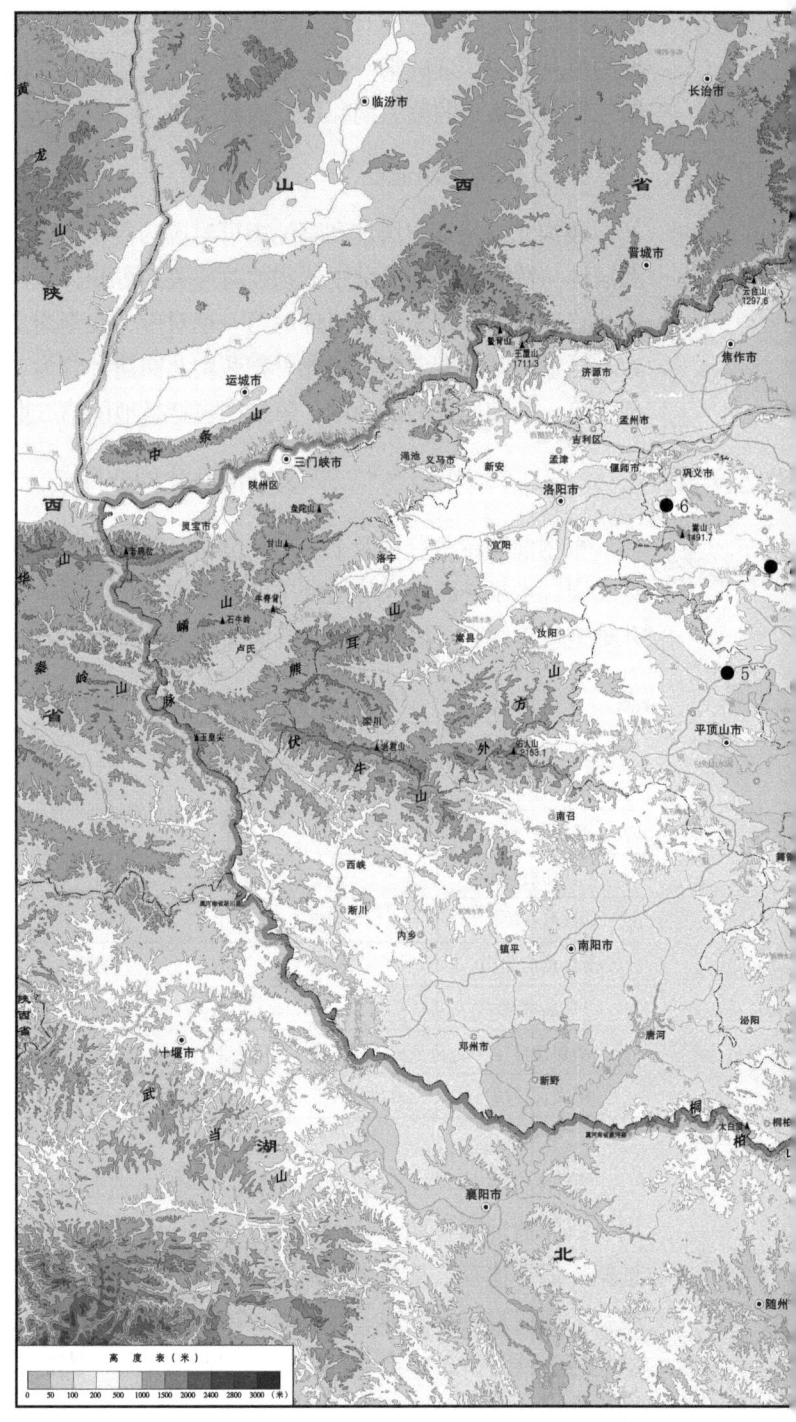

图六九　裴李岗文化
1.贾湖　2.石固　3.裴李岗　4.沙窝李
审图号：GS京

第三章 分期与年代 131

一期遗存分布示意图
5.水泉 6.莪沟北岗 7.坞罗西坡 8.孟庄
2022）0653号

132　裴李岗文化：中国文明的奠基

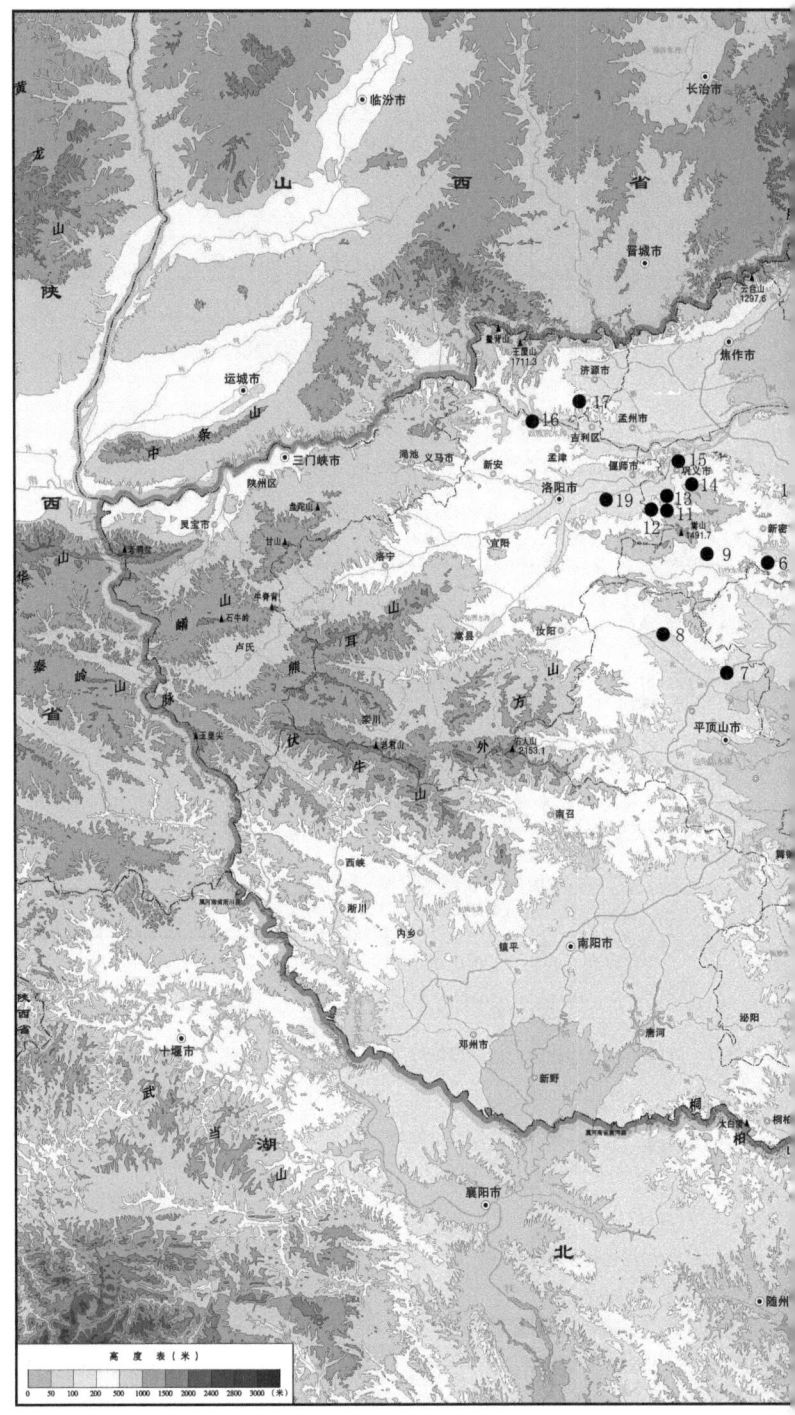

图七〇　裴李岗文化
1. 贾湖　2. 石固　3. 唐户　4. 裴李岗　5. 沙窝李　6. 莪沟北岗　7. 水泉　8. 中山寨
16. 寨根　17. 长泉
审图号：GS

第三章 分期与年代 133

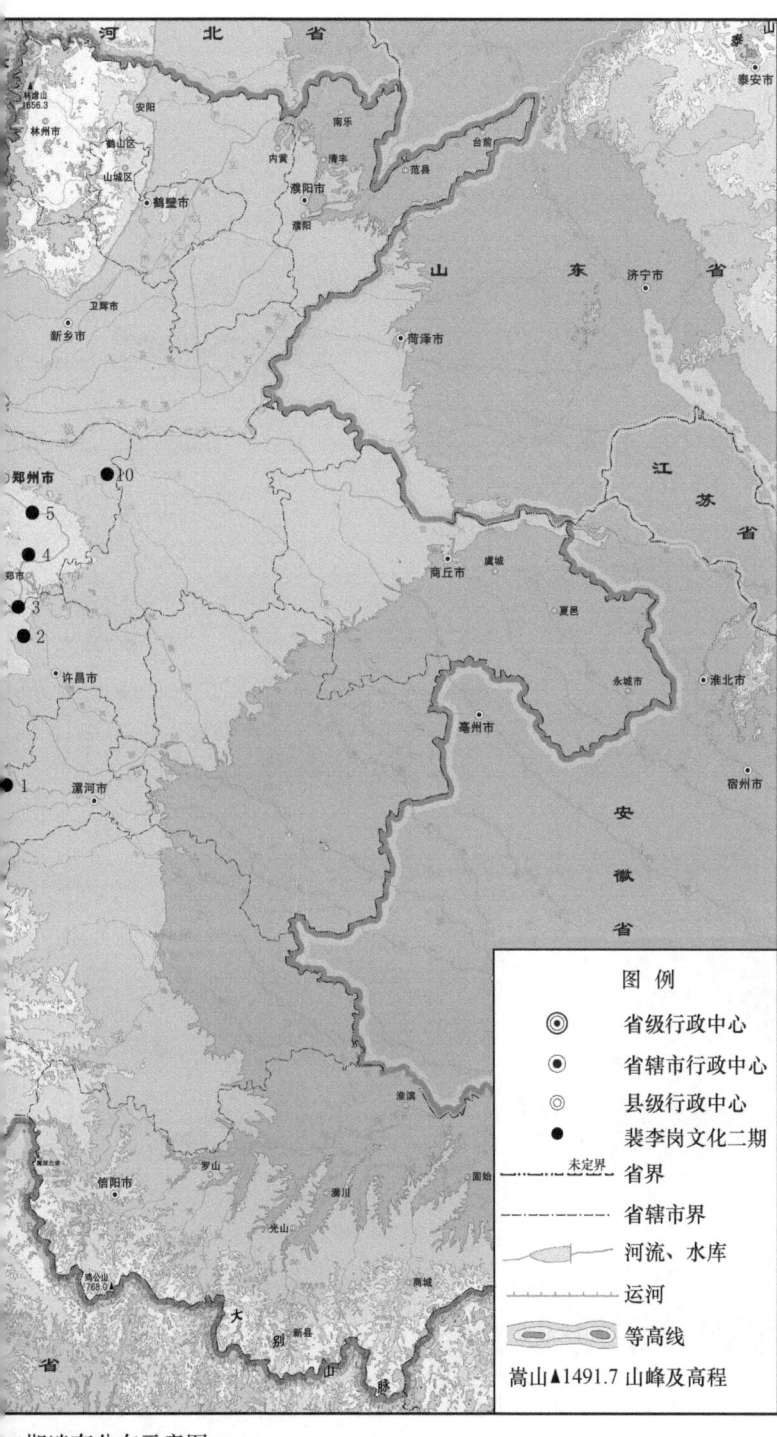

二期遗存分布示意图
9. 王城岗　10. 宋庄　11. 北营　12. 东山原　13. 坞罗西坡　14. 水地河　15. 瓦窑嘴
18. 朱寨　19. 高崖
（2022）0653号

134　裴李岗文化：中国文明的奠基

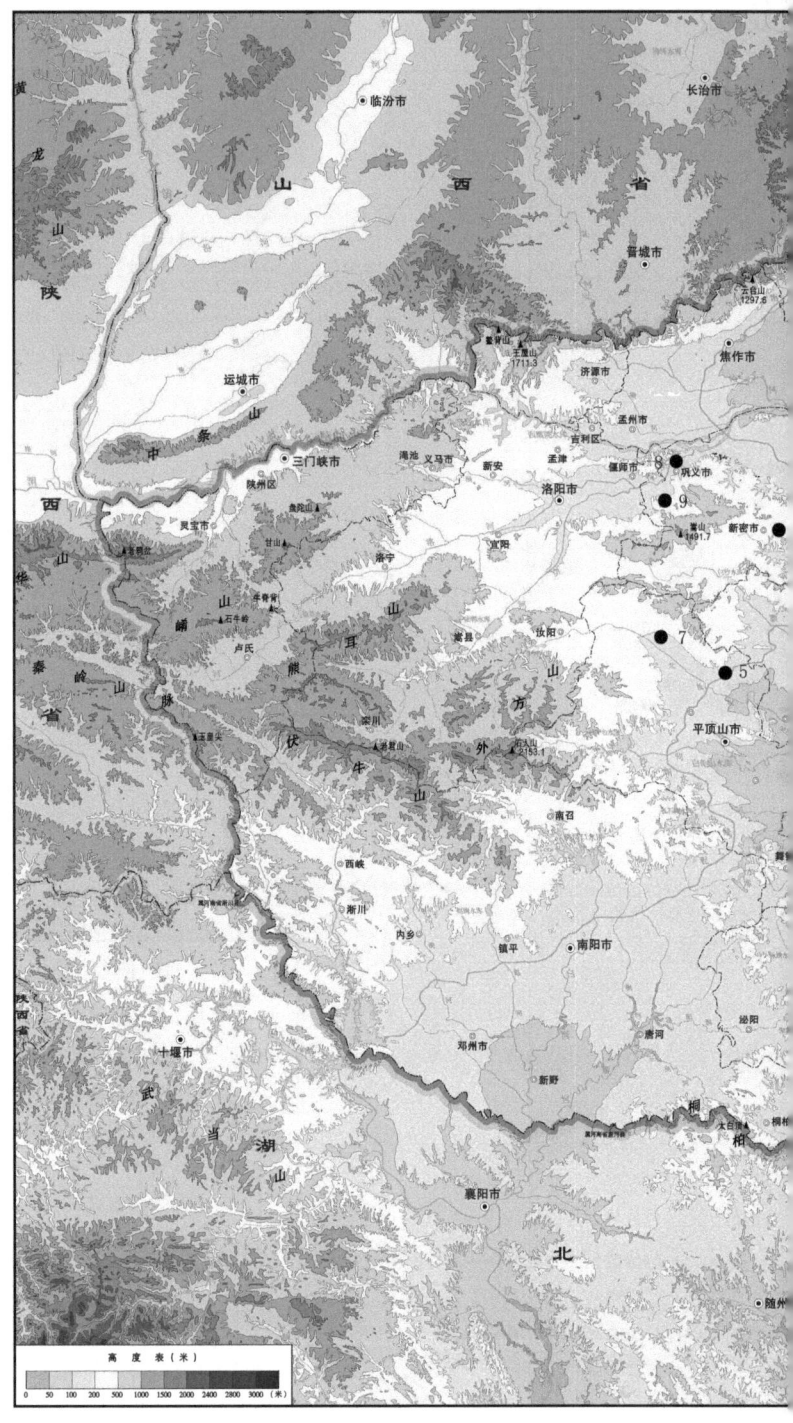

图七一　裴李岗文化
1. 贾湖　2. 石固　3. 裴李岗　4. 沙窝李　5. 水泉
审图号：GS

第三章 分期与年代 135

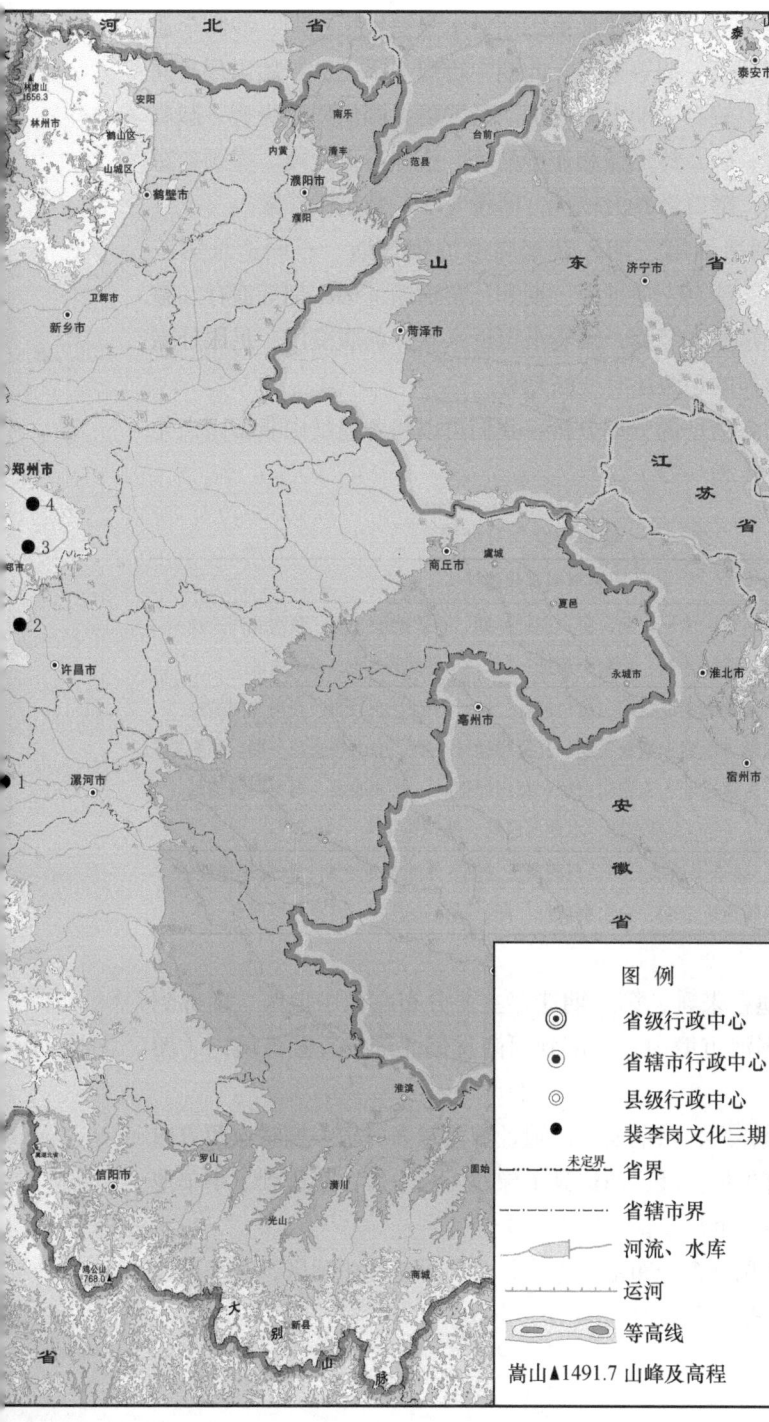

三期遗存分布示意图
6. 马良沟 7. 中山寨 8. 瓦窑嘴 9. 坞罗西坡
2022）0653号

期、石固遗址第二期、莪沟北岗遗址第二期、水泉遗址第二期、沙窝李遗址第二期和瓦窑嘴遗址第一期等遗存。此期中折肩壶不见，开始出现有圜底壶，壶形鼎的数量也较第一期大有增加。陶器可见圆肩斜直腹壶、圆肩扁腹壶、罐、钵、盆、碗、钵形鼎和壶形鼎等，整体器形变矮。壶颈变短接近竖直；钵腹变浅；罐口沿卷沿较甚；鼎腹变浅，鼎足微外撇。

第三期包含贾湖遗址第三期、裴李岗遗址第三期、石固遗址第三期、水泉遗址第三期、沙窝李遗址第三期和瓦窑嘴遗址第二期等遗存。整体器形矮胖。壶颈变短基本竖直；罐卷沿至近平状；鼎腹变浅，足跟外撇更甚，钵形鼎和盆形鼎的足跟还有变高趋势。

再综合第二章对各遗址的分期分析，我们可以将各遗址中裴李岗文化的遗存分期归纳如下（表一〇）。

表一〇　裴李岗文化分期表

期别	裴李岗文化遗址
一期	贾湖遗址一期、裴李岗遗址一期、唐户遗址一期、石固遗址一期、莪沟北岗遗址一期、水泉遗址一期、沙窝李遗址一期、坞罗西坡遗址、孟庄遗址
二期	贾湖遗址二期、裴李岗遗址二期、唐户遗址二期、石固遗址二期、莪沟北岗遗址二期、水泉遗址二期、沙窝李遗址二期、瓦窑嘴遗址一期、中山寨遗址一期、高崖遗址、宋庄遗址、朱寨遗址、王城岗遗址、东山原遗址、北营遗址、坞罗西坡遗址、长泉遗址、水地河遗址、寨根遗址
三期	贾湖遗址三期、裴李岗遗址三期、石固遗址三期、水泉遗址三期、沙窝李遗址三期、瓦窑嘴遗址二期、中山寨遗址二期、马良沟遗址、坞罗西坡遗址

从目前发现的遗存来看，第一期遗存主要分布在豫中地区，南部到河南省中部偏南的漯河市境内，北部到河南省偏北部的辉县市境内（图六九）。

第二期应是其繁盛期，目前所见的遗址数量较多，较一期时向西方向扩展，向东方向也有少量扩展，西边到了豫西孟津一带，东边到了中牟地区，二期时的文化内涵也较丰富（图七〇）。

第三期时目前所见遗存分布范围缩小，主要见于豫中地区，与一期遗存分布大体重合（图七一）。

第二节 年 代

裴李岗文化诸遗址的^{14}C测年数据目前有33个（表一一），我们依据标本出土单位中出土遗物所处的期别，将这些数据进行期别归属，然后对各期的年代进行讨论，不过其中相当一部分数据的测定标本所在单位没有发掘遗物，它们所属的期别不明确。

表一一 裴李岗文化^{14}C测年数据一览表

实验室编号	标本出土单位	样品	测定年代（B.P.）	校正年代（B.C.）	所属裴李岗文化期别
ZK—0580	莪沟北岗T79H27	木炭	7240±80	5985—5797	一期
WB78—17	莪沟北岗T79H27	木炭	7290±120	6080—5800	一期
WB78—38	莪沟北岗T1H1	木炭	6975±100	5740—5560	—
WB78—39	莪沟北岗T24	木炭	7265±160	6090—5740	
ZK—0434	裴李岗T1H1，T2H2	木炭	7885±480	未校	
ZK—0571	裴李岗H11；①；未编号H	木炭	7145±300	6090—5540	
ZK—0572	裴李岗T31①；T34①②	木炭	9300±1000	未校	
ZK—0751	裴李岗T102H18	木炭	6435±200	5380—4940	
ZK—0753	裴李岗T106H17	木炭	7185±200	6077—5640	
ZK—0754	裴李岗T111②	木炭	7445±200	6230—5589	
ZK—1130	沙窝李T9②H17	木炭	7170±105	5970—5720	—
WB79—60	石固A区T41H159	木炭	7450±90	6170—5988	一期
WB80—15	石固A区T56H238	木炭	7295±85	6077—5837	一期
WB80—17	石固A区T52H197	木炭	7010±85	5743—5624	
ZK—2344	水泉T108H43	木炭	7100±110	5953—5640	—
ZK—2345	水泉T205AH80	木炭	7270±120	6077—5760	一期
DY—K0188	贾湖H55	草木灰	7017±130	5750—5520	二期
BK94127	贾湖H174	木炭	7450±80	6160—5980	一期
BK94174	贾湖H105	木炭	7825±80	6460—6350	三期
BK94175	贾湖H102	木炭	7510±90	6180—5990	三期
BK94176	贾湖H339	木炭	7650±70	6320—6180	一期

续表

实验室编号	标本出土单位	样品	测定年代（B.P.）	校正年代（B.C.）	所属裴李岗文化期别
BK95017	贾湖M282甲	人骨	7035±70	5720—5620	一期
BK95018	贾湖M344	人骨	8000±100	6630—6440	一期
BA03324	贾湖WJT106AF50-（2）	小麦粒	7030±90	6060—5730	一期
BA03323	贾湖WJT106AF50-（4）	葡萄籽	7530±90	6470—6240	一期
ZK0748	巩县铁生沟T2	木炭	7265±200	6100—5720	—
ZK0747	密县马良沟T1H1	木炭	6855±110	5640—5480	三期
ZK1367	汝州中山寨T101④H16	木炭	7390±100	6110—5970	—
ZK1368	汝州中山寨T103④H20	木炭	6955±90	5730—5550	—
—	朱寨H158	木炭	5000±40	5853±58	二期
—	朱寨H185	木炭	5100±40	5924±41	二期
—	朱寨H226	木炭	5080±40	5912±38	二期
—	朱寨H235	木炭	4940±40	5773±50	二期

注：半衰期为5730年，以1950年为计年起点。数据来源：贾湖遗址的数据来自《舞阳贾湖》（科学出版社，1999年）和《舞阳贾湖（二）》（科学出版社，2015年），朱寨遗址的相关数据来自《郑州市朱寨遗址裴李岗文化遗存》（《考古》2017年第5期），其余数据来自《中国考古学中碳十四年代数据集（1965—1991）》（文物出版社，1992年）。

裴李岗文化的测年标本大部分为灰坑中或者探方中的标本，只有贾湖遗址中对几具人骨标本进行了测年。由于人骨样品测年数据与草木灰样品的测年数据偏晚[1]，因此本书主要参考木炭样品的测年。

以上诸标本中，可以确定属于裴李岗文化第一期的测年数据来自莪沟北岗、石固、水泉和贾湖等遗址，根据以上诸遗址中的测年校正数据，我们大致可把裴李岗文化第一期的年代范围定在公元前6470—前5800年之间。

明确属于裴李岗文化第二期的测年数据来自贾湖和朱寨遗址，根据以上遗址中的测年校正数据，并结合第一期遗存的年代范围，我们大致可把裴李岗文化第二期的年代定在公元前5800—前5500年之间。

属于裴李岗文化第三期的单位有贾湖H102、贾湖H105和马良沟

---

[1] 河南省文物考古研究所：《舞阳贾湖》，科学出版社，1999年。

T1H1，而贾湖遗址两个单位的测年数据明显偏早，马良沟遗址编号ZK0747的测年应代表了第三期的年代上限，而在裴李岗文化基础上兴起的仰韶初期遗存年代已到了公元前5000年左右①，因此推测第三期的年代下限最迟应不超过公元前5000年，我们大致确定裴李岗文化第三期的年代范围为公元前5500—前5000年。

---

① 魏兴涛：《豫西晋南和关中地区仰韶文化初期遗存研究》，《考古学报》2014年第4期。

第四章 谱系研究

谱系理论是张忠培先生在苏秉琦等先生的研究基础上总结概括出来的。"通过对遗存形态的排比研究，可以探讨：同一考古文化或同一谱系诸考古文化遗存的扬弃及其规律。……不同时期、不同谱系诸考古文化遗存的区别。"①"文化传播和迁徙是广泛存在的历史事实，并在它的作用下，考古学文化之间大量出现了文化渗透、借用、融合及同化，和考古学文化的分化，使任何一种考古学文化成了不同谱系的多元结构，即不同谱系的文化因素，结合成统一的考古学文化。……既然考古学文化是多元的谱系结构，那么，谱系分析就成了按考古学文化的本来面貌，来观察、研究考古学文化的一重要方法。"②

谱系理论是中国考古学理论的演进过程中非常重要的一环[3]，可以揭示文化演进规律[4]，揭示文化的动态演变过程，本章对裴李岗文化的谱系研究就试图揭示裴李岗文化的形成、发展和衰亡过程。

第一节 裴李岗文化的形成

在裴李岗文化的分布范围或者周边区域，目前能观察到的早于裴李岗文化的遗存有贾湖文化、磁山文化和后李文化，与裴李岗文化形成有关的文化主要是贾湖文化和磁山文化（图七二）。

---

① 张忠培：《地层学与类型学的若干问题》，《文物》1983年第5期。
② 张忠培：《研究考古学文化需要探索的几个问题》，《文物与考古论集：文物出版社成立三十周年纪念》，文物出版社，1986年。
③ 余西云：《中国考古学理论的演进》，《中国社会科学报》2013年7月24日第B05版。
④ 余西云：《文化谱系论揭示文化演进规律——兼答扎拉嘎先生》，《中国社会科学报》2014年5月26日第B01版。

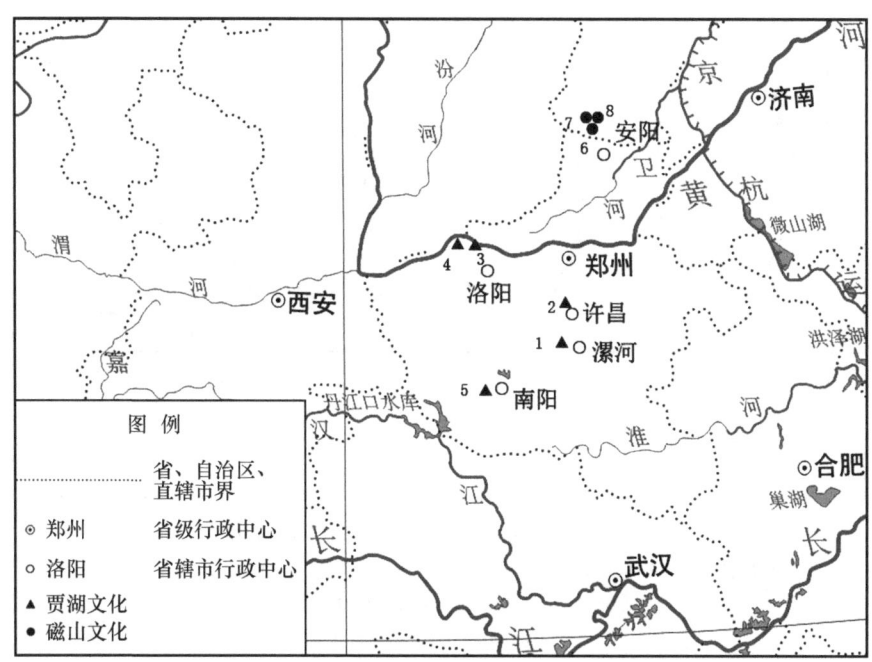

图七二　贾湖文化和磁山文化分布示意图
1.贾湖　2.石固　3.荒坡　4.班村　5.八里岗　6.磁山　7.牛洼堡　8.西万年
审图号：GS京（2022）0653号

一、贾湖文化的发展

裴李岗文化之前，在豫南与豫西地区主要分布着贾湖文化。从贾湖遗址的发现情况看，裴李岗文化遗存叠压在贾湖文化遗存之上，贾湖文化早于裴李岗文化，遗存年代为公元前7050—前6550年[①]。

贾湖文化墓葬中主要出土器物为溜肩壶，居址中主要出土器物为角把罐、方口盆和直口钵等。在裴李岗文化中可见到陶壶和陶钵，与贾湖文化存在着紧密的联系（图七三）。

从陶质来看，贾湖文化的陶质主要为夹砂陶，在晚期开始出现有极少量的泥质陶；裴李岗文化的陶质亦主要为泥质陶和夹砂陶。

从制作工艺上来看，贾湖文化以泥片成型为主，裴李岗文化中仍然存在有泥片成型法。

从纹饰方面来看，贾湖文化主要为素面陶，纹饰有绳纹和刻划纹、戳刺纹等；裴李岗文化的陶器仍然多为素面，纹饰亦有绳纹、篦划纹等。

---

① 河南省文物考古研究院等：《舞阳贾湖（二）》，科学出版社，2015年。

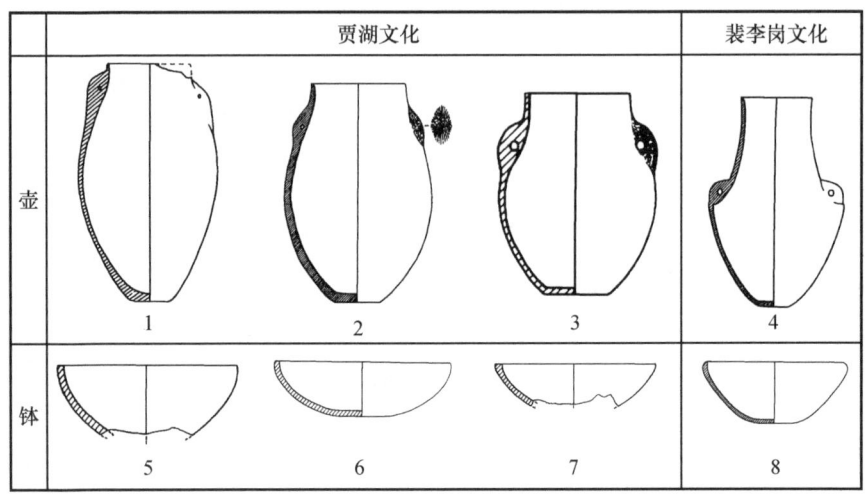

图七三　贾湖文化与裴李岗文化陶器对比
1. M110∶1　2. M52∶1　3. M125∶1　4. M396∶1　5. H172∶2　6. H65∶2
7. H91∶4　8. H327∶2
（标本均选自贾湖遗址）

裴李岗文化和贾湖文化分布在相同的地域，且贾湖文化早于裴李岗文化，两文化之间存在着较紧密的联系，从上述诸特征分析来看，贾湖文化是裴李岗文化的主要源头。

二、磁山文化的南下

磁山文化以磁山遗址的发掘而命名，目前主要发现于河北省南部武安市一带。典型遗存有磁山遗址③层[①]，还有洺河流域牛洼堡遗址和西万年遗址一区中出土的遗存[②]。陶器以夹砂陶为主，泥质陶较少。纹饰有篦纹、绳纹、附加堆纹、划纹、剔刺纹等。器类主要为陶盂、支架、罐和钵形鼎等。以磁山H269为例，出土有盂、罐和钵形鼎等（图七四）。

[①] 邯郸市文物保管所、邯郸地区磁山考古队短训班：《河北磁山新石器遗址试掘》，《考古》1977年第6期；河北省文物管理处、邯郸市文物保管所：《河北武安磁山遗址》，《考古学报》1981年第3期。

[②] 河北省文物管理处等：《河北武安洺河流域几处遗址的试掘》，《考古》1984年第1期。

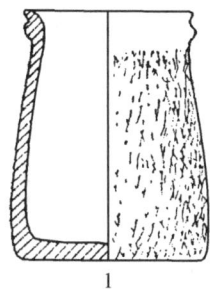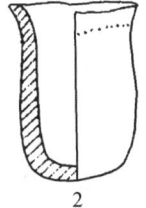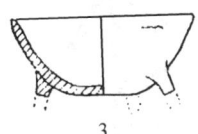

图七四　磁山H269的陶器
1. 盂（H269∶33）　2. 罐（H269∶26）　3. 钵形鼎（H269∶30）

磁山遗址是磁山文化的代表性遗址[1]，然报告中提到的"第一文化层"和"第二文化层"地层关系较混乱[2]，根据我们的分析，磁山遗址的遗存可分为三期[3]。磁山遗址的报告中没有发表③层的遗物，第一期遗存主要包含③层下的灰坑H5、H115、H196、H224和H213等。二期主要包含部分探方的②层和②层下的灰坑T6②、T84②、T96②、H18、H49、H63、H94、H124、H281和H465等。三期主要包含部分探方的②层和②层下的灰坑T8②、T25②、T87②、T106②、H35、H269和H281等。

磁山遗址中公布有12个测年数据[4]。其中有三个样品为木炭，有明确的出土单位，校正年代分别为公元前5820—前5630年（H453）、公元前6100—前5960年（H145）、公元前6032—前5750年（H48），其中H453中发表有一件陶支架，属于第三期遗存。其余两个单位未发表标本，应为第一期或第二期的遗存。另外九个样品为炭化谷物，目前还没有发表单位和遗存，其中有六个测年数据的校正年代在公元前7000年以前，因此推断磁山文化的年代应大致为公元前7000—前5630年。

裴李岗文化中的钵形鼎、石铲、石镰和石凿等遗存在贾湖文化中不见。贾湖文化中的石器主要见有石刀、石片、刮削器和石锤等（图七五）。

---

[1]　邯郸市文物保管所、邯郸地区磁山考古队短训班：《河北磁山新石器遗址试掘》，《考古》1977年第6期；河北省文物管理处、邯郸市文物保管所：《河北武安磁山遗址》，《考古学报》1981年第3期。

[2]　蔡金英：《磁山遗址地层关系浅析》，《殷都学刊》2014年第4期。

[3]　蔡金英：《磁山文化的谱系研究》，《华夏考古》2021年第1期。

[4]　中国社会科学院考古研究所：《中国考古学中碳十四年代数据集（1965—1991）》，文物出版社，1992年；Lu Houyuan, et al.(2009). Earliest domestication of common millet (Panicum miliaceum) in East Asia extended to 10000 years ago. Proceedings of the National Academy of Sciences of the United States of America.106(18),7367-7372.

裴李岗文化出现的钵形鼎、石铲、石锛和石凿等与磁山文化同类器遗存面貌非常相似（图七六）。

图七五　贾湖H187的石器
1.刮削器（H187：18）　2.石锤（H187：21）　3.石刀（H187：25）　4.石片（H187：29）

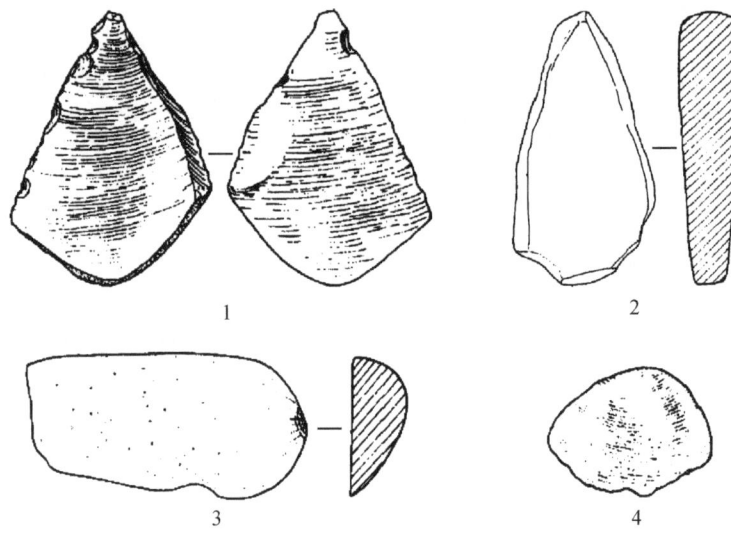

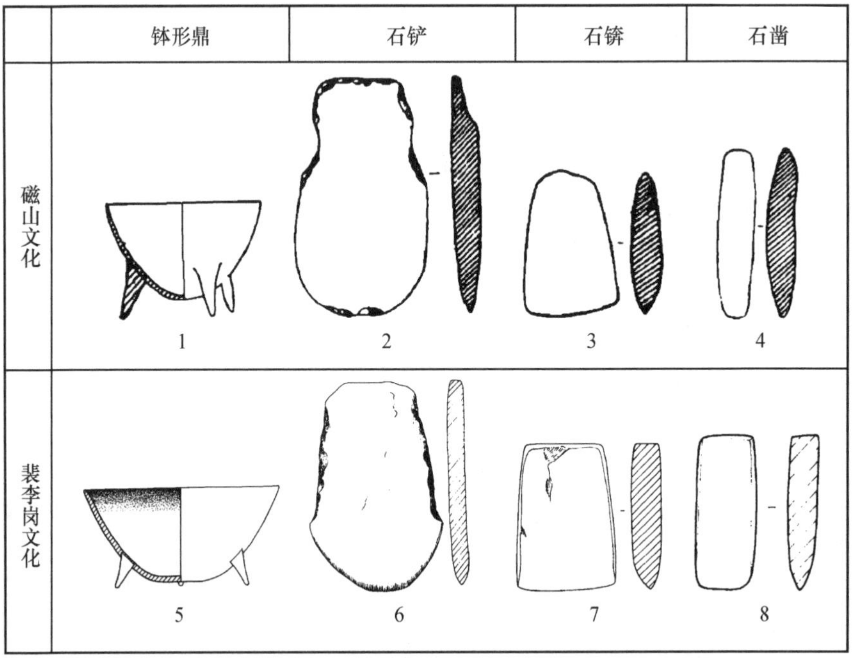

图七六　裴李岗文化与磁山文化遗存对比
1、5.钵形鼎（H90：1、T109③B：17）　2、6.石铲（H310：7、T31③B：8）　3、7.石锛（H265：10、M241：3）　4、8.石凿（H363：2、M55：6）
（1—4.磁山遗址　5—8.贾湖遗址）

综上，我们推断应是较早的磁山文化遗存南下导致了贾湖文化向裴李岗文化的转变，裴李岗文化中的壶、钵等因素应与贾湖文化有关，钵形鼎、石铲、石锛、石凿等因素应与磁山文化南下有关。

第二节 裴李岗文化的发展

裴李岗文化从形成开始，在不同时期与周边文化存在着不同程度不同性质的互动，在此过程中裴李岗文化自身也在不断变迁。

一、裴李岗文化一期向二期的转变

裴李岗文化之前的贾湖文化中出现有圜底壶，而裴李岗一期遗存中未见，裴李岗文化二期遗存相较于一期来说，新出现了罐形鼎和圜底壶，因此推断裴李岗文化二期中出现的圜底壶应来自周边遗存的影响而非贾湖文化中。周边同时期文化中，圜底器主要见于后李文化中。

后李文化以山东省淄博市临淄区后李官庄遗址的发现与发掘而命名[1]，主要分布在泰沂山北麓的前平原地带，东起淄河东岸，西至济南长清。代表性的遗址有章丘小荆山[2]、章丘西河[3]、潍坊前埠下[4]、长清月庄[5]、诸城六吉庄子[6]和济南张马屯[7]等。

---

[1] 济青公路文物考古队：《山东临淄后李遗址第一、二次发掘简报》，《考古》1992年第11期。

[2] 山东省文物考古研究所、章丘市博物馆：《山东章丘市小荆山遗址调查、发掘报告》，《华夏考古》1996年第2期。

[3] 山东省文物考古研究所：《山东章丘市西河新石器时代遗址1997年的发掘》，《考古》2000年第10期。

[4] 山东省文物考古研究所、寒亭区文物管理所：《山东潍坊前埠下遗址发掘报告》，《山东省高速公路考古报告集（1997）》，科学出版社，2000年。

[5] 山东大学东方考古研究中心等：《2003年长清月庄遗址发掘的主要收获》，载山东大学东方考古研究中心编：《东方考古研究通讯》第1期，2003年；山东大学东方考古研究中心、山东省文物考古研究所、济南市考古研究所：《山东济南长清区月庄遗址2003年发掘报告》，《东方考古》（第2集），科学出版社，2006年。

[6] 山东省文物考古研究所、诸城市博物馆：《山东诸城市六吉庄子新石器时代遗址调查》，《华夏考古》2007年第2期。

[7] 张马屯遗址考古队：《济南市张马屯遗址新石器时代早期文化遗存》，《考古》2018年第2期。

后李文化的遗存主要为圜底器，器类主要为釜，另有钵、匜和横耳罐等（图七七）。

目前后李、西河、前埠下、月庄和张马屯等遗址公布有测年数据[①]，结合测年数据，推断后李文化的年代大体为公元前7050—前5000年。

后李文化中的釜可分为两大类，一类是尖圜底腹部较深，一类是大圜底腹部较浅。裴李岗文化二期中出现的罐形鼎上部为大圜底，与后

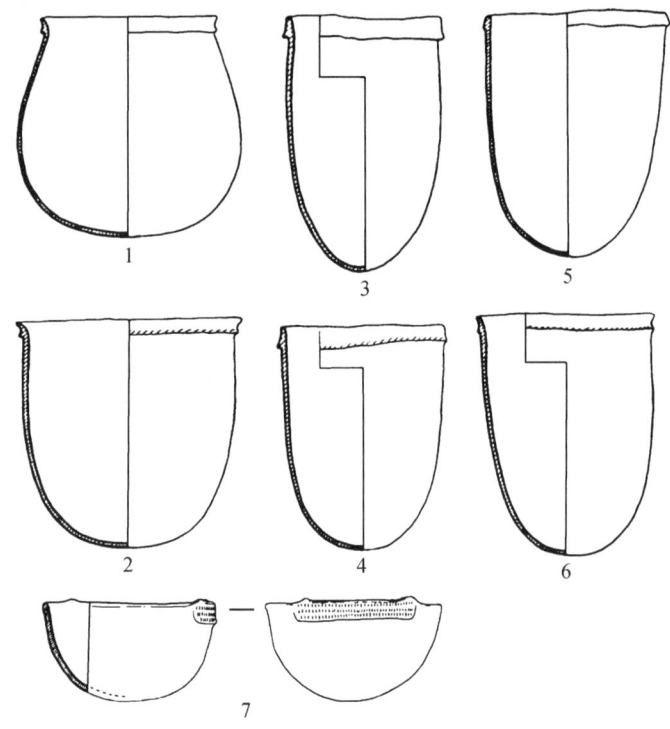

图七七　小荆山F1的陶器
1—6. 釜（F1：1、F1：2、F1：3、F1：4、F1：5、F1：6）　7. 匜（F1：21）

---

① 北京大学考古系碳十四实验室：《碳十四年代测定报告（一〇）》，《文物》1996年第6期；中国社会科学院考古研究所考古科技实验研究中心：《放射性碳素年代测定报告（二六）》，《考古》2000年第8期；张马屯遗址考古队：《济南市张马屯遗址新石器时代早期文化遗存》，《考古》2018年第2期；Gary W.Crawford、陈雪香、王建华：《山东济南长清区月庄遗址发现后李文化时期的炭化稻》，《东方考古》（第3集），科学出版社，2006年；吴文婉、张克思、王泽冰、靳桂云：《章丘西河遗址（2008）植物遗存分析》，《东方考古》（第10集），科学出版社，2013年；中国社会科学院考古研究所编著：《中国考古学·新石器时代卷》，中国社会科学出版社，2010年。

李文化中的釜形态非常相似。另外，裴李岗文化一期时不见圜底器，从裴李岗文化二期开始出现的圜底壶也可分为两类：一类是尖圜底，如水泉M86：2；一类是大圜底，如裴李岗M83：1、水泉M72：2等（图七八）。

据此我们推断，裴李岗文化二期中的罐形鼎以及圜底壶应是受后李文化的影响而产生的，后李文化向西方向的推进导致了裴李岗文化一期向二期的转变。

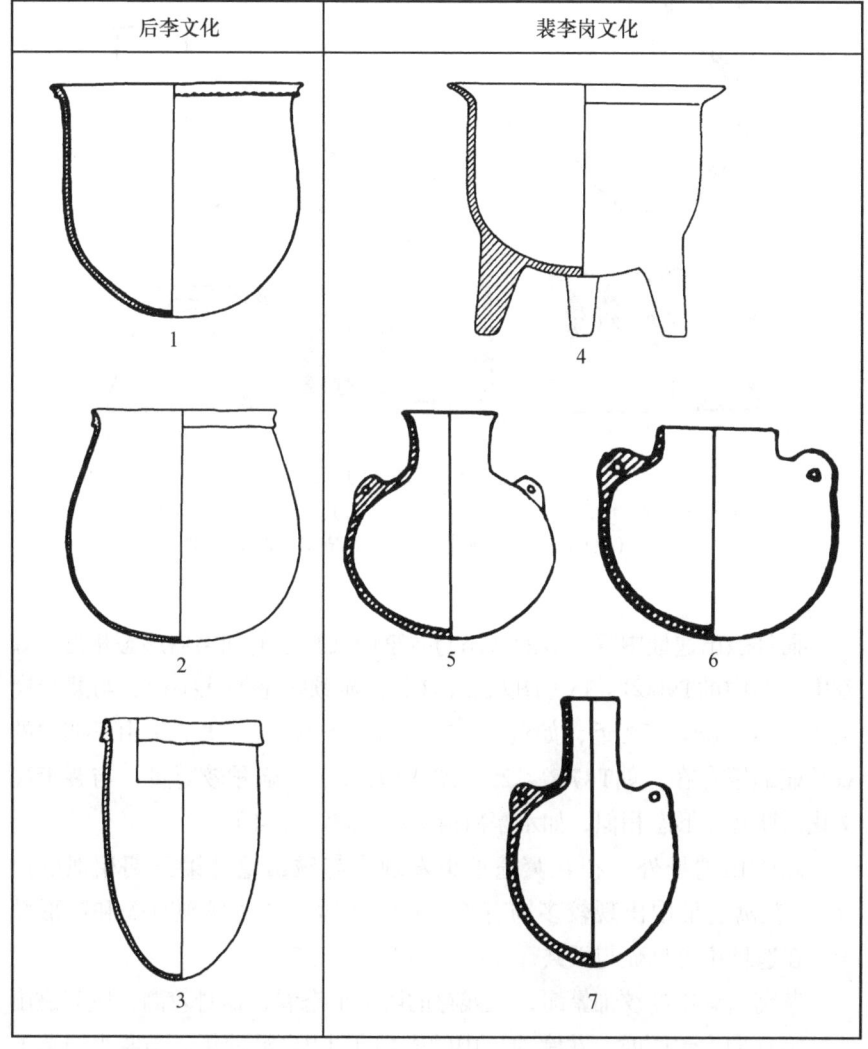

图七八　后李文化与裴李岗文化中的陶圜底器
1. 小F2：21　2. 小F1：1　3. 小F1：3　4. 贾H102：3　5. 裴M83：1
6. 水M72：2　7. 水M86：2
（小，小荆山；贾，贾湖；裴，裴李岗；水，水泉）

二、裴李岗文化向北的扩张

裴李岗文化时期，北方地区同时期的文化主要是磁山文化。根据上文分析可知，磁山文化的主要器类为陶盂、支架、罐和钵形鼎等。而磁山文化从第二期开始出现陶双耳壶，与陶盂、支架、钵形鼎等共存（图七九）。

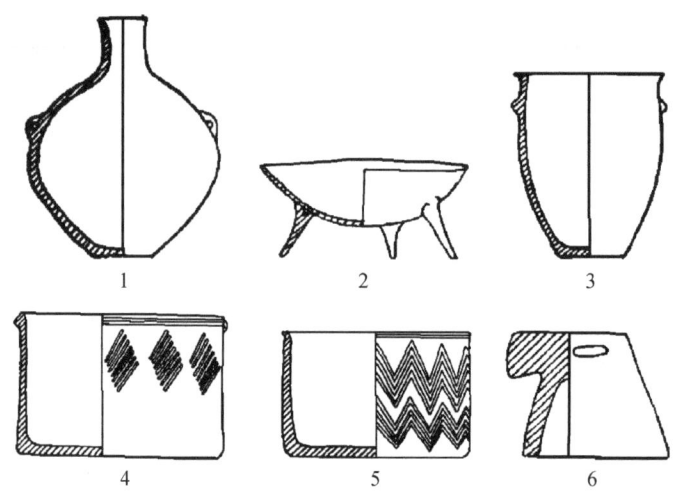

图七九　磁山T96②的陶器
1. 壶（T96②：35）　2. 钵形鼎（T96②：22）　3. 罐（T96②：26）
4、5. 盂（T96②：32、T96②：38）　6. 支架（T96②：43）

而且磁山遗址中双耳壶的形态与裴李岗文化中的同类器形态相近。如磁山二期中的T96②：35（图八〇，1），壶颈略呈倒八字形，与裴李岗文化一期陶壶形态相近，如贾湖M270：1（图八〇，3）。磁山三期中的双耳壶继续存在，如T87②：25（图八〇，2），壶颈较竖直，与裴李岗文化二期陶壶形态相似，如水泉M14：1（图八〇，4）。

除磁山遗址外，在花窝遗址也发现有与磁山遗址第三期相似的遗存[①]。花窝遗址中出现较多饰有长条划纹的盂，同时发现有壶和钵形鼎等，在遗址中可见壶与盂共存（图八一）。

花窝遗址中的纹饰繁缛，从残存的陶盂形态看，器身较高，应与磁山遗址第三期大致同时。花窝遗址中的壶T1①：2口沿较短，与裴李岗墓地

---

① 安阳地区文管会、淇县文化馆：《河南淇县花窝遗址试掘》，《考古》1981年第3期。

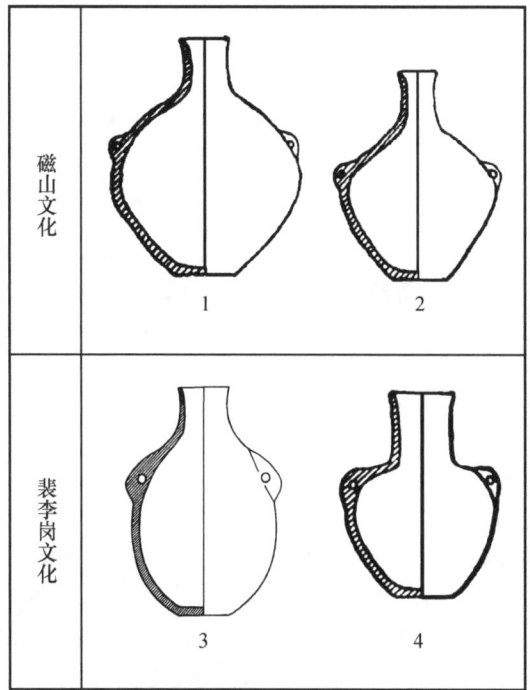

图八〇　磁山文化与裴李岗文化陶器对比
1. 磁山T96②：35　2. 磁山T87②：25　3. 贾湖M270：1　4. 水泉M14：1

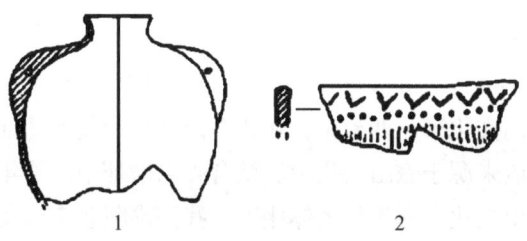

图八一　花窝T1①的陶器
1. 壶（T1①：2）　2. 盂（T1①：3）

二期中的壶M40：1相似，年代应相近。

综合上文分析，我们推断裴李岗文化一期时即进入到磁山地区，导致了磁山一期向磁山二期的转变，在裴李岗文化二期时对磁山地区持续影响，形成了磁山三期遗存（图八二）。

裴李岗文化在改变磁山文化面貌的同时，磁山文化对裴李岗文化的发展也产生了一定的影响。椭圆形陶盂是磁山二期和三期中比较典型的器物，在磁山遗址中发现数量较多，发展序列较清晰。在裴李岗文化二期时

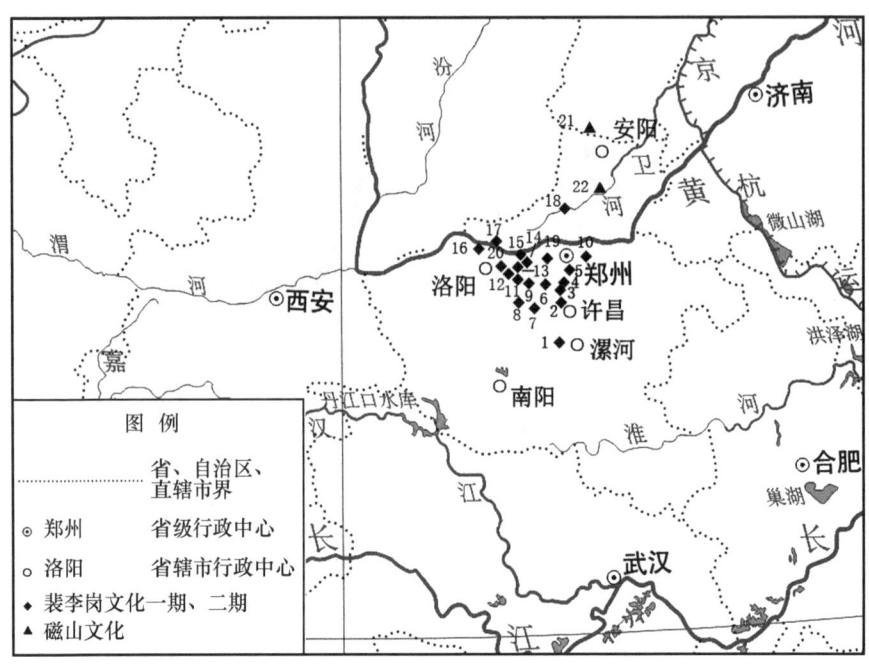

图八二 裴李岗文化向北的扩张示意图

1.贾湖 2.石固 3.唐户 4.裴李岗 5.沙窝李 6.莪沟北岗 7.水泉 8.中山寨 9.王城岗 10.宋庄 11.北营 12.东山原 13.坞罗西坡 14.水地河 15.瓦窑嘴 16.寨根 17.长泉 18.孟庄 19.朱寨 20.高崖 21.磁山 22.花窝

审图号：GS京（2022）0653号

新出现有椭圆形陶钵，如裴李岗M111：6、M17、M54：5、M37：7等，此类钵在裴李岗文化第一期未见，在裴李岗文化的其他遗址中也未见到，推测此类因素应来源于磁山文化中。结合磁山遗址中的测年数据，裴李岗文化二期与磁山文化三期年代大体相当，我们推断裴李岗文化二期中的椭圆形因素应是受到了磁山三期遗存的影响。

三、裴李岗文化向南的渗透

裴李岗文化时期，西南方向与裴李岗文化基本同时的文化遗存主要有彭头山文化和宜都枝城北H1。

彭头山文化主要分布在洞庭湖西北澧阳平原，以彭头山遗址命名，同类遗存还见于八十垱遗址中[①]。彭头山文化的陶器以夹炭夹砂陶为主，夹炭夹稻陶和夹炭陶次之，还有少量夹砂陶。绝大部分陶器通体饰纹，素

---

① 湖南省文物考古研究所：《彭头山与八十垱》，科学出版社，2006年。

面陶较少，纹饰主要为绳纹，另有戳印纹、捺压纹、刻划纹、锯齿及按窝纹、泥突或乳钉纹、镂孔等。器类主要为罐、钵、盘、釜、支座等，另有双耳壶、碟、杯和勺等（图八三）。

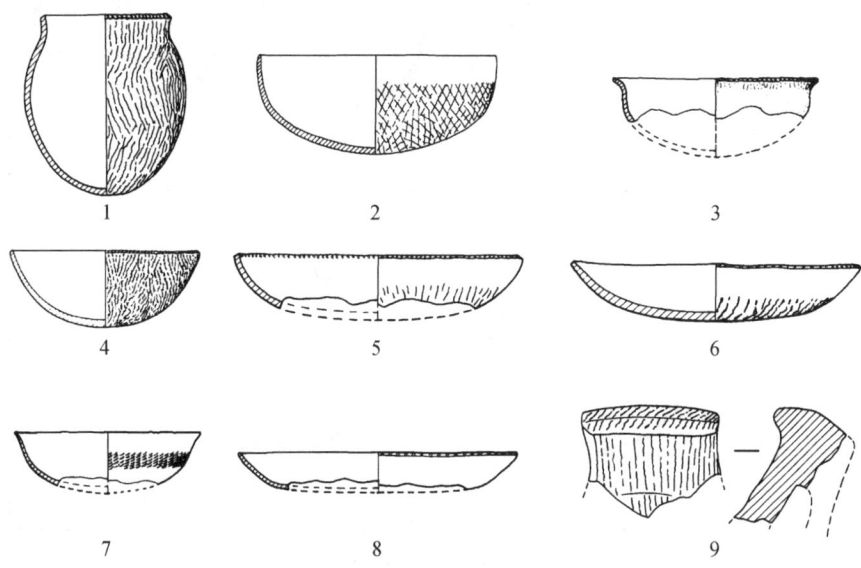

图八三　彭头山H1的陶器

1. 罐（H1∶6）　2、4、7. 钵（H1∶14、H1∶3、H1∶29）　3、5、6、8. 盘（H1∶22、H1∶8、H1∶44、H1∶24）　9. 支座（H1∶2）

彭头山报告中认定的彭头山文化年代范围为距今9000—7600年，余西云先生通过探索遗存的谱系，认定彭头山文化的年代范围不会超出裴李岗文化的年代范围，估计彭头山文化年代范围在公元前6170—前5600年之间[①]。

彭头山文化除了上述主要器类外，还有少量单位共出有双耳壶（图八四）。

根据报告《彭头山与八十垱》中对彭头山遗址和地层与遗迹单位的分段结果，H9、M36属于彭头山文化一期第Ⅰ段，M27属于彭头山文化一期第Ⅱ段，T5②属于彭头山文化二期第Ⅲ段。

然而，检视这几件陶壶的特征，H9∶1（图八五，1）与T5②∶1（图八五，2）壶颈较长，呈倒八字形，与裴李岗文化一期陶壶特征较为相似。其中H9∶1与裴李岗文化一期陶壶形态相似，如贾湖M270∶1（图

---

① 余西云：《长江中游及周边地区几类新石器时代早期遗存的谱系与年代》，《新果集——庆祝林沄先生七十华诞论文集》，科学出版社，2009年。

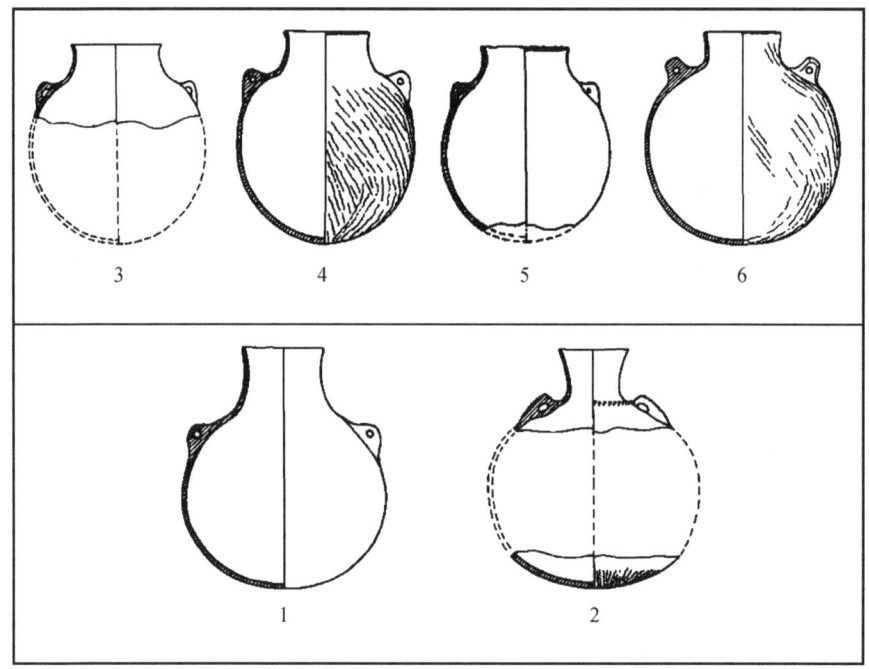

图八四　彭头山遗址中的陶双耳壶
1. H9∶1　2. T5②∶1　3. M27∶4　4. M27∶5　5. M27∶6　6. M36∶1

八五，4）和M253∶1（图八五，5）。因此推断这两件壶的年代应大体相当于裴李岗文化一期。

　　M27∶4和M36∶1（图八五，3）陶壶壶颈较短，呈近竖直状，与裴李岗文化第二期陶壶特征较为相似，如莪沟北岗M31∶1（图八五，6）。因此推断这两件壶的年代应大体相当于裴李岗文化二期。

　　八十垱遗址中的彭头山文化遗存略晚于彭头山遗址中的彭头山文化遗存，八十垱遗址中的双耳壶扁腹较明显，与裴李岗文化中的双耳壶及彭头山文化早期的双耳壶形态略有不同，我们推断裴李岗文化在彭头山文化地区的影响并未长期持续下去。裴李岗文化第二期后，双耳壶成为彭头山文化中的一部分，其逐渐脱离裴李岗文化的发展轨道而沿着自身的轨迹发展。此种自身演变轨迹在八十垱遗址中可以得到更清晰的证明。八十垱遗址中的双耳壶也许是在其发展过程中受到了彭头山文化中釜的形态影响的结果（图八六）。

　　另外，彭头山和八十垱遗址中均见到有饰绳纹的双耳壶，此类壶不见于裴李岗文化，亦应是裴李岗文化与当地文化因素融合的产物（图八七）。

第四章 谱系研究 153

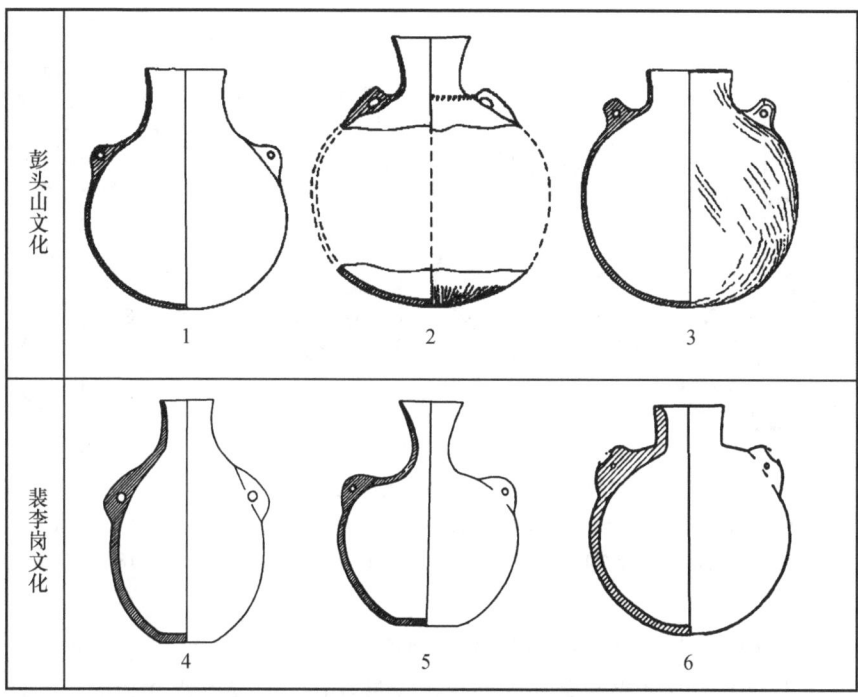

图八五 彭头山文化与裴李岗文化陶器对比
1. H9∶1 2. T5②∶1 3. M36∶1 4. M270∶1 5. M253∶1 6. M31∶1
（1—3. 彭头山遗址 4、5. 贾湖遗址 6. 莪沟北岗遗址）

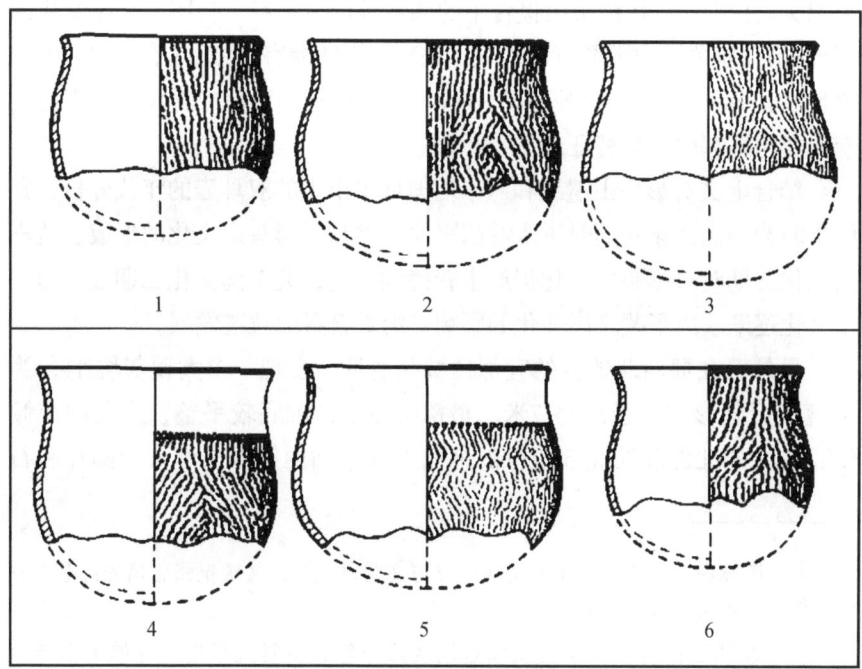

图八六 彭头山遗址中的陶釜
1. H2∶15 2. H2∶18 3. H9∶2 4. T12④∶4 5. T13③∶32 6. T14②∶4

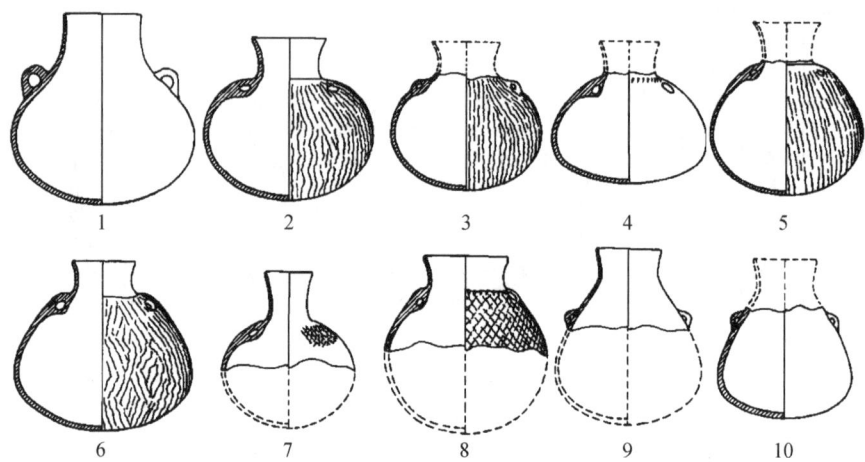

图八七　八十垱遗址中的陶双耳壶
1. M45∶1　2. M9∶2　3. T2⑨∶5　4. T2⑨∶6　5. T5（10）∶126　6. T22（11）∶32
7. T28⑥∶1　8. T47（16）∶12　9. T48（16）∶9　10. T48（16）∶181

陈冰白先生认为"湖南彭头山见到有裴李岗式的陶器"[①]，余西云先生认为"因为双耳壶在裴李岗文化中大量存在，是裴李岗文化的典型器类，认为彭头山文化中的双耳壶是来自裴李岗文化的元素"，并认为"甑皮岩第一、二、三期为代表的遗存极有可能就是彭头山文化的源，至少是其源头之一"[②]。从彭头山报告中的墓葬登记表来看，21座彭头山文化的墓葬中有3座墓葬中随葬有双耳壶，在M27中随葬有3件双耳壶。在八十垱遗址中，98座墓葬中有5座墓葬中随葬有双耳壶，墓葬中随葬双耳壶是裴李岗文化墓葬的典型特征。

结合上文对彭头山遗址和八十垱遗址中出土的双耳壶的年代分析，我们推断裴李岗文化一期时进入澧阳平原，参与了彭头山文化的形成。裴李岗文化二期时对彭头山文化仍产生着持续影响，裴李岗文化二期之后彭头山文化逐渐脱离了裴李岗文化的影响，沿着自身的轨迹发展。

另外，在鄂西北地区的宜都枝城北遗址，发现一个大型灰坑H1，为不规则近圆形，直径5—5.7米，最深0.55米，坑底较平整，由北向南倾斜，在坑的北部和西北部边缘的平面上和平面内侧堆放着大量陶片和石

---

① 陈冰白：《谈考古学的文化研究与文明研究》，《庆祝张忠培先生七十岁论文集》，科学出版社，2004年。

② 余西云：《长江中游及周边地区几类新石器时代早期遗存的谱系与年代》，《新果集——庆祝林沄先生七十华诞论文集》，科学出版社，2009年。

器，发掘者推断H1可能是一座半地穴式房基[①]。

枝城北H1中主要器类组合为鼓腹圜底罐形鼎、鼓腹圜底釜、近直腹圜底釜、卷沿双耳罐、折沿罐、双耳壶、圜底盆、花边微内凹底盆、靴形支座和圜底盘等。

枝城北H1中的遗存可分为两组：A组遗存包括鼓腹双耳壶、圜底罐形鼎、卷沿双耳罐和折沿罐等；B组遗存包括釜、盘、盆和支座等（图八八）。

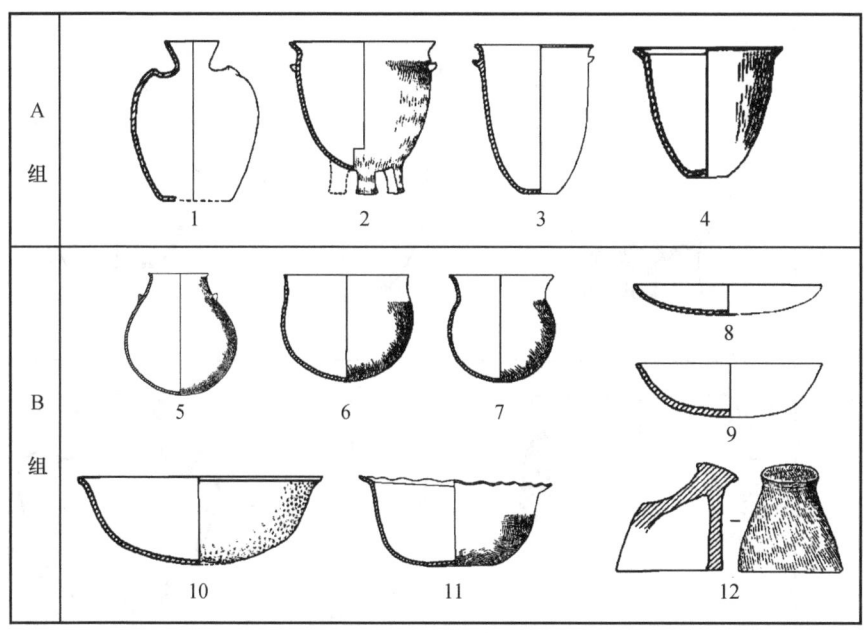

图八八　枝城北H1的陶器

1.双耳壶（H1:35）　2.鼎（H1:22）　3.卷沿罐（H1:5）　4.折沿罐（H1:12）
5—7.釜（H1:18、H1:1、H1:8）　8.盘（H1:29）　9.钵（H1:9）　10、11.盆
（H1:25、H1:6）　12.支座（H1:24）

A组遗存与裴李岗文化面貌相似，B组遗存与彭头山文化遗存相似。余西云先生曾将枝城北H1看成是裴李岗文化深入鄂西南地区并吸收了邻近的八十垱时期文化因素形成的[②]。

---

① 湖北省文物考古研究所：《宜都城背溪》，文物出版社，2001年。
② 余西云：《长江中游及周边地区几类新石器时代早期遗存的谱系与年代》，《新果集——庆祝林沄先生七十华诞论文集》，科学出版社，2009年。

其中A组遗存中的卷沿罐H1∶5（图八九，2）与裴李岗文化二期中的卷沿罐形态相似，如贾湖H104∶5（图八九，5）；双耳壶H1∶35（图八九，3）颈部较短，与裴李岗文化二期中的陶壶特征相似，如贾湖M47∶1（图八九，6）。陶鼎H1∶22（图八九，1）上部的罐有内折角，与裴李岗文化二期中的罐形态相似，如贾湖H19∶34（图八九，4），因此推断枝城北H1的年代与裴李岗文化二期年代应大致相同。

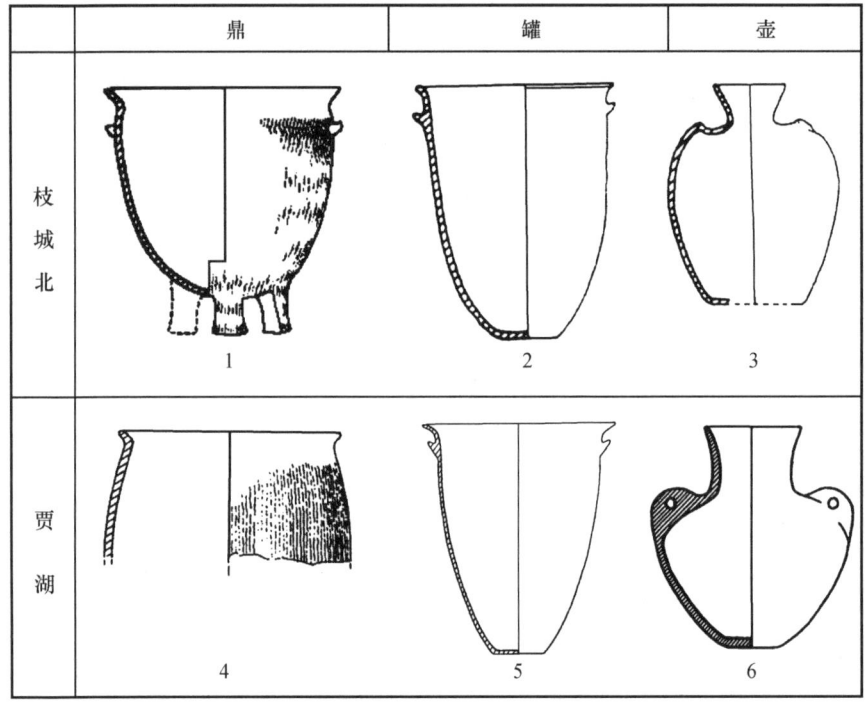

图八九　枝城北H1与贾湖遗址陶器对比
1. H1∶22　2. H1∶5　3. H1∶35　4. H19∶34　5. H104∶5　6. M47∶1
（1—3.枝城北遗址　4—6.贾湖遗址）

枝城北H1应是裴李岗文化与彭头山文化结合形成的，即裴李岗文化二期时，除了在澧阳平原的彭头山文化中可持续见到裴李岗文化的影响外，在鄂西南地区也见到了裴李岗文化的因素，可见到裴李岗文化向南的渗透影响（图九〇）。

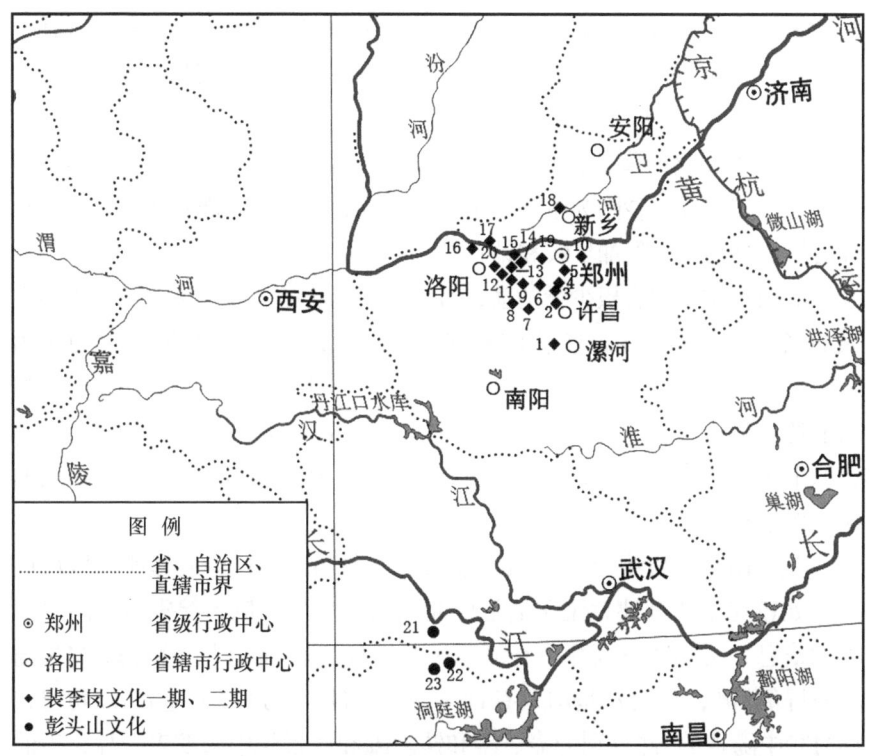

图九〇　裴李岗文化向南的渗透示意图

1.贾湖　2.石固　3.唐户　4.裴李岗　5.沙窝李　6.莪沟北岗　7.水泉　8.中山寨
9.王城岗　10.宋庄　11.北营　12.东山原　13.坞罗西坡　14.水地河　15.瓦窑嘴
16.寨根　17.长泉　18.孟庄　19.朱寨　20.高崖　21.枝城北　22.八十垱　23.彭头山

审图号：GS京（2022）0653号

四、裴李岗文化向东的发展

裴李岗文化时期，东南方向与裴李岗文化同时期的遗存主要为顺山集文化，东边有双墩文化和北辛文化，东北方向有后李文化等。

（一）裴李岗文化向东南的辐射

裴李岗文化时期，东南方向与裴李岗文化关系密切的遗存主要为顺山集文化和小山口一期遗存。

顺山集文化主要分布在淮河中下游，以顺山集遗址第一、二期遗存为代表[①]，还见于濉溪石山孜一期遗存[②]、宿州芦城孜早期遗存[③]、泗县于庄遗存[④]和泗洪韩井遗存中[⑤]。顺山集文化的遗存年代为距今8200—7500年[⑥]。

顺山集文化的陶器主要为陶釜，另有罐、钵和少量的壶、碗等（图九一）。陶质以夹砂陶为主，少量为泥质或夹炭陶，素面陶较多，纹饰有乳钉纹、刻划纹、附加堆纹和钻孔等。

顺山集文化中有极少量的壶，目前主要见于顺山集遗址中，报告中发表的完整器有2件：T2055④：1和M39：1。T2055④：1（图九二，1）为顺山集一期遗存，壶颈较长，略呈倒八字形，其形态与裴李岗文化一期的陶壶特征相似，如沙窝李M13：1（图九二，3）。M39：1（图九二，2）为顺山集二期遗存，壶颈较短，壶口微外撇，其形态与裴李岗文化二期的陶壶形态相似，如水泉M72：2（图九二，4）。

在顺山集报告中公布的顺山集二期墓葬70座，这些墓葬所在区域应是一处较完整的墓地，位于遗址西北区域，环壕外侧，检索报告附表三中的信息，可知70座墓葬中有随葬品的只有7座，而且只有M22和M39随葬3件随葬品，其余几座均只有1件釜或者1件钵。M22中随葬3件陶釜，而M39中随葬的3件分别为壶、罐和钵。罐和钵报告中未发表图片，壶的形态与水泉M72：2相似。从顺山集二期这些墓葬的埋葬方式来看，以单人葬为主（多为一次葬，只1座二次葬M23），非单人葬的3座墓M31、M34、M65均只残存骨痕，报告中依据骨痕判断为双人葬，3座墓葬均无随葬品。这批墓葬唯独M39例外，是多人合葬，至少为6个个体，3个个

---

① 南京博物院、泗洪县博物馆：《顺山集：泗洪县新石器时代遗址考古发掘报告》，科学出版社，2016年；林留根：《论顺山集文化》，《考古》2017年第3期。

② 安徽省文物考古研究所：《安徽濉溪石山子新石器时代遗址》，《考古》1992年第3期；安徽省文物考古研究所等：《濉溪石山孜——石山孜遗址第二、三次发掘报告》，文物出版社，2017年。

③ 叶润清：《安徽省宿州市芦城子遗址发掘简报》，《文物研究》第9辑，黄山书社，1994年；安徽省文物考古研究所等：《宿州芦城孜》，科学出版社，2016年。

④ 山东大学历史文化学院等：《安徽泗县新石器时代中期遗址的调查与研究》，《东南文化》2018年第1期。

⑤ 中国国家博物馆等：《江苏泗洪韩井遗址2014年发掘简报》，《东南文化》2018年第1期；中国国家博物馆等：《江苏泗洪韩井遗址2015—2016年发掘简报》，《东南文化》2018年第1期。

⑥ 胡清波：《顺山集遗存研究》，武汉大学硕士学位论文，2018年。

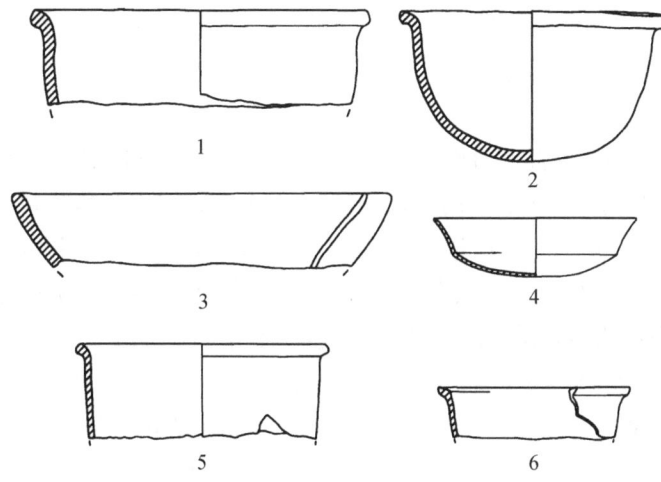

图九一　顺山集H4的陶器

1、2、5、6.釜（H4：8、H4：1、H4：3、H4：4）　3.钵（H4：6）　4.盆（H4：2）

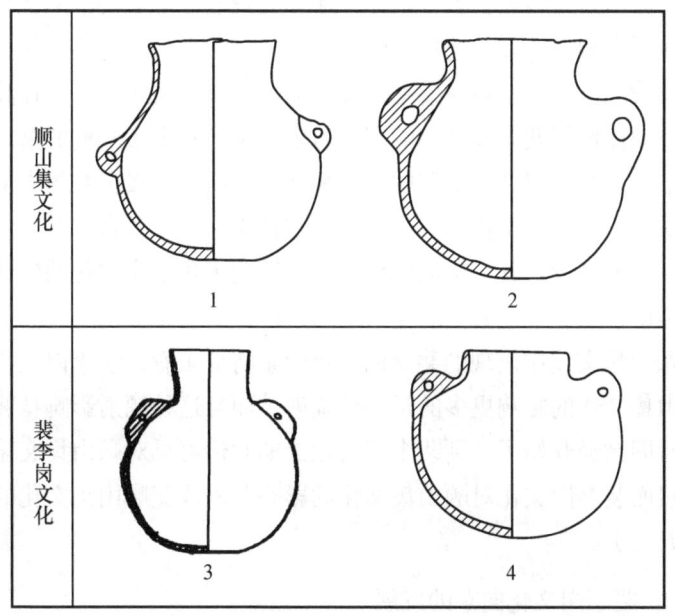

图九二　顺山集文化与裴李岗文化陶器对比

1.顺T2055④：1　2.顺M39：1　3.沙M13：1　4.水M72：2
（顺，顺山集；沙，沙窝李；水，水泉）

体年龄大体在12—15岁之间，性别不明，均为仰身直肢葬，头向与其他墓葬头向基本相同，均为头北脚南。墓中有随葬品3件，分别为壶、罐和钵。

合葬习俗在前仰韶时期主要见于裴李岗文化的贾湖墓地中，在贾湖遗址前六次发掘的属于裴李岗文化的313座墓葬中，多人合葬墓共有47座，占比达15%。其中二人合葬墓共28座，三人合葬墓共9座，四人合葬墓共7座，五人合葬墓2座，六人合葬墓1座。其中有8座合葬墓中未见随葬品，另有4座墓葬无陶器随葬品，剩下的35座合葬墓的随葬品中均至少有1件陶壶。第七次发掘的属于裴李岗文化的81座墓葬中，多人合葬墓共有11座，占比达13.6%。其中二人合葬墓5座，三人合葬墓2座，四人合葬墓2座，五人合葬墓1座，二十三人合葬墓1座。所有的合葬墓中均有随葬品，除M449中未见陶器外，其余合葬墓中至少有一件陶壶。从贾湖遗址历次的发掘中我们可以看到，多人合葬墓在贾湖墓地中是占有相当比例的。

顺山集M39为多人合葬，墓葬中随葬的陶壶形态与裴李岗文化二期墓中的陶壶形态相似，而且选择以陶壶随葬也是裴李岗文化墓葬最显著的习俗。据此我们推测，M39的墓主人应该来自裴李岗文化，而且在其死后还比较完整地保留了裴李岗文化的埋葬习俗。整个顺山集二期的墓地中只有这一个墓葬与裴李岗文化墓葬的习俗相同，推测只有极少数的人从裴李岗文化区来到了顺山集文化区，带来了陶器技术并保留了自己的习俗，且从其能埋入墓地来看，其在生前应该是已经适应了顺山集文化的生活方式，并且与顺山集文化本地人群的生活融为一体。

从顺山集文化中出现的裴李岗文化因素特征来看，裴李岗文化对东南方向顺山集文化的影响更多的是一种辐射，而且这种辐射影响从裴李岗文化一期时即已经开始了，到裴李岗文化二期时仍可见对顺山集文化的辐射影响，然而裴李岗文化对顺山集文化的影响并未改变顺山集文化的整体进程（图九三）。

（二）裴李岗文化向东的发展

双墩文化主要分布在鲁中南至淮河中游地区，以双墩遗址为代表[①]，

---

① 安徽省文物考古研究所、蚌埠市博物馆：《蚌埠双墩》，科学出版社，2008年。

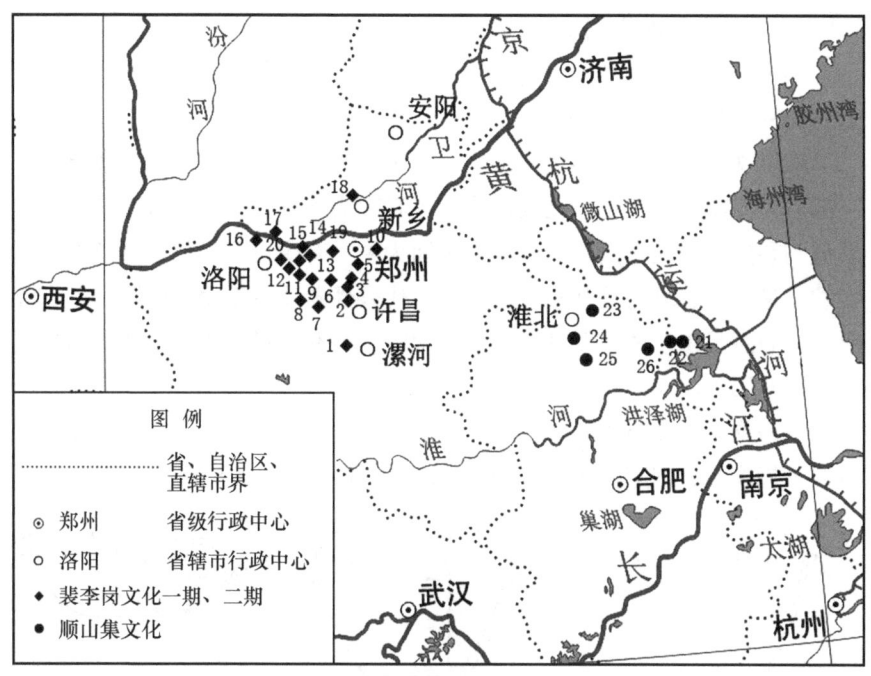

图九三　裴李岗文化向东南的辐射示意图

1. 贾湖　2. 石固　3. 唐户　4. 裴李岗　5. 沙窝李　6. 莪沟北岗　7. 水泉　8. 中山寨　9. 王城岗　10. 宋庄　11. 北营　12. 东山原　13. 坞罗西坡　14. 水地河　15. 瓦窑嘴　16. 寨根　17. 长泉　18. 孟庄　19. 朱寨　20. 高崖　21. 顺山集　22. 韩井　23. 小山口　24. 石山孜　25. 芦城孜　26. 于庄

审图号：GS京（2022）0653号

另见于小孙岗遗址中的新石器时代遗存[1]、石山孜二期遗存[2]、侯家寨一期[3]和武庄一期遗存[4]等，北辛遗址中以H501等为代表的早期[5]和济宁张山

---

① 淮南市博物馆：《安徽淮南市小孙岗遗址试掘收获》，《文物研究（第14辑）》，2005年；安徽省文物考古研究所、武汉大学历史学院考古系：《皖北小孙岗、南城孜、杨堡史前遗址试掘简报》，《考古》2015年第2期。

② 安徽省文物考古研究所等：《濉溪石山孜——石山孜遗址第二、三次发掘报告》，文物出版社，2017年。

③ 安徽省文物考古研究所：《安徽定远侯家寨新石器时代遗址发掘》，《考古学报》2019年第1期。

④ 河南省文物考古研究所：《河南鹿邑县武庄遗址的发掘》，《考古》2002年第3期。

⑤ 中国社会科学院考古研究所山东队、山东省滕县博物馆：《山东滕县北辛遗址发掘报告》，《考古学报》1984年第2期。

J1①中出土的遗存亦应属于双墩文化的范畴②。

根据北辛H501和双墩遗址中的测年数据③，推断双墩文化年代为公元前5600—前5000年。

双墩文化的陶质以夹蚌末为主，次为夹炭，少量夹云母末，还有极少一部分为泥质陶。陶色以红褐色为主，其次为外红内黑色，有一定数量的黑色陶和少量的灰色陶等。纹饰以素面为主，有少量刻划纹、戳刺纹、指切纹、篦点纹、乳钉纹和附加堆纹等。代表性器物有带錾手的罐形釜和钵形釜、假圈足碗、钵、双耳罐和陶支架等，另有少量的碗、器座和盂形器等（图九四）。

双墩文化中的小口双耳罐（壶）、钵和假圈足碗等器物的遗存特征与裴李岗文化二期遗存整体相似。如罐（壶）的颈部较矮，颈部与腹部

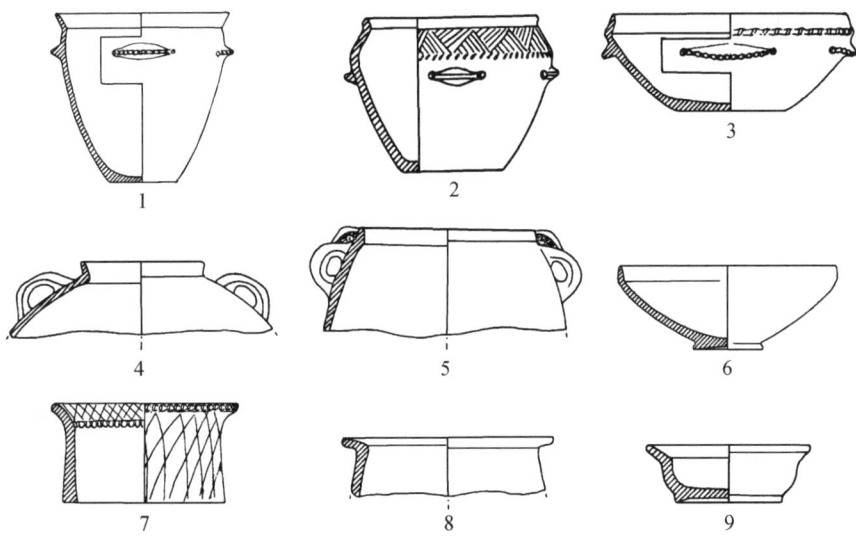

图九四　双墩91T0719⑬的陶器

1~3. 釜（91T0719⑬：61、91T0719⑬：57、91T0719⑬：64）　4、5. 罐（91T0719⑬：73、91T0719⑬：130）　6. 碗（91T0719⑬：7）　7. 器座（91T0719⑬：78）　8. 器座（91T0719⑬：80）　9. 盂形器（91T0719⑬：108）

---

① 济宁市文物考古研究室：《山东济宁市张山遗址的发掘》，《考古》1996年第4期。

② 韩建业：《双墩文化的北上与北辛文化的形成——从济宁张山"北辛文化遗存"论起》，《江汉考古》2012年第2期。

③ 中国社会科学院考古研究所：《中国考古学中碳十四年代数据集（1965—1991）》，文物出版社，1992年；安徽省文物考古研究所、蚌埠市博物馆：《蚌埠双墩》，科学出版社，2008年。

连接处微内收，钵腹微外弧。其中张山遗址中的双耳罐（壶）J1∶8（图九五，1）与裴李岗文化二期中的陶壶形态相似，如水泉M116∶1（图九五，4）；武庄遗址中的罐形釜H99∶7（图九五，2）与裴李岗文化二期中的折沿罐形态相似，如贾湖H374∶1（图九五，5）；北辛遗址中的钵H501∶2（图九五，3）与裴李岗文化二期中的钵形态相似，如贾湖H28∶57（图九五，6）。因此推断双墩文化此类遗存的来源应与裴李岗文化二期遗存相关。

双墩文化之后，在海岱地区兴起了北辛文化，北辛文化主要发现于鲁中南地区、鲁北地区、胶东半岛地区和苏北地区。代表性的遗址有北辛[①]、汶上东贾柏[②]、兖州王因[③]、临淄后李[④]、泰安大汶口[⑤]等。北辛文化陶器夹砂陶以黄褐色为主，另有少量夹蚌陶，泥质陶以红褐色为主，纹饰常见刻划纹、细泥条堆纹、篦纹、指甲纹、乳钉纹和锥刺纹等，遗存年代范围为距今7400—6100年。器类组合主要为鼎、釜、钵和小口双耳壶等（图九六）。

其中北辛报告中的"中期遗存"和东贾柏H13类遗存中出土有小口双耳壶和陶钵等，与双墩文化中的同类器物形态较为相似，而双墩文化中的此类器物应是受到了裴李岗文化二期遗存的影响（图九七）。

北辛文化中出现较多的饰有篦划纹或压划纹的鼎，而在夹砂陶器表饰篦划纹或压划纹的制陶技艺，在本地并没有源头，源头指向磁山文化或赵宝沟文化的可能性最大[⑥]。赵宝沟文化的年代在距今6200—6000年，上限

[①] 中国社会科学院考古研究所山东队、山东省滕县博物馆：《山东滕县北辛遗址发掘报告》，《考古学报》1984年第2期。

[②] 中国社会科学院考古研究所山东工作队：《山东汶上县东贾柏村新石器时代遗址发掘简报》，《考古》1993年第6期。

[③] 中国社会科学院考古研究所：《山东王因——新石器时代遗址发掘报告》，科学出版社，2000年。

[④] 济青公路文物考古队：《山东临淄后李遗址第一、二次发掘简报》，《考古》1992年第11期；济青公路文物工作队：《山东临淄后李遗址第三、四次发掘简报》，《考古》1994年第2期。

[⑤] 山东省文物考古研究所：《大汶口续集——大汶口遗址第二、三次发掘报告》，科学出版社，1997年。

[⑥] 余杰：《北辛文化遗存补识》，《珞珈史苑》，2013年。

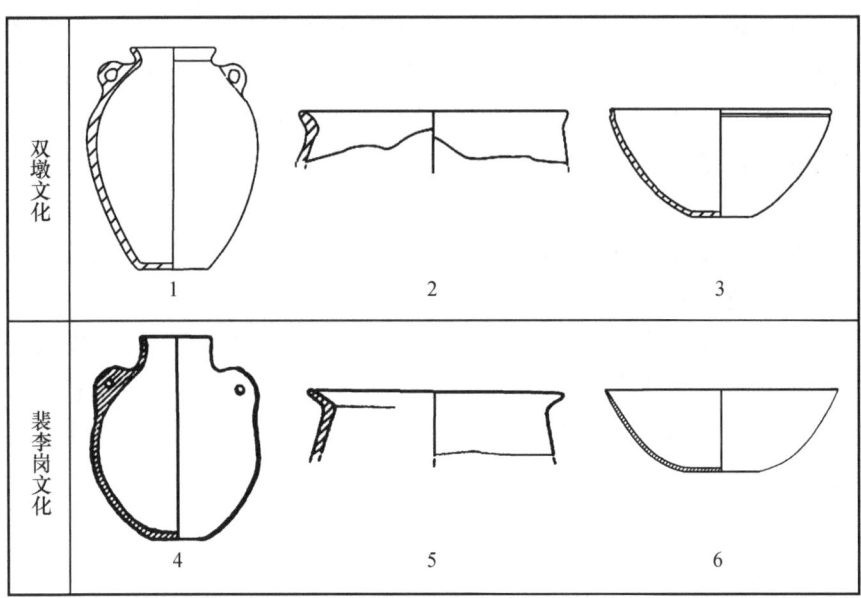

图九五　双墩文化与裴李岗文化陶器对比
1. 张山J1：8　2. 武庄H99：7　3. 北辛H501：2　4. 水泉M116：1　5. 贾湖H374：1
6. 贾湖H28：57

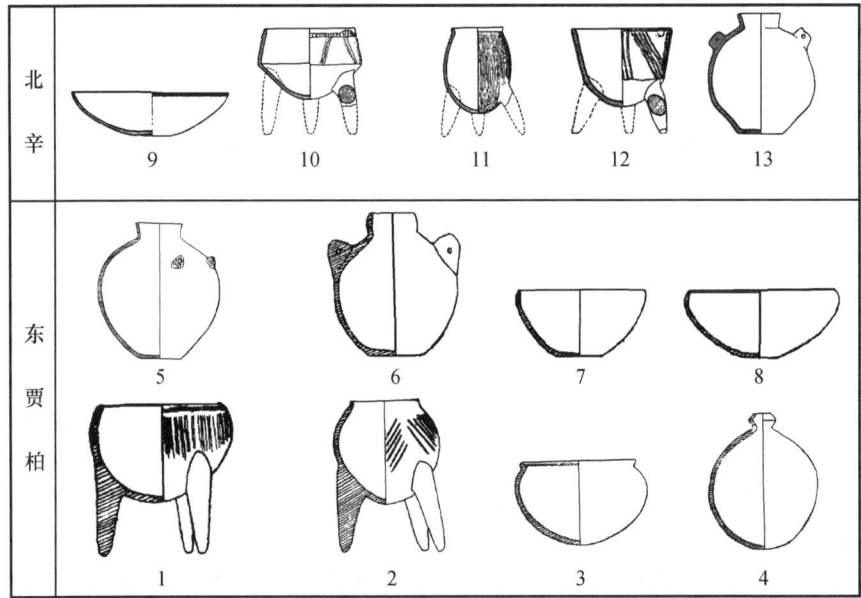

图九六　北辛文化陶器
1、10. 釜形鼎（H13：34、T604②：8）　2、11. 罐形鼎（H13：4、H1002：19）
3. 釜（H13：38）　4. 圜底罐（H13：39）　5. 罐（H13：41）　6、13. 双耳壶（H13：32、
H1002：12）　7. 碗（H13：23）　8、9. 钵（H13：28、T604②：4）　12. 钵形鼎
（H1002：17）

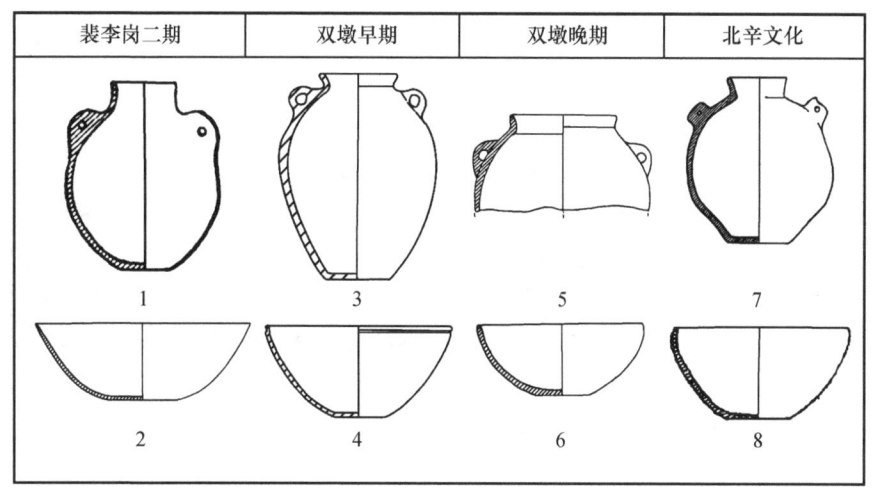

图九七　裴李岗文化、双墩文化和北辛文化陶器对比
1. 水泉M116：1　2. 贾湖H28：57　3. 张山J1：8　4. 北辛H501：2　5. 双墩92T0522⑮：114
6. 双墩92T0721⑧：65　7. 北辛H1002：12　8. 东贾柏H13：23

或可到距今6500年[①]，而磁山文化的年代大致为公元前7000—前5630年前后，则北辛文化中的这类纹饰更有可能来源于磁山文化，联系上文分析的裴李岗文化对磁山文化的强势影响，推断磁山文化向东推进或许与裴李岗文化向北的强势影响有关。

综上分析，裴李岗文化二期时向东发展，参与形成了双墩文化，双墩文化之后的北辛文化中出现的裴李岗文化因素，应是通过双墩文化实现的。北辛文化中出现的饰有篦划纹或压划纹的这类装饰技艺应与磁山文化有关，而磁山文化向东的推进或许与裴李岗文化向北方向的强势影响有关（图九八）。

（三）裴李岗文化向东北的扩展

裴李岗文化时期，东北方向与裴李岗文化关系密切的遗存是后李文化。

后李文化晚期的月庄遗址最靠近裴李岗文化遗存，在月庄遗址中出现了大量的带足石磨盘和石磨棒，还有圈足碗等（图九九），而这些因素在后李文化的其他遗址中基本不见，结合月庄遗址所处的位置和年代，可以看出裴李岗文化对月庄遗址后李文化遗存的影响。月庄遗址中出土的圈足碗器壁较斜直，器腹较浅，与裴李岗文化三期中圈足碗的形态相似。如瓦

---

① 中国社会科学院考古研究所：《中国考古学·新石器时代卷》，中国社会科学出版社，2010年。

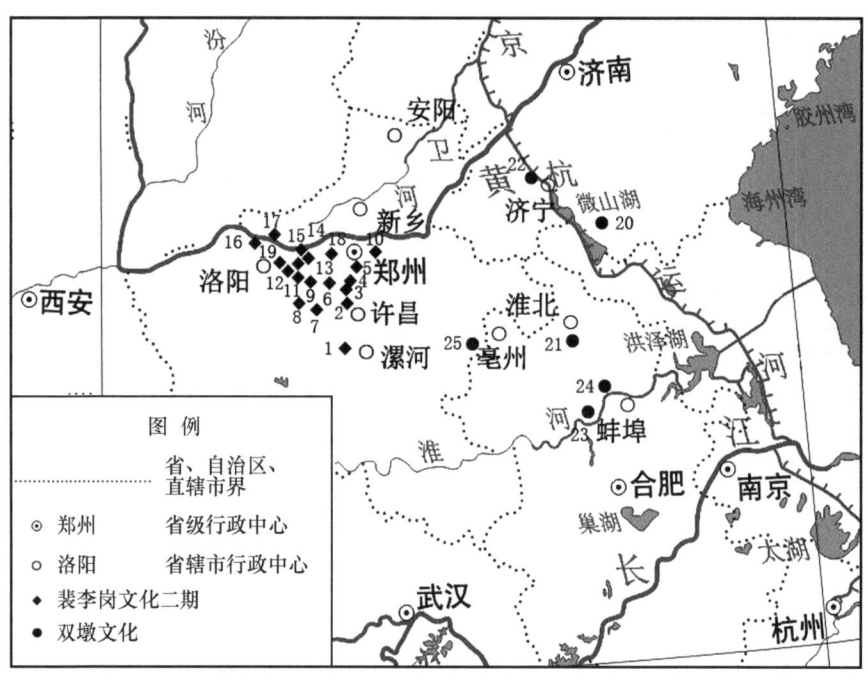

图九八　裴李岗文化向东的发展示意图

1. 贾湖　2. 石固　3. 唐户　4. 裴李岗　5. 沙窝李　6. 莪沟北岗　7. 水泉　8. 中山寨　9. 王城岗　10. 宋庄　11. 北营　12. 东山原　13. 坞罗西坡　14. 水地河　15. 瓦窑嘴　16. 寨根　17. 长泉　18. 朱寨　19. 高崖　20. 北辛　21. 石山孜　22. 张山　23. 小孙岗　24. 双墩　25. 武庄

审图号：GS京（2022）0653号

窑嘴二期中BbⅡ式碗WT4H5∶2等。

即裴李岗文化三期时，向东北方向发展进入到黄河下游鲁西地区，对后李文化产生了影响，目前主要见于月庄遗址（图一〇〇）。

五、裴李岗文化向西北的经营

裴李岗文化时期，西北方向与裴李岗文化关系密切的遗存主要为老官台文化。

老官台文化以陕西华县老官台遗址的发现和试掘而命名[①]，主要分布

[①] 北京大学考古教研室华县报告编写组：《华县、渭南古代遗址调查与试掘》，《考古学报》1980年第3期；张忠培：《关于老官台文化的几个问题》，《社会科学战线》1981年第2期。

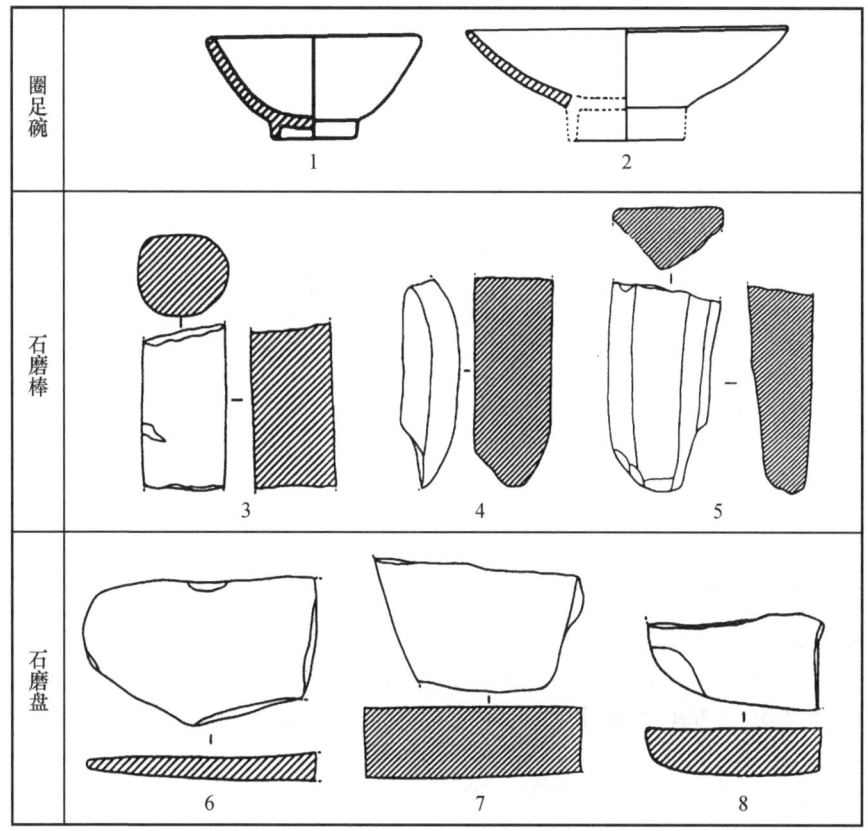

图九九 月庄遗址中的裴李岗文化因素遗存
1. H61∶11 2. H173∶1 3. H57∶2 4. H61∶2 5. H62∶3 6. H62∶2
7. H62∶7 8. H81∶2

在渭河流域和汉水流域，同类遗存在宝鸡北首岭①、西乡李家村②、临潼白家村③、天水西山坪和师赵村④、秦安大地湾⑤、宝鸡关桃园⑥、郧县庹

---

① 中国社会科学院考古研究所：《宝鸡北首岭》，文物出版社，1983年。

② 陕西省考古研究所、陕西省安康水电站库区考古队：《陕南考古报告集》，三秦出版社，1994年。

③ 中国社会科学院考古研究所：《临潼白家村》，巴蜀书社，1994年。

④ 中国社会科学院考古研究所：《师赵村与西山坪》，中国大百科全书出版社，1999年。

⑤ 甘肃省文物考古研究所：《秦安大地湾》，文物出版社，2006年。

⑥ 陕西省考古研究所、宝鸡市考古工作队：《陕西宝鸡市关桃园遗址发掘简报》，《考古与文物》2006年第3期；陕西省考古研究院、宝鸡市考古工作队：《宝鸡关桃园》，文物出版社，2007年。

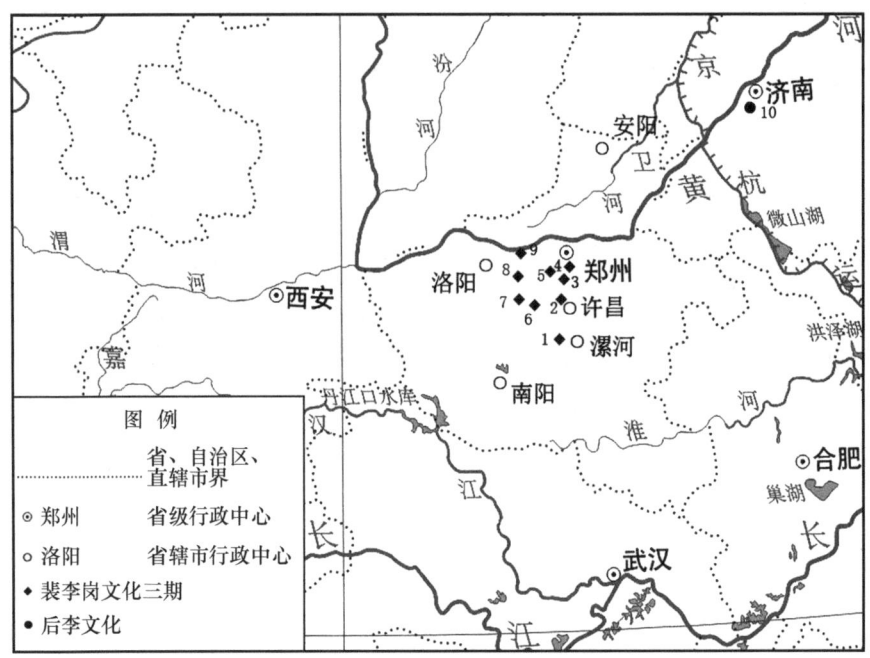

图一〇〇　裴李岗文化向东北的扩展示意图

1. 贾湖　2. 石固　3. 裴李岗　4. 沙窝李　5. 马良沟　6. 水泉　7. 中山寨　8. 坞罗西坡
9. 瓦窑嘴　10. 月庄

审图号：GS京（2022）0653号

家洲[①]等遗址中均有发现。

老官台文化以夹砂红褐陶和夹砂灰褐陶为主，泥质陶较少，器表多装饰绳纹。器物多见三足、圈足、圜底和平底，最有代表性的器物有钵、罐、钵形鼎、罐形鼎和碗等，另有少量的小口壶（图一〇一）。遗存年代为公元前5800—前5000年[②]。

老官台文化早期大地湾遗址中的素面圈足碗H12∶4（图一〇二，1）与裴李岗文化二期中的碗较为相似，如瓦窑嘴T1H2∶5（图一〇二，4）；老官台文化中期时出现的小口壶口颈较短，如大地湾 T315⑤∶6（图一〇二，2），与裴李岗文化三期中陶壶的特征相近，如石固M46∶1（图一〇二，5）；老官台文化晚期中的钵形鼎鼎足外撇较为严重，如白家村遗址中的T312②∶19（图一〇二，3），与裴李岗文化三期中的钵形鼎特征相近，如贾湖T103③∶19（图一〇二，6），且老官台文化中的钵

[①] 武汉大学考古学系等：《湖北郧县庹家洲遗址老官台文化遗存》，《考古》2016年第1期。

[②] 赵宾福：《老官台文化再研究》，《江汉考古》1992年第2期。

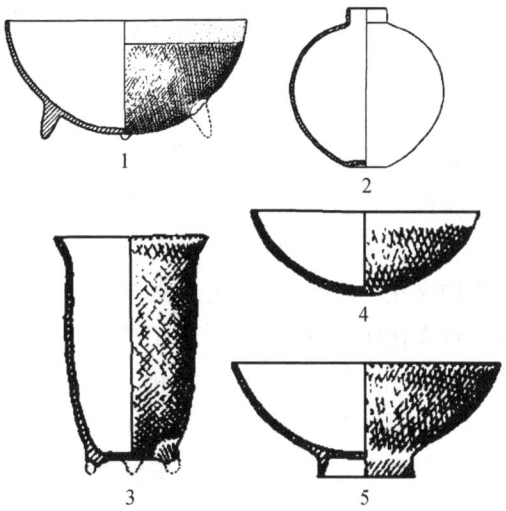

图一〇一　大地湾H363的陶器
1. 钵形鼎（H363∶1）　2. 小口壶（H363∶26）　3. 罐形鼎（H363∶29）
4. 圜底钵（H363∶42）　5. 圈足碗（H363∶31）

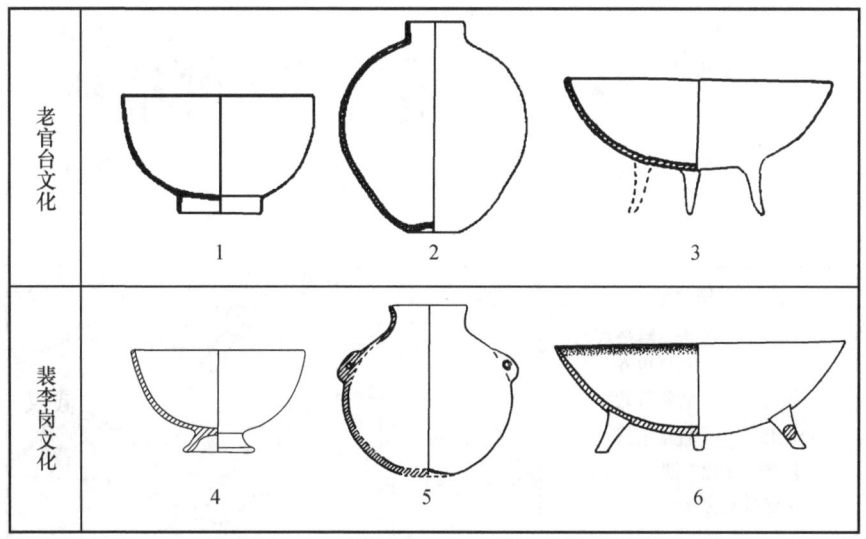

图一〇二　老官台文化与裴李岗文化陶器对比
1. 大H12∶4　2. 大T315⑤∶6　3. 白T312②∶19　4. 瓦T1H2∶5　5. 石M46∶1
6. 贾T103③∶19
（大，大地湾；白，白家村；瓦，瓦窑嘴遗址；石，石固；贾，贾湖）

形鼎演变趋势是足跟从竖直渐外撇,与裴李岗文化中钵形鼎的演变规律一致。因此推断老官台文化中出现的此类遗存当与裴李岗文化有关。

在老官台文化的后继文化半坡文化中,也可看到较多的裴李岗文化因素,如带耳的细颈壶应与裴李岗文化有着较为明显的联系[①]。

据此推断,裴李岗文化西进参与了老官台文化的形成,之后的老官台文化中一直可以看到裴李岗文化的影响,在老官台文化的后续文化半坡文化中仍可见到裴李岗文化的因素,也许正是裴李岗文化对老官台文化的不断影响导致了老官台文化向半坡文化的转变(图一〇三)。

裴李岗文化中亦可见到少量的老官台文化因素,在裴李岗文化三期的中山寨遗址中所见的彩陶片T102④:24和寨根遗址中所见的口沿有一圈红彩的陶钵有可能是受到了老官台文化彩陶的影响。

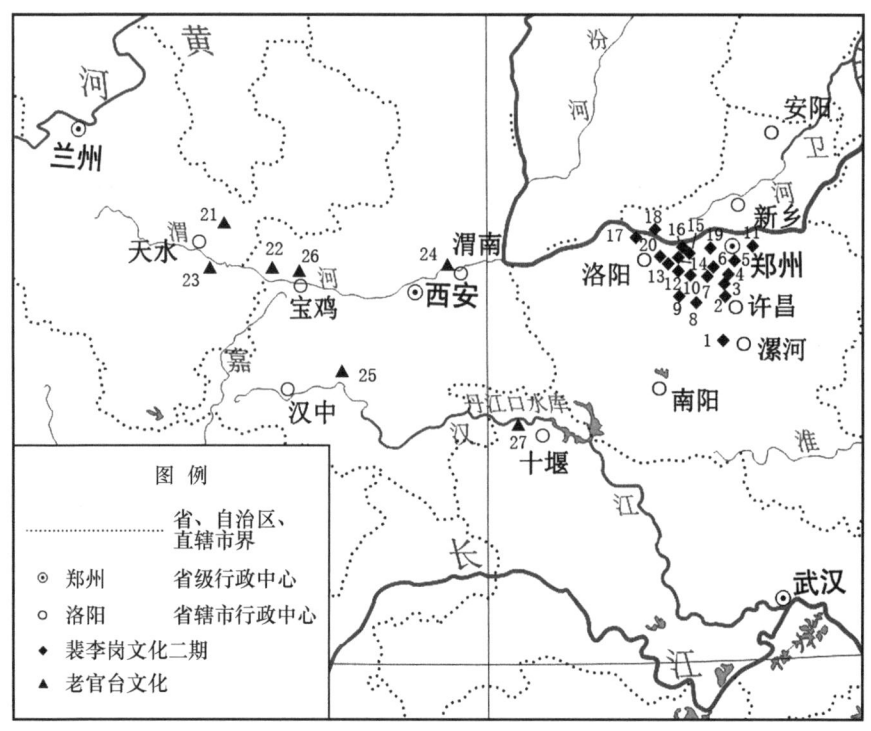

图一〇三　裴李岗文化向西北的经营示意图

1.贾湖　2.石固　3.唐户　4.裴李岗　5.沙窝李　6.马良沟　7.莪沟北岗　8.水泉　9.中山寨　10.王城岗　11.宋庄　12.北营　13.东山原　14.坞罗西坡　15.水地河　16.瓦窑嘴　17.寨根　18.长泉　19.朱寨　20.高崖　21.大地湾　22.关桃园　23.西山坪　24.白家村　25.李家村　26.北首岭　27.庹家洲

审图号:GS京(2022)0653号

[①] 陈雍:《北首岭新石器时代遗存再检讨》,《华夏考古》1990年第3期。

第三节　裴李岗文化的衰退转变

裴李岗文化三期时，其对外影响力量减弱，在裴李岗三期文化中可见到西北方向老官台文化的影响。而在裴李岗文化之后的后冈一期文化中见到有不少双墩文化的因素。

如在裴李岗文化三期的中山寨遗址中所见的彩陶片T102④：24和寨根遗址中所见的口沿有一圈红彩的陶钵有可能是受到了老官台文化彩陶的影响。在裴李岗文化之后的后冈一期文化中，也见有较多的口沿有一圈红彩的陶钵，如后冈遗址1971年发掘的陶钵H8：1、H7：4和H3：3等。

裴李岗文化之后的大河村遗址后冈一期文化中，大口罐、小口鼓腹罐与陶壶等器物形态与裴李岗文化差别较大，而与双墩文化中的同类器较为相似。如大河村遗址中的大口罐T38㉑A：51（图一○四，1）与武庄遗址中的T103⑦：28（图一○四，4）形态较为相似；大河村遗址中的小口鼓腹罐T38㉑A：15（图一○四，2）与武庄遗址中的T103⑧：25（图一○四，5）形态较为相似；大河村遗址中的T58⑱：18（图一○四，3）与武庄遗址中的T102⑦：12（图一○四，6）形态较为相似。

由此我们推断，裴李岗文化三期时的衰退应与双墩文化兴起和老官台

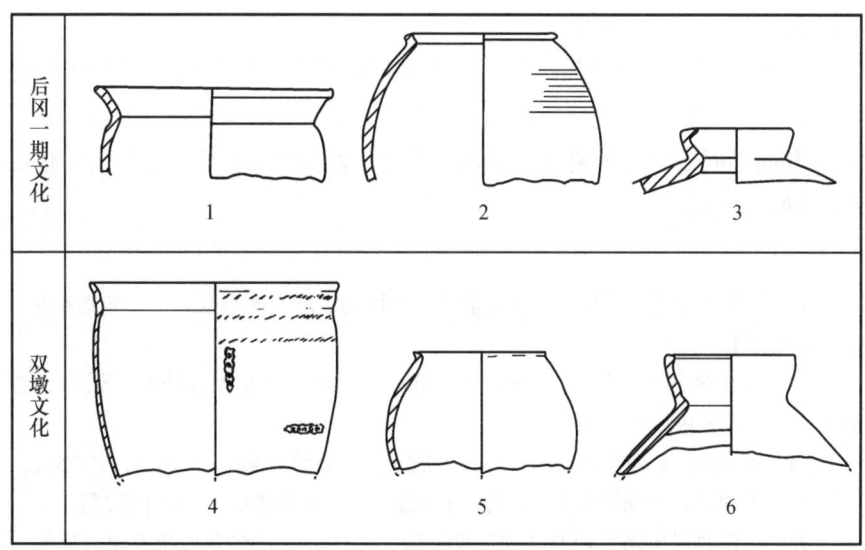

图一○四　后冈一期文化与双墩文化陶器对比
1. T38㉑A：51　2. T38㉑A：15　3. T58⑱：18　4. T103⑦：28
5. T103⑧：25　6. T102⑦：12
（1—3. 大河村遗址　4—6. 武庄遗址）

文化向东发展有关（图一〇五）。

裴李岗文化之后，在豫中地区的文化遗存数量较少，与裴李岗文化有关的遗存有椅圈马一期[①]和方城大张以H1、H3、H4、H8等为代表的大部分遗存[②]。这类遗存与裴李岗文化有着极为密切的联系，其中的主要器类小口双耳壶、平底钵、假圈足碗、深腹罐、圆腹圆锥足鼎等都可以追溯到裴李岗文化中去[③]（图一〇六、图一〇七）。

中原地区继椅圈马一期遗存和大张遗存之后的后冈一期文化与裴李岗文化有着较紧密的联系。后冈一期文化最早由张忠培先生提出[④]，遗存的主要特征为：以素面陶为主，含有部分彩陶，以鼎、壶、钵为基本组合[⑤]，后冈一期文化中的小口双耳壶、折沿罐、敛口钵、圈足碗和罐形鼎等器物与裴李岗文化三期遗存较为相似（图一〇八），因此推断裴李岗文化衰退后转变成了后冈一期文化。

第四节 小　　结

裴李岗文化在刚形成之时甚至形成之初，整个前仰韶时期的文化势力大体是由北向南，由东向西推进至中原地区。即磁山文化南下导致贾湖文化向裴李岗文化的转变。东边的后李文化向西推进至中原地区导致了裴李岗文化一期向二期的转变。

在裴李岗文化吸收周边文化因素的同时或者稍后阶段，裴李岗文化开始向外大规模扩张，渐渐表现出其强势，对周边诸文化产生了较大的影响。其向不同方向的影响和扩张时间不同，表现出来的结果和形式亦有很大不同。

---

① 郑州大学考古系等：《河南尉氏县椅圈马遗址发掘简报》，《华夏考古》1997年第3期。

② 南阳地区文物队、方城县文化馆：《河南方城县大张庄新石器时代遗址》，《考古》1983年第5期。

③ 余西云：《西阴文化：中国文明的滥觞》，科学出版社，2006年，第175页。

④ 张忠培：《原始农业考古的几个问题》，《农业考古》1984年第2期。

⑤ 中国科学院考古研究所安阳发掘队：《1958—1959年殷墟发掘简报》，《考古》1961年第2期；中国科学院考古研究所安阳发掘队：《1971年安阳后冈发掘简报》，《考古》1972年第3期；中国科学院考古研究所安阳工作队：《1972年春安阳后冈发掘简报》，《考古》1972年第5期；中国科学院考古研究所安阳工作队：《安阳后冈新石器时代遗址的发掘》，《考古》1982年第6期。

第四章 谱系研究 173

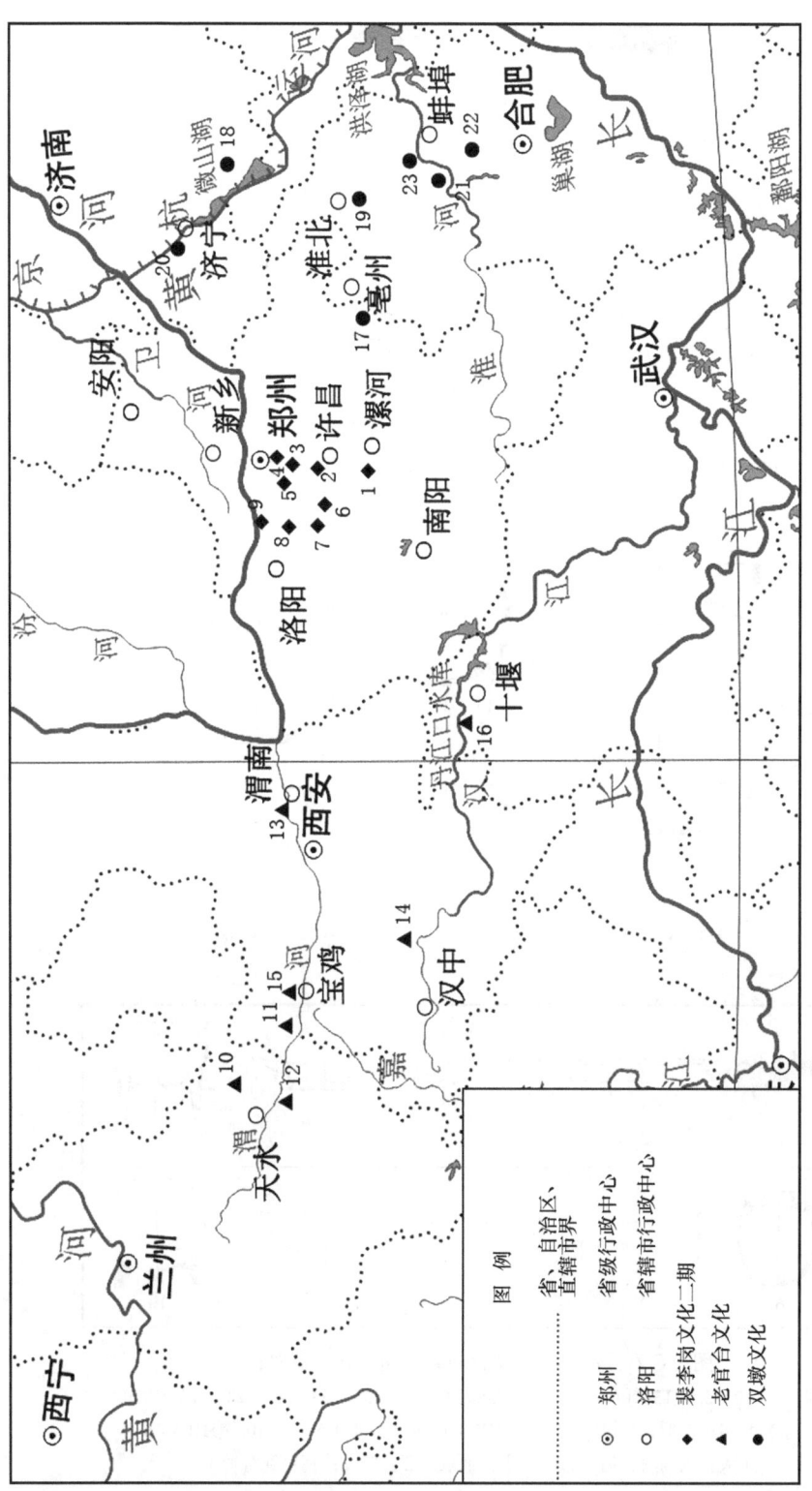

图一〇五 裴李岗文化的衰退转变示意图

1.贾湖 2.石固 3.裴李岗 4.郑沙窝李 5.水泉 6.马良沟 7.中山寨 8.坞罗西坡 9.蛭嘴 10.大地湾 11.关桃园 12.西山坪 13.白家村 14.李家村 15.北首岭 16.庞家洲 17.武庄 18.北辛 19.石山孜 20.张山 21.小孙岗 22.侯家寨 23.双墩
审图号：GS京（2022）0653号

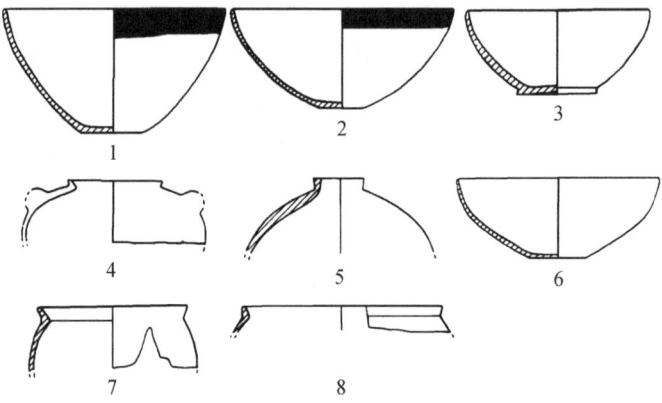

图一〇六　椅圈马一期的陶器
1. T0701⑦：2　2. T0701⑦：1　3. T0710⑥：3　4. T0305⑥：1　5. H77：1　6. H77：2
7. T0406⑧：1　8. T0710⑦：3

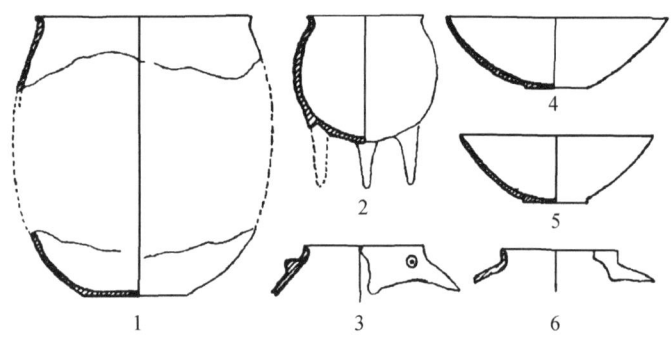

图一〇七　大张遗址的陶器
1. H3：3　2. H3：2　3. H4：3　4. H1：40　5. H4：5　6. H8：2

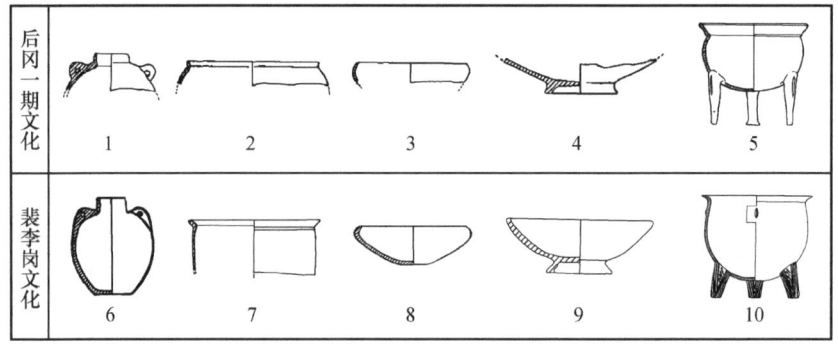

图一〇八　后冈一期文化与裴李岗文化陶器对比
1. 大T38⑱：110　2. 大T38㉑A：25　3. 大T38㉑A：53　4. 大T38㉑A：128　5. 后H9③：14
6. 水M4：4　7. 贾T11③B：15　8. 水H3：1　9. 瓦WT4H5：2　10. 贾H104：6
（大：大河村；后：后冈；水：水泉；贾：贾湖；瓦：瓦窑嘴）

向南方向，裴李岗文化一期时，参与了彭头山文化的形成。裴李岗文化二期遗存仍对彭头山文化产生着持续影响，裴李岗文化二期之后彭头山文化逐渐脱离了裴李岗文化的影响，沿着自身的轨迹发展。

　　向北方向，裴李岗文化一期时，强势向北进入磁山文化区，对磁山文化造成了强烈影响，改变了磁山文化的本来面貌，生成了磁山二期遗存。裴李岗文化二期时，对磁山文化持续影响，形成了磁山文化三期遗存。而磁山文化三期时我们在裴李岗文化中再次见到了磁山文化的因素，即裴李岗文化二期中椭圆形陶钵的出现应是受到了磁山文化三期遗存的影响。

　　向东方向，裴李岗文化二期时向东发展，参与形成了双墩文化，而双墩文化之后的北辛文化中出现的裴李岗文化因素，是通过双墩文化实现的。向东南方向，裴李岗文化对顺山集文化的影响更多的是一种辐射，而且这种辐射影响从裴李岗文化一期时即已经开始了，到裴李岗文化二期时仍可见对顺山集文化的辐射影响，然而裴李岗文化对顺山集文化的影响并未改变顺山集文化的整体进程。向东北方向，裴李岗文化三期时，对后李文化产生了影响，目前主要见于月庄遗址，月庄遗址中出现了较多裴李岗文化的因素。

　　向西北方向，裴李岗文化参与了老官台文化的形成，在之后老官台文化的发展中，一直可以看到裴李岗文化对老官台文化的影响，在老官台文化的后续文化半坡文化中仍可见到裴李岗文化的因素，也许正是裴李岗文化对老官台文化的不断影响导致了老官台文化向半坡文化的转变。

结　　语

　　裴李岗文化目前已调查发现遗址160余处，遗存主要分布在河南省境内，经过发掘的有20处左右。本书对这些遗址进行了较系统的梳理，首先建立了裴李岗文化的时空框架，在时空框架的基础上，对裴李岗文化的谱系进行了探讨。

　　裴李岗文化的墓地和居址中的陶器器类略有不同，墓地中的随葬陶器主要是各种壶，另有少量的钵、罐和鼎等。居址中的器类较为丰富，主要为罐和钵，另有盆、碗和鼎等，可见少量壶。

　　根据器物的演变规律，结合层位学材料，本书重建了裴李岗文化的时空结构，把裴李岗文化分成了三期。

　　第一期遗存主要见于豫中地区，目前发布材料的遗址有贾湖、裴李岗、唐户、石固、莪沟北岗、水泉和沙窝李等。遗存整体呈现瘦高特征。根据^{14}C测年校正数据，我们大致可以把裴李岗文化第一期的年代范围定在公元前6470—前5800年之间。

　　第二期遗存分布范围较一期时向西边和向东边都有所扩展。目前发布材料的遗址在第一期基础上新增加有瓦窑嘴、中山寨、王城岗、宋庄、朱寨和高崖等。即西边到了豫西孟津一带，东边到了中牟地区。遗存整体特征较一期时有向矮胖转变的趋势。根据^{14}C测年校正数据，我们推断裴李岗文化第二期的年代在公元前5800—前5500年之间。

　　第三期遗存分布范围较二期时缩小，主要分布在豫中地区，与一期遗存分布范围大体重合。目前发布材料的遗址有贾湖、裴李岗、石固、水泉、沙窝李和瓦窑嘴等。遗存整体器形较矮胖。根据其遗存特征，结合第二期的年代，推断裴李岗文化第三期的年代范围为公元前5500—前5000年。

　　在时空框架的基础上我们探索了裴李岗文化的谱系：裴李岗文化主要来源于贾湖文化，磁山文化南下导致了贾湖文化向裴李岗文化的转变。而后李文化向西方向的推进导致了裴李岗文化第一期向第二期文化遗存面貌的转变。同时，裴李岗文化从形成开始，就对周边文化在不同时期产生了不同的影响。

裴李岗文化一期时，主要是向北和向南方向扩展，同时向东南方向有少量辐射。向北扩张进入到冀南地区，改变了磁山文化的面貌。向南进入到澧阳平原，渗透参与了彭头山文化的形成。向东南方向进入到淮河中下游，对顺山集文化产生了辐射影响。

裴李岗文化二期时，向北、向南和向东南方向的影响持续推进，同时把经营的重点放在了向东和向西北。向东发展进入到鲁中南至淮河中游地区，参与形成了双墩文化。向西北发展进入到渭河流域和汉水流域，参与形成了老官台文化。

裴李岗文化三期时，在西北方向还能看到对老官台文化的持续影响，同时向东北方向发展，进入到黄河下游鲁西地区，影响到了后李文化，目前主要在月庄遗址中见有裴李岗文化的因素。

裴李岗文化三期时，随着老官台文化东进和双墩文化西进，逐渐衰退转变。以椅圈马一期和大张H1等为代表的一类遗存与裴李岗文化有关，之后的后冈一期文化亦应是在裴李岗文化的基础上形成的。

后冈一期文化中除了双耳壶、折沿罐、敛口钵、圈足碗和罐形鼎等承袭裴李岗文化因素外，还出现有红顶钵等与老官台文化相关的遗存特征，及高领罐和颈部内收壶等与双墩文化相关的遗存特征。

裴李岗文化主要分布在中原地区，鼎盛时向周边扩张，在不同时期跟不同方向的文化接触，产生了不同的影响。同时，裴李岗文化是个开放的系统，发展过程中把后李文化、磁山文化、老官台文化等文化中的因素糅合到自己的文化中来，在向外释放自己影响的同时自身也在不断地发生着变迁。裴李岗文化的对外影响是中原地区文化第一次大规模大范围的膨胀过程，为中原地区文化的发展强盛奠定了基础，在中国文明化进程中发挥了重要作用，可称为中国文明的奠基。

参 考 文 献

一、外文文献

[1] Chen B Z, Jiang Q H.Antiquity of the Earliest Cultivated Rice in Central China and Its Implications. Economic Botany, 1997, Vol.51, No.3: 307-310.

[2] Higham C F, Lu Tracey L-D.The Origins and Dispersal of Rice Cultivation. Antiquity, 1998, Vol.72, No.278: 867-877.

[3] Zhang J Z, Harbottle G, Wang C S, Kong Z C. Oldest Playable Musical Instruments Found at Jiahu Early Neolithic Site in China. Nature, 1999, 401: 366-368.

[4] Lee Y K, Zhu N C. Social Integration of Religion and Ritual in Prehistoric China. Antiquity, 2002, Vol.76, No.293: 715-723.

[5] Zhang J Z, Xiao X H, Lee Y K. The Early Development of Music, Analysis of the Jiahu Bone Flutes. Antiquity, 2004, Vol.78, No.302: 769-778.

[6] Chen S Q. Adaptive Changes of Prehistoric Hunter-gatherers During the Pleistocene-Holocene Transition in China. Unpublished PhD dissertation, Southern Methodist University, 2004.

[7] Liu L, Chen X C, Lee Y K, et al. Settlement Patterns and Development of Social Complexity in the Yiluo Region, North China. Journal of Field Archaeology, 2004, Vol.29, Nos.1-2: 75-100.

[8] Smith B L. Diet, Health, and Lifestyle in Neolithic North China. Unpublished PhD dissertation, Harvard University, 2005.

[9] Lu Tracey L-D. The Occurrence of Cereal Cultivation in China. Asian Perspectives, 2006, Vol.45, No.2: 129-158.

[10] Underhill A P, Habu J. Early communities in East Asia: Economic and Sociopolitical Organization at the Local and Regional Levels. Archaeology of Asia, edited by M. T. Stark, Blackwell, Malden, 2005: 121-148.

[11] Fuller D, Harvey E, Qin L. Presumed Domestication? Evidence for Wild Rice Cultivation and Domestication in the Fifth Millennium BC of the Lower Yangtze Region. Antiquity, 2007, Vol. 81, No.312: 316-331.

[12] Smith B L, Lee Y K. Mortuary Treatment, Pathology, and Social Relations of the Jiahu Community. Asian Perspectives, 2008, Vol.47, No.2: 242-298.

[13] Rosen A M. The Impact of Environmental Change and Human Land Use on Alluvial Valleys in the Loess Plateau of China During the Middle Holocene. Geomorphology, 2008, Vol.101, Nos.1-2: 298-307.

[14] Huang H.A Three-stage Model for the Domestication of Oryza Sativa and the Emergence of Rice Agriculture in China, 12000-7000 BP. Unpublished PhD dissertation, University of Kansas, 2008.

[15] Liu X Y, Hunt H V, et al. River Valleys and Foothills: Changing Archaeological Perceptions of North China's Earliest Farms. Antiquity, 2009, Vol.83, No.319: 82-95.

[16] Barton L, Newsome S D, Chen F H, et al. Agricultural Origins and the Isotopic Identity of Domestication in Northern China. Proceedings of the National Academy of Sciences of the United States of America, 2009, Vol.106, No.14: 5523-5528.

[17] Jones M K, Liu X Y. Origins of Agriculture in East Asia. Science, 2009, Vol.324, No.5928: 730-731.

[18] Liu L, Field J, Fullagar R, et al. What did Grinding Stones Grind? New Light on Early Neolithic Subsistence Economy in the Middle Yellow River Valley, China. Antiquity, 2010, Vol.84, No.325: 816-833.

[19] Ofer Bar-Yosef. Climatic Fluctuations and Early Farming in West and East Asia. Current Anthropology, 2011, Vol.52, No.4: 175-193.

[20] Cohen D J. The Beginnings of Agriculture in China: A Multiregional View. Current Anthropology, 2011, Vol.52, No.4: 273-293.

[21] Zhao Z J. New Archaeobotanic Data for the Study of the Origins of Agriculture in China. Current Anthropology, 2011, Vol.52, No.4: 295-306.

[22] Underhill A P (ed). A Companion to Chinese Archaeology. Chichester, John Wiley & Sons, 2013.

二、中文文献

（一）田野发掘资料

[1] 开封地区文管会、新郑县文管会：《河南新郑裴李岗新石器时代遗址》，《考古》1978年第2期。

[2] 方孝廉：《河南临汝中山寨新石器时代遗址》，《考古》1978年第2期。

[3] 薛文灿：《发掘裴李岗遗址又有新收获》，《河南文博通讯》1979年第3期。

[4] 开封地区文物管理委员会等：《裴李岗遗址一九七八年发掘简报》，《考古》1979年第3期。

[5] 河南省博物馆、密县文化馆：《河南密县莪沟北岗新石器时代遗址发掘报告》，《河南文博通讯》1979年第3期。

[6] 开封地区文物管理委员会：《河南开封地区新石器时代遗址调查简报》，《考古》1979年第3期。

[7] 河南省博物馆、密县文化馆：《河南密县莪沟北岗新石器时代遗址发掘简报》，《文物》1979年第5期。

[8] 郏县文化馆：《河南郏县水泉发现的新石器时代遗址》，《考古》1979年第6期。

[9] 傅永魁：《巩县铁生沟发现裴李岗文化遗址》，《河南文博通讯》1980年第2期。

[10] 开封地区文管会等：《河南巩县铁生沟新石器早期遗址试掘简报》，《文物》1980年第5期。

[11] 安阳地区文管会、淇县文化馆：《河南淇县花窝遗址试掘》，《考古》1981年第3期。

[12] 开封地区文管会等：《河南密县马良沟遗址调查和试掘》，《考古》1981年第3期。

[13] 杨履选：《潢川县发现裴李岗文化类型的石磨盘》，《中原文物》1981年第4期。

[14] 河南省博物馆、密县文化馆：《河南密县莪沟北岗新石器时代遗址》，《考古学集刊》（1），中国社会科学出版社，1981年。

[15] 长葛县文化馆：《长葛县裴李岗文化遗址调查简报》，《中原文物》1982年第1期。

[16] 薛文灿：《沙窝李新石器时代遗址调查》，《中原文物》1982年第2期。

[17] 赵清：《郑州宋庄出土的石磨盘》，《考古》1982年第3期。

[18] 中国社会科学院考古研究所河南一队：《1979年裴李岗遗址发掘简报》，《考古》1982年第4期。

[19] 中国社会科学院考古研究所河南一队：《河南新郑沙窝李新石器时代遗址》，《考古》1983年第12期。

[20] 中国社会科学院考古研究所河南一队：《1979年裴李岗遗址发掘报告》，《考古学报》1984年第1期。

[21] 中国社会科学院考古研究所河南一队：《河南新郑唐户新石器时代遗址试掘简报》，《考古》1984年第3期。

[22] 临汝县汝瓷博物馆：《临汝县裴李岗文化遗址调查简报》，《中原文物》1985年第4期。

[23] 中国社会科学院考古研究所河南一队：《河南许昌丁庄遗址试掘》，《考古》1986年第3期。

[24] 中国社会科学院考古研究所河南一队：《1984年河南巩县考古调查与试掘》，《考古》1986年第3期。

[25] 临汝县博物馆：《河南临汝中山寨遗址调查简报》，《考古》1986年第6期。

[26] 中国社会科学院考古研究所河南一队：《河南临汝中山寨遗址试掘》，《考古》1986年第7期。

[27] 河南省文物研究所：《长葛石固遗址发掘报告》，《华夏考古》1987年第1期。

[28] 方孝廉：《洛阳市一九八四年古文化遗址调查简报》，《中原文物》1987年第3期。

[29] 河南省文物研究所：《登封双庙新石器时代早期文化遗存的调查与试掘》，《华夏考古》1989年第4期。

[30] 廖永民、王保仁：《河南巩县水地河新石器遗址调查》，《考古》1990年第11期。

[31] 中国社会科学院考古所河南一队：《河南汝州中山寨遗址》，《考古学报》1991年第1期。

[32] 巩义市文管所：《巩义市坞罗河流域裴李岗文化遗存调查》，《中原文物》1992年第4期。

[33] 中国社会科学院考古研究所河南一队：《河南郏县水泉新石器时

代遗址发掘简报》,《考古》1992年第10期。

[34] 河南省文物研究所、中国历史博物馆考古部:《登封王城岗与阳城》,文物出版社,1992年。

[35] 中国社会科学院考古研究所河南一队:《河南郏县水泉裴李岗文化遗址》,《考古学报》1995年第1期。

[36] 洛阳市第二文物工作队、偃师县文物管理委员会:《洛阳市偃师县高崖遗址发掘报告》,《华夏考古》1996年第4期。

[37] 巩义市文物管理所:《河南巩义市瓦窑嘴新石器时代遗址试掘简报》,《考古》1996年第7期。

[38] 河南省文物考古学会:《河南文物考古论集》,河南人民出版社,1996年。

[39] 巩义市文物保护管理所:《巩义市瓦窑嘴遗址第三次发掘报告》,《中原文物》1997年第1期。

[40] 河南省文物管理局等:《黄河小浪底水库文物考古报告集》,黄河水利出版社,1998年。

[41] 河南省文物考古研究所:《河南辉县孟庄遗址的裴李岗文化遗存》,《华夏考古》1999年第1期。

[42] 郑州市文物工作队、巩义市文物管理所:《河南巩义市瓦窑嘴新石器时代遗址的发掘》,《考古》1999年第11期。

[43] 河南省文物管理局、河南省文物考古研究所:《黄河小浪底水库考古报告(一)》,中州古籍出版社,1999年。

[44] 河南省文物考古研究所:《舞阳贾湖》,科学出版社,1999年。

[45] 中国科学技术大学科技史与科技考古系等:《河南舞阳贾湖遗址2001年春发掘简报》,《华夏考古》2002年第2期。

[46] 河南省文物考古研究所:《辉县孟庄》,中州古籍出版社,2003年。

[47] 河南省文物管理局:《黄河小浪底水库考古报告(二)》,中州古籍出版社,2006年。

[48] 张松林、信应君、胡亚毅:《新郑唐户遗址发现裴李岗文化大面积居址》,《中国文物报》2007年7月13日第005版。

[49] 河南省文物管理局南水北调文物保护办公室、郑州市文物考古研究院:《河南新郑市唐户遗址裴李岗文化遗存发掘简报》,《考古》2008年第5期。

[50] 河南省文物管理局、河南省文物考古研究所:《新安荒坡——黄

河小浪底水库考古报告（三）》，大象出版社，2008年。

[51] 郑州市文物考古研究院、河南省文物管理局南水北调文物保护办公室：《河南新郑市唐户遗址裴李岗文化遗存2007年发掘简报》，《考古》2010年第5期。

[52] 郑州市文物考古研究院、北京大学考古文博学院：《新密李家沟遗址发掘的主要收获》，《中原文物》2011年第1期。

[53] 北京大学考古文博学院、郑州市文物考古研究院：《河南新密市李家沟遗址发掘简报》，《考古》2011年第4期。

[54] 河南省文物管理局南水北调文物保护办公室、郑州市文物考古研究院：《河南中牟县宋庄遗址发现裴李岗文化遗存》，《考古》2012年第7期。

[55] 河南省文物考古研究院等：《舞阳贾湖（二）》，科学出版社，2015年。

[56] 河南师范大学历史文化学院、郑州市文物考古研究院：《郑州市朱寨遗址裴李岗文化遗存》，《考古》2017年第5期。

[57] 河南省文物考古研究院等：《河南舞阳县贾湖遗址2013年发掘简报》，《考古》2017年第12期。

（二）研究论文、专著

[1] 李友谋：《略论裴李岗文化》，《郑州大学学报（哲学社会科学版）》1978年第4期。

[2] 陈旭：《仰韶文化渊源探索》，《郑州大学学报（哲学社会科学版）》1978年第4期。

[3] 严文明：《黄河流域新石器时代早期文化的新发现》，《考古》1979年第1期。

[4] 安志敏：《裴李岗、磁山和仰韶文化——试论中原新石器时代文化的渊源及发展》，《考古》1979年第4期。

[5] 李友谋、陈旭：《试论裴李岗文化》，《考古》1979年第4期。

[6] 夏鼐：《三十年来的中国考古学》，《考古》1979年第5期。

[7] 安志敏：《略论三十年来我国的新石器时代考古》，《考古》1979年第5期。

[8] 许顺湛：《论裴李岗文化》，《河南文博通讯》1980年第1期。

[9] 李绍连：《关于磁山·裴李岗文化的几个问题——从莪沟北岗遗址谈起》，《文物》1980年第5期。

［10］ 唐云明：《略论"磁山"和"裴李岗"的有关问题》，《考古与文物》1981年第1期。

［11］ 张之恒：《试论磁山、裴李岗文化遗存的性质——兼论中原地区新石器文化系统的区分》，《考古与文物》1981年第1期。

［12］ 李友谋：《中原新石器早期文化问题探讨》，《郑州大学学报（哲学社会科学版）》1981年第1期。

［13］ 荆三林：《关于"裴李冈文化"问题》，《社会科学战线》1981年第2期。

［14］ 张忠培：《关于老官台文化的几个问题》，《社会科学战线》1981年第2期。

［15］ 安志敏：《中国的新石器时代》，《考古》1981年第3期。

［16］ 魏京武：《李家村·老官台·裴李岗——关于黄河中游地区新石器时代早期文化的几个问题》，《考古与文物》1981年第4期。

［17］ 安志敏：《关于裴李岗文化的性质和年代》，《社会科学战线》1982年第1期。

［18］ 伍人：《山东地区史前文化发展序列及相关问题》，《文物》1982年第10期。

［19］ 吴汝祚：《论李家村——老官台文化的性质》，《考古与文物》1983年第2期。

［20］ 郑乃武：《小谈裴李岗文化的农业》，《农业考古》1983年第2期。

［21］ 安志敏：《略论华北的早期新石器文化》，《考古》1984年第10期。

［22］ 赵世纲：《裴李岗文化的几个问题》，《史前研究》1985年第2期。

［23］ 王吉怀：《从裴李岗文化的生产工具看中原地区早期农业》，《农业考古》1985年第2期。

［24］ 王吉怀：《对中原地区裴李岗文化的分析》，《中州今古》1986年第1期。

［25］ 丁清贤：《密县莪沟北岗新石器时代早期遗址的分期》，《史前研究》1986年第3—4期（合刊）。

［26］ 郑乃武：《略谈裴李岗文化的类型及其与仰韶文化的关系》，《中国考古学研究——夏鼐先生考古五十年纪念论文集》，文物出版社，1986年。

［27］ 石兴邦：《前仰韶文化的发现及其意义》，《中国考古学研究——夏鼐先生考古五十年纪念论文集（二）》，科学出版社，1986年。

［28］ 黄崇岳：《试论"磁山·裴李岗文化"的时代与社会——兼论我国新石器时代早期文化》，《论仰韶文化》，《中原文物》1986年特刊（总5号）。

［29］ 陈嘉祥、宋国定：《仰韶文化及"前仰韶文化"试探——从石固遗址的发掘谈起》，《论仰韶文化》，《中原文物》1986年特刊（总5号）。

［30］ 韩维龙、秦永军：《周口地区的裴李岗、仰韶和大汶口文化》，《论仰韶文化》，《中原文物》1986年特刊（总5号）。

［31］ 方孝廉：《裴李岗文化陶器分期和年代分析》，《论仰韶文化》，《中原文物》1986年特刊（总5号）。

［32］ 杨肇清：《关于裴李岗、磁山文化的定名及其年代问题的探讨》，《华夏考古》1987年第1期。

［33］ 金家广：《试论裴李岗新石器时代早期墓葬的分期》，《考古与文物》1987年第2期。

［34］ 朱延平：《裴李岗文化墓地初探》，《华夏考古》1987年第2期。

［35］ 李友谋：《裴李岗文化墓葬初步考察》，《中原文物》1987年第2期。

［36］ 丁清贤：《裴李岗文化的发展阶段》，《中原文物》1987年第2期。

［37］ 赵世纲：《关于裴李岗文化若干问题的探讨》，《华夏考古》1987年第2期。

［38］ 蒋晔：《试论裴李岗文化遗存的几个问题》，《商丘师专学报（社会科学版）》1987年第2期。

［39］ 佟伟华、刘勇：《磁山、裴李岗两种遗存的比较和探讨》，《史前研究》1987年第3期。

［40］ 郭天锁：《从石固遗址略谈裴李岗文化的若干问题》，《中原文物》1987年第4期。

［41］ 周星：《黄河中上游新石器时代的住宅形式与聚落形态》，《中国考古学研究论集——纪念夏鼐先生考古五十周年》，三秦出版社，1987年。

[42] 李友谋：《论裴李岗文化在华北地区早期新石器文化中的领先地位》，《中原文物》1988年第4期。

[43] 朱延平：《裴李岗文化墓地再探》，《考古》1988年第11期。

[44] 张居中：《试论贾湖类型的特征及与周围文化的关系》，《文物》1989年第1期。

[45] 金家广：《试论莪沟墓葬分期》，《磁山文化论集》，河北人民出版社，1989年。

[46] 张之恒：《磁山、裴李岗文化与黄河流域同时代诸文化的关系》，《磁山文化论集》，河北人民出版社，1989年。

[47] 张居中：《磁山、裴李岗、下潘汪和后岗》，《磁山文化论集》，河北人民出版社，1989年。

[48] 向绪成：《磁山、裴李岗遗存文化性质与命名讨论》，《磁山文化论集》，河北人民出版社，1989年。

[49] 孙德海：《磁山与裴李岗》，《磁山文化论集》，河北人民出版社，1989年。

[50] 杨肇清：《略论裴李岗文化与磁山文化的关系》，《磁山文化论集》，河北人民出版社，1989年。

[51] 乐庆森：《略谈磁山与裴李岗文化的关系和发展》，《磁山文化论集》，河北人民出版社，1989年。

[52] 赵世纲：《裴李岗文化与磁山文化的关系》，《磁山文化论集》，河北人民出版社，1989年。

[53] 朱延平：《关于裴李岗文化墓葬的几个问题》，《考古》1989年第11期。

[54] 吴汝祚：《北辛文化的几个问题》，《庆祝苏秉琦考古五十五年论文集》，文物出版社，1989年。

[55] 丁清贤：《试论裴李岗文化的分期》，《文物春秋》1990年第2期。

[56] 陈雍：《北首岭新石器时代遗存再检讨》，《华夏考古》1990年第3期。

[57] 李友谋：《试论裴李岗文化类型的区分》，《郑州大学学报（哲学社会科学版）》，1991年第6期。

[58] 赵宾福：《老官台文化再研究》，《江汉考古》1992年第2期。

[59] 张忠培、乔梁：《后冈一期文化研究》，《考古学报》1992年第3期。

［60］ 孙广清：《河南裴李岗文化的分布和地域类型》，《华夏考古》1992年第4期。

［61］ 杨亚长：《试论老官台文化的类型与分期》，《考古与文物》1992年第4期。

［62］ 缪雅娟：《沙窝李遗址分析——试论裴李岗文化分期》，《考古》1993年第9期。

［63］ 郑乃武：《略谈裴李岗文化的埋葬制度》，《中国考古学论丛——中国社会科学院考古研究所建所40年纪念》，科学出版社，1993年。

［64］ 王永波：《关于后李文化的谱系问题——兼论北辛文化的内涵和分期》，《青果集——吉林大学考古专业成立二十周年考古论文集》，知识出版社，1993年。

［65］ 袁广阔：《关于裴李岗文化一支西迁的几个问题》，《华夏考古》1994年第3期。

［66］ 方燕明：《关于黄河中游新石器时代早中期考古学文化的相关问题》，《中原文物》1994年第2期。

［67］ 王永波、王守功、李振光：《海岱地区史前考古的新课题——试论后李文化》，《考古》1994年第3期。

［68］ 任式楠：《兴隆洼文化的发现及其意义——兼与华北同时期的考古学文化相比较》，《考古》1994年第8期。

［69］ 王永波：《再论后李文化与北辛文化的关系——兼述对北辛文化的再认识》，《故宫学术季刊》第十二卷第2期（1994年）。

［70］ 王星光：《裴李岗文化时期的农具与耕作技术》，《许昌师专学报》1995年第4期。

［71］ 王晓：《裴李岗文化葬俗浅议》，《中原文物》1996年第1期。

［72］ 张长安、姚志国：《试论裴李岗文化时期的社会阶段》，《中原文物》1996年第2期。

［73］ 戴向明：《裴李岗墓地新探》，《华夏考古》1996年第3期。

［74］ 张居中：《试论河南省前仰韶文化》，《河南文物考古论集》，河南人民出版社，1996年。

［75］ 廖永民、刘洪淼：《瓦窑嘴裴李岗文化遗存试析》，《中原文物》1997年第1期。

［76］ 吴耀利：《新石器时代早期文化陶三足器初论》，《考古》1997年第3期。

［77］ 张江凯：《裴李岗文化陶器的谱系研究》，《考古与文物》1997年第5期。

［78］ 栾丰实：《试论后李文化》，《海岱地区考古研究》，山东大学出版社，1997年。

［79］ 张居中、王象坤：《贾湖与彭头山稻作文化比较研究》，《农业考古》1998年第1期。

［80］ 杨肇清：《河南舞阳贾湖遗址生产工具的初步研究》，《农业考古》1998年第1期。

［81］ 许天申：《论裴李岗文化时期的原始农业——河南古代农业研究之一》，《中原文物》1998年第3期。

［82］ 栾丰实：《北辛文化研究》，《考古学报》1998年第3期。

［83］ 贾庆元：《谈石山子古文化遗存》，《文物研究》第11辑，黄山书社，1998年。

［84］ 河南省文物考古研究所：《河南考古的世纪回顾与前瞻》，《考古》2000年第2期。

［85］ 任式楠：《我国新石器时代聚落的形成与发展》，《考古》2000年第7期。

［86］ 张松林：《瓦窑咀裴李岗文化遗存的初步研究》，《河南文物考古论集（二）》，中州古籍出版社，2000年。

［87］ 廖永民、杨瑞甫：《对瓦窑嘴裴李岗文化泥质黑陶器的初步探讨》，《考古与文物》2000年第1期。

［88］ 张居中等：《试论贾湖先民的生存环境》，《环境考古研究（第二辑）》，科学出版社，2000年。

［89］ 张建锋：《裴李岗、磁山和北辛文化的比较研究》，《刘敦愿先生纪念文集》，山东大学出版社，1998年。

［90］ 张江凯：《略论北辛文化及其相关问题》，《考古学研究（四）》，科学出版社，2000年。

［91］ 石兴邦：《解读〈舞阳贾湖〉》，《文博》2001年第2期。

［92］ 骆志弘：《裴李岗文化的族属初探》，《学海》2001年第3期。

［93］ 赵春青：《郑洛地区新石器时代聚落的演变》，北京大学出版社，2001年。

［94］ 张居中：《关于中国古代文明起源问题的理性思考》，《中原文物》2002年第1期。

［95］ 杜金鹏：《华夏文明之根——嵩山地区在华夏文明起源及早期发

展中的地位》,《中原文物》2002年第2期。

[96] 陈冰白、刘敏哲:《〈大汶口续集〉中北辛文化的分期问题》,《华夏考古》2002年第3期。

[97] 梅鹏云:《磁山文化再观察》,《文物春秋》2002年第4期。

[98] 刘志一:《贾湖龟甲刻符考释及其他》,《中原文物》2003年第2期。

[99] 王志俊、王颖娟:《论白家文化和裴李岗文化》,《文博》2003年第5期。

[100] 李友谋:《裴李岗文化》,文物出版社,2003年。

[101] 张居中等:《要重视中原新石器时代人类与环境关系的研究》,《华夏文明的形成与发展——河南省文物考古研究所建所五十周年庆祝会暨华夏文明的形成与发展学术研讨会论文集》,大象出版社,2003年。

[102] 邵望平、高广仁:《贾湖类型是海岱史前文化的一个源头》,《考古学研究(五)》,科学出版社,2003年。

[103] 陈冰白:《谈考古学的文化研究与文明研究》,《庆祝张忠培先生七十岁论文集》,科学出版社,2004年。

[104] 赵宾福:《兴隆洼文化的类型、分期与聚落结构研究》,《考古与文物》2006年第1期。

[105] 段天璟:《舞阳贾湖遗址墓葬分期研究》,《华夏考古》2006年第2期。

[106] 赵世纲:《箅纹的起源与传播》,《中原文物》2006年第2期。

[107] 魏新民:《新密溱洧流域裴李岗文化》,《河南文物考古论集(四)》,大象出版社,2006年。

[108] 余西云:《西阴文化:中国文明的滥觞》,科学出版社,2006年。

[109] 陈国庆:《辽西地区新石器时代考古文化的形成与发展——兼论与周邻地区考古文化的互动关系》,吉林大学博士学位论文,2006年。

[110] 索秀芬:《燕山南北地区新石器时代文化研究》,吉林大学博士学位论文,2006年。

[111] 靳松安:《试论裴李岗文化的分期与年代》,《中原文物》2007年第6期。

[112] 张蔚:《裴李岗文化的分期及考古类型探讨》,吉林大学硕士

学位论文，2007年。

[113] 罗运兵、张居中：《河南舞阳县贾湖遗址出土猪骨的再研究》，《考古》2008年第1期。

[114] 尹若春、张居中、杨晓勇：《贾湖史前人类迁移行为的初步研究——锶同位素分析技术在考古学中的运用》，《第四纪研究》2008年第1期。

[115] 黄富成：《略论裴李岗文化"台地农业"》，《农业考古》2008年第4期。

[116] 王建文、张童心：《墓葬习俗中的性别研究——以贾湖遗址为例》，《四川文物》2008年第6期。

[117] 赵春青：《裴李岗文化研究》，《中国考古学研究的世纪回顾（新石器时代考古卷）》，科学出版社，2008年。

[118] 韩建业：《裴李岗文化的迁徙影响与早期中国文化圈的雏形》，《中原文物》2009年第2期。

[119] 张震：《贾湖遗址墓葬初步研究——试析贾湖的社会分工与分化》，《华夏考古》2009年第2期。

[120] 来茵、张居中、尹若春：《舞阳贾湖遗址生产工具及其所反映的经济形态分析》，《中原文物》2009年第2期。

[121] 李德方：《寨根类型裴李岗文化石磨盘初步研究》，《河南科技大学学报（社会科学版）》2009年第3期。

[122] 余西云：《长江中游及周边地区几类新石器时代早期遗存的谱系与年代》，《新果集——庆祝林沄先生七十华诞论文集》，科学出版社，2009年。

[123] 周昆叔、齐岸青主编：《中华文明与嵩山文明研究（第一辑）》，科学出版社，2009年。

[124] 郭小宁：《渭河流域老官台文化的分期研究》，《考古与文物》2010年第6期。

[125] 信应君：《河南新郑唐户遗址裴李岗文化聚落考古新发现与初步认识》，《中国聚落考古的理论与实践（第一辑）——纪念新砦遗址发掘30周年学术研讨会论文集》，科学出版社，2010年。

[126] 河南省文物考古学会等：《论裴李岗文化：纪念裴李岗文化发现30周年暨学术研讨会》，科学出版社，2010年。

[127] 张弛：《论贾湖一期文化遗存》，《文物》2011年第3期。

[128] 索秀芬、李少兵：《兴隆洼文化分期与年代》，《文物》2011年第8期。

[129] 宋爱平：《郑州地区史前至商周时期聚落形态分析》，《东方考古》（第8集），科学出版社，2011年。

[130] 韩建业：《双墩文化的北上与北辛文化的形成——从济宁张山"北辛文化遗存"论起》，《江汉考古》2012年第2期。

[131] 杨瑞霞等：《河南裴李岗文化聚落空间集聚分析》，《地域研究与开发》2012年第1期。

[132] 杨小燕：《新石器时代中期伊、洛河流域考古学文化观察》，首都师范大学硕士学位论文，2012年。

[133] 鲁鹏等：《环嵩山地区9000aB.P.—3000aB.P.聚落规模等级》，《地理学报》2012年10期。

[134] 赵春青：《新发现 新成果 新观点 新方法 新理念：2012年度中国史前聚落考古研究的新进展》，《南方文物》2013年第1期。

[135] 索秀芬、李少兵：《兴隆洼文化的类型研究》，《考古》2013年第11期。

[136] 陈明辉：《裴李岗时期的文化与社会》，复旦大学硕士学位论文，2013年。

[137] 余西云：《文化谱系论揭示文化演进规律——兼答扎拉嘎先生》，《中国社会科学报》2014年5月26日第B01版。

[138] 魏兴涛：《豫西晋南和关中地区仰韶文化初期遗存研究》，《考古学报》2014年第4期。

[139] 吴文婉：《中国北方地区裴李岗时代生业经济研究》，山东大学博士学位论文，2014年。

[140] 余西云：《两分结构聚落反映的亲族组织》，《东北亚古代聚落与城市考古国际学术研讨会论文集》，科学出版社，2015年。

[141] 韩建业：《早期中国：中国文化圈的形成和发展》，上海古籍出版社，2015年。

[142] 韩建业：《简论中国新石器时代陶鼎的发展演变》，《考古》2015年第1期。

[143] 何强：《汉水中游新石器文化编年序列及其与邻近地区的互动关系》，吉林大学博士学位论文，2015年。

[144] 何德亮、徐霞：《济南地区后李文化初探》，《史前研究2013》，西北大学出版社，2015年。

[145] 韩建业：《中原和江汉地区文明化进程比较》，《江汉考古》2016年第6期。

[146] 刘庆柱、韩国河：《中原历史文化演进的考古学观察》，《考古学报》2016年第3期。

[147] 李昶：《中原早期城市与文明研究》，郑州大学博士学位论文，2016年。

[148] 杨海燕：《试论后李、兴隆洼及磁山文化的关系》，《文物春秋》2017年第2期。

[149] 林留根：《论顺山集文化》，《考古》2017年第3期。

[150] 任文洁、樊志民：《北方地区裴李岗时代的定居生活与生业模式选择》，《农业考古》2018年第1期。

[151] 李永强：《裴李岗文化生业经济研究现状与思考》，《南方文物》2018年第4期。

[152] 张居中等：《河南舞阳贾湖遗址植物考古研究的新进展》，《考古》2018年第4期。

[153] 袁广阔：《裴李岗文化研究的回顾与展望》，《黄河·黄土·黄种人》2018年第16期。

[154] 丁风雅：《中国北方地区公元前5000年以前新石器文化的时空框架与谱系格局研究》，吉林大学博士学位论文，2017年。

[155] 张小雷：《淮河流域新石器时代文化格局研究》，山东大学博士学位论文，2018年。

[156] 崔启龙：《河南舞阳贾湖遗址石制品研究》，中国科学技术大学博士学位论文，2018年。

[157] 杜战伟、韩斐：《论兴隆洼文化的分期与年代》，《考古》2019年第3期。

[158] 陈胜前：《农业文化支持中国文明五千多年绵延不绝》，《中国社会科学报》2019年6月17日。

后　　记

书稿即将付梓，心情颇为激动。此书是在我的博士论文的基础上修改完成的，我在武汉大学读书十年，攻读硕士学位时即师从余西云教授，开始认真梳理裴李岗文化的相关资料，期间完成了裴李岗文化墓地的分期。攻读博士学位期间，我完成了裴李岗文化居住址的分期，及裴李岗文化遗存的总分期，并在分期的基础上探讨了裴李岗文化的谱系、聚落形态和生业模式等。2012年博士毕业后，我到安阳师范学院工作，因忙于教学，并照顾家庭，论文的修改几乎搁浅。

直到2017年，我有幸申请到了国家社科基金后期资助项目，论文的修改再次提上日程，修改的工作量远超预期，对文中的分期和插图进行了大量修改调整，尤其是准备提交结项时，发现需要修改的地方仍然较多，多次在临睡前感觉到近乎崩溃，又在睡醒后面对朝阳满血复活。

虽夜以继日地修改论文，可是仍然进展缓慢。恩师余西云教授不时地催促关注着论文的修改进展，并多次提出进一步修改完善的意见。即将定稿时，我仍觉聚落形态研究和生业模式部分创新不足，因此本书删除了这两部分内容，重点保留了分期与谱系部分，通过对裴李岗文化谱系的梳理，探讨其在中国文明起源中的地位和作用。

本书稿的完成要特别感谢恩师余西云教授。余师很平易近人，但是对论文要求非常严格，对论文的文章结构安排给予了悉心指导。在硕博期间，余师在学习上引领我入门并不断前进，在生活上亦给了我很大帮助。余师在做学问和做人方面给我们做出了很好的榜样，教导我们为人要"善良、正直、诚信"，这六字箴言也成了我为人处世的准则。在我工作之后，同门硕士和博士数量渐多，余师会经常举行读书会，然后在微信群中就大家讲解的内容进行点评。余师还经常在微信群中就如何做人、如何学习、如何读书、如何做研究发表评论，让远在千里之外的我也能时时得到点拨，感觉很是幸福。

书稿在修改的过程中得到了袁飞勇师弟的大量修改意见，他和我的学生安阳师范学院2018级本科生田伟浩，为本书中的插图付出了大量心血。2016级本科生娄议峰同学也帮忙制作了部分插图。外文参考文献的格式和修改得到了赵春光师弟的大力帮助。在此一并表示感谢。

感谢武汉大学考古系的陈冰白、王然、张昌平、徐承泰、贺世伟等老师，感谢湖北大学的孟华平老师，中国社会科学院的朱延平老师，吉林大学的李伊萍老师、杨建华老师，中国人民大学的魏坚老师等给论文提出了许多宝贵的意见和建议，非常感谢！

在武汉大学读书期间，本科同学王炎溪、胡琼、周立刚、张闻捷、李冬冬、姜兆辉、崔涛等，博士同学罗小华、叶黛莹、田成方等，同门李英华、罗运兵、袁鑫、向其芳、李俊、夏笑容、宋海超等在学习和生活上给我提供了很多帮助。尤其是罗小华同学，在我工作后，还不时鞭策我继续努力。

感谢周忠铭先生，以其广博的中医学知识为我及一家老小的身体健康保驾护航，给了我充分的身体健康保障！

感谢郑州市文物考古研究院的信应君老师，非常慷慨地为我提供裴李岗文化的调查地图和唐户遗址的最新研究成果，谨致谢忱！

工作以来，得到了安阳师范学院历史与文博学院领导和同事们的很多帮助，在此表示由衷的感谢！

感谢国家社科基金对本书的资助！感谢科学出版社编辑王光明先生和郝莎莎女士为本书付出的心血。

感谢我的家人！家人们的爱与包容是支持我不断前进的最大动力。感谢懂事的女儿陈梦沅，不但自己支持妈妈工作，还会安抚照顾弟弟陈一鸣，每天让妈妈安心修改书稿。感谢先生陈亚的支持，先生总在我情绪低落时及时给予安慰与鼓励，给我信心和勇气不断前行。感谢公婆一直帮我照顾儿女，解决了我的后顾之忧。感谢爸妈和姐姐们对我学习和工作一贯的支持。

书稿中的不足还有很多，当是我能力不足或者努力不够造成的，敬请专家不吝批评指正。

蔡金英
2021年5月8日于安阳园鼎苑